L'ARCHE NOUVELLE

Montpellier. — Imprimerie Louis Grollier père, boulevard du Peyrou, 7 et 9

L'ARCHE NOUVELLE

---✳︎---

HISTOIRE

ANECDOTIQUE ET DESCRIPTIVE

Depuis l'an du Monde 3986 (Chronologie de la « Vulgate ») jusqu'à ce jour

DE LA MYSTÉRIEUSE

DEMEURE DE LA SAINTE VIERGE A NAZARETH

GARDÉE ET VÉNÉRÉE

DANS LA BASILIQUE DE LORÈTE

Avec la description des localités et des monuments les plus remarquables de la Palestine

ET UN GUIDE EN ITALIE

PAR

PAUL-PIERRE ARRIGHI

INSPECTEUR HONORAIRE DE L'ENSEIGNEMENT
OFFICIER DE L'INSTRUCTION PUBLIQUE

> J'ai vu !.....
> J'ai cru ; c'est pourquoi j'ai parlé.
> (Ps. cxv, 10.)

2ᴱ ÉDITION

EN VENTE A MONTPELLIER

Chez Mᵐᵉ Veuve ARRIGHI

Place de la Préfecture, 9

1891

L'Auteur se réserve tous droits de *Reproduction* et de *Traduction*

JUGEMENT

PORTÉ SUR

L'ARCHE NOUVELLE

PAR

SA GRANDEUR Mgr L'ÉVÊQUE DE LORÈTE ET RÉCANATI

TEXTE	TRADUCTION
Viro Clarissimo P.-Petro ARRIGHIO, Instructionis Inspectori hon. S.	**A Monsieur P.-Pierre ARRIGHI,** Inspecteur honoraire de l'Université. SALUT.

Non parum laetitiae mihi attulit hystoria Virginis Nazarenae Domus, quae Laureti incredibili populorum frequentia colitur, ad quam scribendam gratus te animus in Virginem tuae valetudini (uti pergratum tibi est confiteri) non semel opitulatam, impulit. Et eo magis gaudeo quod tantae auctoritatis vir, et gallus, et laicus magno studio diligentiaque opus perfeceris, quod procul dubio fidelium non solum pietati, verum etiam utilitati subveniat. Maxima autem huius hystoriae laus est, quod spatium praeteriti temporis longissime respiciens et quae de Jesu et Virgine Matre ad ipsam Domum quovis modo pertinentia a prophetis dicta, non sine accurata locorum descriptione, recordans, inde usque repetens, documenta, quae amplissima

L'Histoire de la Demeure de la Vierge de Nazareth, honorée à Lorète par une incroyable affluence des peuples, que vous avez écrite sous l'empire d'un sentiment de reconnaissance envers la Sainte Vierge qui, ainsi que vous aimez à le reconnaître, vous a plus d'une fois secouru dans vos maladies, m'a causé une vive satisfaction. Et je me réjouis particulièrement qu'un ouvrage composé avec tant de soin et de zèle, qui non seulement servira la piété des fidèles, mais sans doute aussi aura pour eux une réelle utilité, émane d'un homme revêtu d'une autorité si grande, d'un français, d'un laïque.

Ce qui fait le mérite exceptionnel de votre Histoire, c'est qu'on y trouve fidèlement rappelé, avec l'exacte description des lieux, tout ce que, depuis les temps les plus reculés, les prophètes ont annoncé de Jésus et de sa Sainte Mère, se rapportant d'une manière quelconque à leur habitation, et qu'elle porte le cachet de la saine critique avec laquelle, examinant les nombreux documents accumulés dans ce long passé, vous avez pesé la série importante de ceux que vous y avez mis en lumière.

Aussi je vous adresse mes plus sincères félicitations, et je prie Notre-Seigneur de vous combler de ses grâces et de ses bienfaits.

Lorète, le 14 juin 1889.

† THOMAS,
Évêque de Lorète et Récanati.

exstant, sanae critices lance perpendit, exponitque.

Quae cum ita sint, libentissime gratulor tibi, omniaque fausta, felicia a Domino adprecor.

Laureti, postridie Idus Junias 1889.

† THOMAS,
Episcopus Lauretanus et Recinetensi.

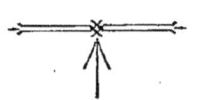

LETTRE DE Mgr L'ÉVÊQUE DE MONTPELLIER

A l'auteur de « L'ARCHE NOUVELLE »

ÉVÊCHÉ DE
MONTPELLIER

Montpellier, le 12 juin 1889.

A Monsieur ARRIGHI,
Inspecteur honoraire de l'Enseignement, à Montpellier.

Monsieur,

Je vous remercie d'avoir bien voulu me faire hommage de votre livre l'*Arche Nouvelle*. Vous y traitez un sujet assurément très cher à tous les enfants de l'Église, mais qui est plus particulièrement cher aux anciens élèves du séminaire de Saint-Sulpice. Ayant eu le bonheur de faire mes études dans cette pieuse maison, j'ai appris à avoir une dévotion spéciale à Notre-Dame-de-Lorette. Aussi ai-je reçu avec plaisir votre livre dans lequel vous vous êtes proposé de célébrer les gloires de la *Santa Casa*. J'espère que vos travaux obtiendront le résultat que vous avez souhaité, comme vous le dites vous-même : donner la plus grande publicité possible à l'histoire de la Sainte Maison de Nazareth. Ils vous auront permis aussi d'acquitter en partie la dette de reconnaissance que vous avez contractée à l'égard de la miraculeuse demeure.

Agréez, Monsieur, l'expression de mes sentiments respectueux et dévoués en N.-S.

† Fr.-Marie-Anatole,
Évêque de Montpellier.

Lettre de M. le Chanoine-Archiprêtre CAUCANAS

CURÉ DE LA CATHÉDRALE DE MONTPELLIER

A l'auteur de « L'ARCHE NOUVELLE »

Montpellier, le 1ᵉʳ juillet 1889.

A Monsieur ARRIGHI,
Inspecteur honoraire, à Montpellier.

Monsieur,

Je n'ai pas voulu vous remercier du beau livre que vous avez bien voulu m'offrir avant de l'avoir parcouru ; et je m'en félicite vraiment, car la justice m'oblige d'ajouter à l'expression de ma gratitude mes plus sincères compliments. Faites souvent de semblables *ex-voto*, mon cher Monsieur, vos lecteurs n'auront qu'à gagner à la façon savante et élégante dont vous savez les accomplir. Mes occupations, jusqu'à ce jour fort nombreuses, ne m'ont pas permis d'achever la lecture de votre ouvrage, mais ce que j'en ai parcouru me promet un régal que je vais me donner sans plus de retard.

Encore une fois, merci, et veuillez agréer, Monsieur et cher Paroissien, l'assurance de mon affectueux respect.

CAUCANAS,
Ch.-Archiprêtre.

LETTRE ADRESSÉE A « L'AUTEUR DE L'ARCHE NOUVELLE »

PAR

Mgr L'ÉVÊQUE D'AJACCIO

ÉVÊCHÉ
D'AJACCIO

Ajaccio, le 11 août 1889.

Monsieur P.-P. ARRIGHI,

Inspecteur honoraire de l'Université, place de la Préfecture, 9, à Montpellier.

CHER MONSIEUR L'INSPECTEUR,

J'ai lu avec un plaisir indicible votre intéressant ouvrage : *L'Arche Nouvelle*. L'humble Maison de Nazareth, où s'accomplit le mystère de l'Incarnation, et où l'Homme-Dieu passa, avec sa divine Mère, les premières années de sa vie mortelle, ne pouvait trouver un panégyriste plus éclairé, un cœur plus chaud, un historien plus fidèle. C'est une œuvre de talent, où brille une érudition peu commune, à côté d'une piété solide et digne de tout éloge ; et cette œuvre m'est d'autant plus chère, qu'elle est le travail d'un compatriote, à qui sa science et ses vertus ont conquis une place distinguée dans notre société actuelle, où la foi de nos pères subit parfois de tristes défaillances.

La description de la Sainte Maison et des lieux qu'elle a traversés ; les figures et les cartes qui les mettent en relief ; les détails saisissants, les documents nombreux, les preuves irrécusables qui défient la critique la plus sévère, font de votre livre un joli petit volume, dont les pages, pleines de vie et de sentiments, respirent un parfum biblique et présentent un aliment substantiel à la piété des âmes chrétiennes.

En vous adressant ici mes félicitations et mes remerciements, je prie la Bonne Mère de vous continuer cette protection maternelle, dont vous dites avoir plus d'une fois ressenti les salutaires effets. Elle ne se laissa jamais vaincre en générosité ; en serait-il autrement depuis que vous avez mis en lumière la modeste habitation, où elle reçut le salut de l'Ange et les ineffables caresses du divin Jésus ? L'Église lui applique ces paroles ou ces promesses : *Qui elucidant me vitam æternam habebunt.* C'est ce que je vous souhaite, en bénissant affectueusement le livre et l'Auteur.

† Paul,
Évêque d'Ajaccio.

AUX SCEPTIQUES

PARMI les événements dont la relation ou quelquefois un simple aperçu se trouve encadré dans le plan de ce livre, quelques-uns, d'ordre surnaturel, imposent silence à la contradiction, parce que leur authenticité constitue un article de foi, une vérité fondamentale, immuable du Christianisme, ce grand « fait divinement accompli et toujours subsistant » (1). Tels sont ceux de l'Annonciation et de l'Incarnation du Verbe ; de l'Immaculée Conception et de la perpétuelle Virginité de Marie ; de la Passion et de la Résurrection glorieuse du Sauveur.

Mais, sans attribuer à la croyance due aux autres le même caractère d'obligation, nous les donnons comme manifestement certains. Il en est peu dont nous n'ayons relevé les traces dans quelque monument

---

(1) Paroles de M. l'abbé Bourassé, Chanoine de l'église métropolitaine de Tours, Président honoraire de la Société archéologique de Touraine, Chevalier de la Légion d'Honneur, dans son Introduction aux *Actes des Apôtres*.

historique d'une valeur incontestable, comme les Livres des Prophètes ; les écrits des Évangélistes ; les compositions de grands philosophes et poètes de l'Orient, de la Grèce et de Rome : Confucius, Eschyle, Virgile, etc. ; les histoires de Cicéron, de Tacite, de Suétone, d'Eusèbe, de Guillaume de Tyr, de Bolland, de J. Chantrel, de Rohrbacher ; les relations des plus populaires historiens de Lorète : Angélita, Riéra et Tursellin ; les Annales de Fiume, de Tersatz et de Récanati ; etc.; etc.; etc. Et à l'égard du petit nombre d'autres dont la preuve repose sur l'autorité de la tradition, nous n'avons retenu que ceux dont la renommée s'est transmise d'âge en âge, sans variations et avec le cortège de circonstances toujours les mêmes, aux générations successives qui ont été unanimes à les reconnaître, et les ont pour ainsi dire affirmés par la plume de leurs plus respectables chroniqueurs, parmi lesquels il nous suffira de nommer : Saint Jérôme, le vénérable Bède, Saint Nicéphore, le bienheureux Canisius, Baptiste de Mantoue, Anselme de Pologne, Gretser, l'ermite Paul de la Selva, Baldelsel, Clicthovius, Gumpemberg, Graverson, Jean de Carthage, Baronnius, Georges Marotti, évêque de Justinopolis en Istrie; P. Pasconius, Trombelli et les Magistrats de Lorète, à toutes les époques de l'histoire de cette ville.

Nous devons ajouter que lorsque nous n'avons pu faire directement usage des originaux mêmes, nous sommes toujours allé aux traductions, extraits et commentaires les plus estimés qui, publiés sous la garantie des plus hautes approbations, sont depuis longtemps déjà et très justement fort accrédités dans le monde savant catholique.

Nos lecteurs n'ont donc pas à craindre d'être induits en erreur ni d'engager témérairement leur foi, en accueillant ces pages où nous avons cherché à grouper autour de l'histoire de la Sainte Maison de Nazareth tous les événements qui s'y rattachent de quelque manière. Nous allons même jusqu'à penser que le doute à cet égard serait comme une gratuite injure à la raison et à la dignité humaine, parce qu'il impliquerait le mépris du témoignage d'hommes dont, en cette matière, le sentiment fait autorité, et qui, par leur science, par leur caractère, par leur haute situation, sont les flambeaux qui éclairent les peuples et les guident dans la voie de la Vérité.

L'Auteur.

NOTRE-DAME DE LORÈTE

INTRODUCTION

I

On vénère en Italie, dans les Marches, à vingt-quatre kilomètres au sud-est d'Ancône et à deux milles environ du rivage de l'Adriatique, dans la gracieuse petite ville de Lorète, un sanctuaire pauvre et nu, enchâssé sans contact dans un magnifique revêtement de marbre blanc, et placé sous le dôme d'une superbe et vaste basilique dont il est pour ainsi dire le maître-autel, qui, depuis bientôt six cents ans, attire en foule dans son étroite enceinte l'élite des pèlerins du monde entier.

L'Église considère cet oratoire béni comme le plus auguste de la terre, comme l'urne sainte où s'est épanouie la mystique fleur de Nazareth qui, fécondée par les rayons du Divin Amour, a élaboré dans son calice immaculé le Fruit dont se nourrissent les Bienheureux et les Saints ; car c'est là, selon les expressions d'une bulle célèbre du Pontife Jules II, « que la Sainte Vierge a nourri le Sauveur des siècles d'un lait versé par le Ciel même dans son sein virginal, où Elle l'a élevé, et où Elle se reposait dans la prière, lorsqu'arriva son assomption du siècle pervers à la gloire des cieux. Cette demeure fut la première église consacrée par les Apôtres à la gloire de Dieu et en l'honneur de la bienheureuse Vierge Marie. Les anges la transportèrent de Nazareth sur les côtes de la Dalmatie, et de là au territoire de Récanati... C'est la Santa Casa, la Sainte Maison de Lorète ».

II

Nous étions tout jeune encore lorsque, au cours d'une leçon de géographie, notre professeur d'histoire ayant à décrire les Marches d'Ancône, en Italie, nous parla incidemment de la maison de la Sainte Vierge, qui, d'après une tradition fort répandue, enlevée miraculeusement de Nazareth au moment de la conquête définitive de la Palestine par les infidèles, est venue se poser non loin d'Ancône, en un lieu où s'est depuis formée peu à peu la petite ville de Lorète.

Pensant que c'était peut-être une légende comme celles que l'imagination populaire a créées autour du berceau de beaucoup de villes des temps anciens, nous ne tardâmes pas à perdre de vue Lorète, la tradition et son objet ; mais trente années environ plus tard, un providentiel hasard fit tomber entre nos mains une relation succincte de la translation de la Sainte Maison de Nazareth en Italie et des nombreux miracles qui s'y opèrent tous les jours.

Cette lecture nous remit en mémoire le souvenir de la leçon de notre professeur et nous inspira le vif désir de visiter cette demeure mystérieuse; mais le voyage était long, dispendieux, et l'état de notre santé ne nous permettait pas de l'entreprendre; car, travaillé depuis trois ans par un mal étrange qui avait profondément altéré en nous les organes essentiels de la vie et auquel la science de quinze médecins n'avait pu trouver de remède, nous ne pouvions supporter le plus léger ébranlement physique.

Depuis un mois d'ailleurs notre maladie avait pris un caractère des plus alarmants; nous attendions avec la résignation d'un condamné sans appel le dénouement fatal, lorsque tout à coup l'œdème dont tous nos médecins nous avaient indiqué l'apparition comme l'annonce de la catastrophe, se manifesta aux jambes et, dans l'espace de huit à dix heures, gagna tout le corps jusqu'à l'estomac.

Il était minuit. Le médecin arrive, nous ausculte, nous palpe, et, pour calmer les crampes à l'estomac, les douleurs lancinantes au cœur, recommande des frictions au dessous du sein gauche avec du baume tranquille mêlé à un peu de laudanum, et l'application sur l'épigastre d'un vésicatoire de trois centimètres de côté. Contre l'œdème, il prescrivit une macération de feuilles de digitale que nous devions prendre, par cuillerée, de deux heures en deux heures. Il promit à la famille de revenir à l'aube, ajoutant tout bas : « Mais il n'ira pas jusque-là ! »

Nous étouffions. Il était évident pour tous que la marche envahissante de l'œdème ne donnerait pas aux remèdes le temps d'agir, à supposer que deux ou trois cuillerées de macération de digitale et un révulsif grand comme une pièce de cent sous pussent amener une dérivation suffisante, utile. Plus d'espoir ! Déjà les coins de notre chambre paraissaient se peupler d'ombres fantastiques, au milieu desquelles il nous semblait voir la maigre silhouette de la mort avec son masque grimaçant aux yeux caverneux et éteints ; et dans notre désolation extrême, comme le cygne qui chante son agonie, nous exhalions notre désespérance en psalmodiant tout bas cette élégie lugubre du pieux roi Ezéchias, qui nous revenait sans cesse à l'esprit :

> J'ai vu mes tristes journées
> Décliner vers leur penchant ;
> Au midi de mes années
> Je touche, hélas ! à mon couchant ;
> La mort, déployant ses ailes,
> Couvre d'ombres éternelles
> La clarté dont je jouis,
> Et dans cette nuit funeste
> Je cherche en vain le reste
> De mes jours évanouis.
>
> Grand Dieu, votre main réclame
> Les dons que j'en ai reçus ;
> Elle vient couper la trame
> Des jours qu'elle m'a tissus ;
> Mon dernier soleil se lève,
> Et votre souffle m'enlève
> De la terre des vivants,
> Comme la feuille séchée
> Qui, de sa tige arrachée,
> Devient le jouet des vents.
>
> Comme un tigre impitoyable,
> Le mal a brisé mes os,
> Et sa rage insatiable
> Ne me laisse aucun repos ;
> Victime faible et tremblante,

A cette image sanglante
Je soupire nuit et jour,
Et, dans ma crainte mortelle,
Je suis comme l'hirondelle
Sous les griffes du vautour.

Ainsi des cris et d'alarmes
Mon mal semble se nourrir,
Et mes yeux mouillés de larmes
Sont lassés de se rouvrir.
Je disais à la nuit sombre :
« O Nuit ! tu vas dans ton ombre
M'ensevelir pour toujours ; »
Je redisais à l'Aurore :
« Le jour que tu fais éclore
Est le dernier de mes jours. »

Mon âme est dans les ténèbres,
Mes sens sont glacés d'effroi ;
Écoutez mes cris funèbres,
Dieu juste, répondez-moi !

Mais, en même temps, la pensée de ce sanctuaire dont nous avions lu, à l'avant-veille, la bienfaisante influence sur tous ceux qui y étaient allés invoquer le secours de la Mère de Dieu ne nous quittait plus ; nous fîmes le vœu formel, si nous avions la vie sauve, d'aller y offrir nos actions de grâces à la Sainte Vierge et de divulguer, à notre retour, par la parole aussi bien que par la plume, ce grand prodige de Lorète et les louanges de Marie.

Aussitôt les crampes d'estomac et les douleurs au cœur cessèrent tout à fait, et nous tombâmes dans un assoupissement qui dura environ quatre heures.

A notre réveil toute trace d'enflure avait disparu, et quand le médecin arriva vers les six heures, nous lui montrâmes nos jambes presque aussi desséchées que celles d'un squelette. N'en pouvant croire ses yeux, il demande ce qui était arrivé pendant son absence. « La Providence est venue à notre secours ! » lui fut-il répondu. « Mais en effet.. » ajouta simplement l'homme de l'art, d'une voix grave et comme se parlant à lui-même.......

Nous n'avions pris que deux ou trois cuillerées de la macération prescrite, et l'effet du vésicatoire se dessinait à peine !.......

III

La faiblesse nous retint deux jours au lit, mais nous nous mîmes sur pied le surlendemain et, neuf mois après, nous étions à Lorète sans avoir été incommodé par le voyage, sinon plein de santé, du moins dans un état de convalescence bien avancé vers une guérison radicale.

Notre vœu avait été exaucé. Mais nous oubliâmes d'en remplir toutes les conditions : au lieu de parler de la faveur reçue, nous cachions, par la crainte de passer pour un esprit étroit, rétrograde, d'être ridicule, par respect humain, en un mot, et notre pèlerinage et ses résultats. Au bout de quelques mois nous n'y pensions même plus du tout.

Cependant notre convalescence se prolongeait : nous revînmes aux médecins, aux drogues, sans succès, hélas ! Pendant quatre ans encore, nous avons consulté les plus célèbres sommités médicales, essayé de tout. Peines inutiles ; espoir sans cesse déçu : chaque année, l'œdème reparaissait accompagné d'une perturbation générale de toutes les fonctions, et nous prenions le lit, chaque fois, pour un temps plus ou moins long. La quatrième crise, qui fut la plus grave et que notre médecin ordinaire croyait sans issue, réveilla dans notre esprit le souvenir de notre promesse inaccomplie ; et, en repassant par la pensée les diverses circonstances de nos rechutes, nous constatâmes avec une surprise pleine d'émotion qu'elles s'étaient toujours produites aux approches du 8 décembre, jour où l'Église célèbre la fête de l'Immaculée Conception de la Sainte Vierge et avant-veille du jour auquel la tradition fixe l'arrivée dans les Marches de la Sainte Maison de Nazareth !

C'était un avertissement et notre devoir était tout indiqué : Avec notre vaillante et dévouée compagne Marie Giovanni, dont le courage et la confiance en Dieu ne se sont pas démentis un seul instant, et qui, dans notre douloureuse lutte pour la vie contre la mort qui nous serrait de près, a toujours été et reste encore comme l'incarnation de notre Ange Gardien, nous retournâmes au sanctuaire de Lorète autant par reconnaissance que pour y étudier tous les faits de l'histoire de ses mystérieuses murailles, toutes les preuves de son identité avec la Sainte Maison de Nazareth, en vue de leur donner la plus grande publicité possible.

Et c'est cette étude, à laquelle nous avons rattaché, comme un prologue naturel, le récit des principales circonstances de la vie des trois personnes de la Sainte Famille qui ont sanctifié cette demeure par leur présence, que nous livrons au public désireux de s'instruire, au lecteur sérieux et sincère qui, fidèle à la vérité, la reçoit avec amour, de quelque côté qu'elle lui vienne, à quelque objet qu'elle s'applique ; qui, ne se faisant pas sa propre idole, incline sa raison à la foi des faits mêmes dont il ne peut expliquer la cause, lorsqu'ils portent avec eux tous les caractères de la certitude historique.

On reconnaîtra sans peine d'ailleurs, nous l'espérons bien, que notre livre n'est pas un essai de spéculation théologique, ni une œuvre de prosélytisme politique ou religieux, mais tout simplement l'exposé d'une succession providentielle d'événements, dont la connaissance est nécessaire à expliquer « la cause de cet excès de misère qui fait de l'homme la plus misérable des créatures, bien qu'il soit l'être le plus parfait de la Création (1) » ; une relation de faits secondaires qui sont la preuve consolante de la vérité de ces événements, et qui indiquent les sources fécondes d'où découlent pour l'humanité la lumière et les secours dont elle a besoin, pour trouver plus facilement, dans la voie même de la mort, où elle s'agite, le chemin de l'éternelle vie.

Nous avons pris ces faits et ces événements dans l'Histoire, et l'Histoire dans les Saintes Ecritures et dans les écrits des plus remarquables Maîtres des Littératures ancienne et moderne de tous les peuples, nous appropriant quelquefois leurs propres expressions pour donner plus d'autorité à nos récits, ou traduisant leur pensée dans une courte et sincère paraphrase.

Ainsi bornée, pour ainsi dire, à l'ordonnance du sujet et à la description du petit nombre d'objets et de choses sensibles dont nous avons pu avoir une connaissance immédiate, notre part est si modeste dans l'exécution de ce travail, que nous jugeons ne pouvoir demander à nos lecteurs ni leur indulgence ni leurs éloges ; mais nous recevrons avec beaucoup de gratitude toutes les observations qu'ils voudraient

---

(1) Le Maistre de Sacy : Avertissement à sa traduction de la Sainte Bible (Guillaume Desprez, imprimeur-libraire, Paris, M.DCCXLII).

bien nous faire, afin de l'améliorer, s'il est possible, dès le plus prochain tirage.

Enfin, en mettant au jour ce cher enfant de nos veilles, nous n'avons souci de faire des vœux pour son succès ; « la vérité possède une secrète force qui l'impose à l'esprit de toute créature raisonnable et la fait triompher des ténèbres même de la prévention » (1). Nous nous bornons à le recommander à nos amis. Dieu fera le reste.

Montpellier, le 23 janvier 1889.

P. ARRIGHI.

(1) Le Maistre de Sacy. *Ibid.*

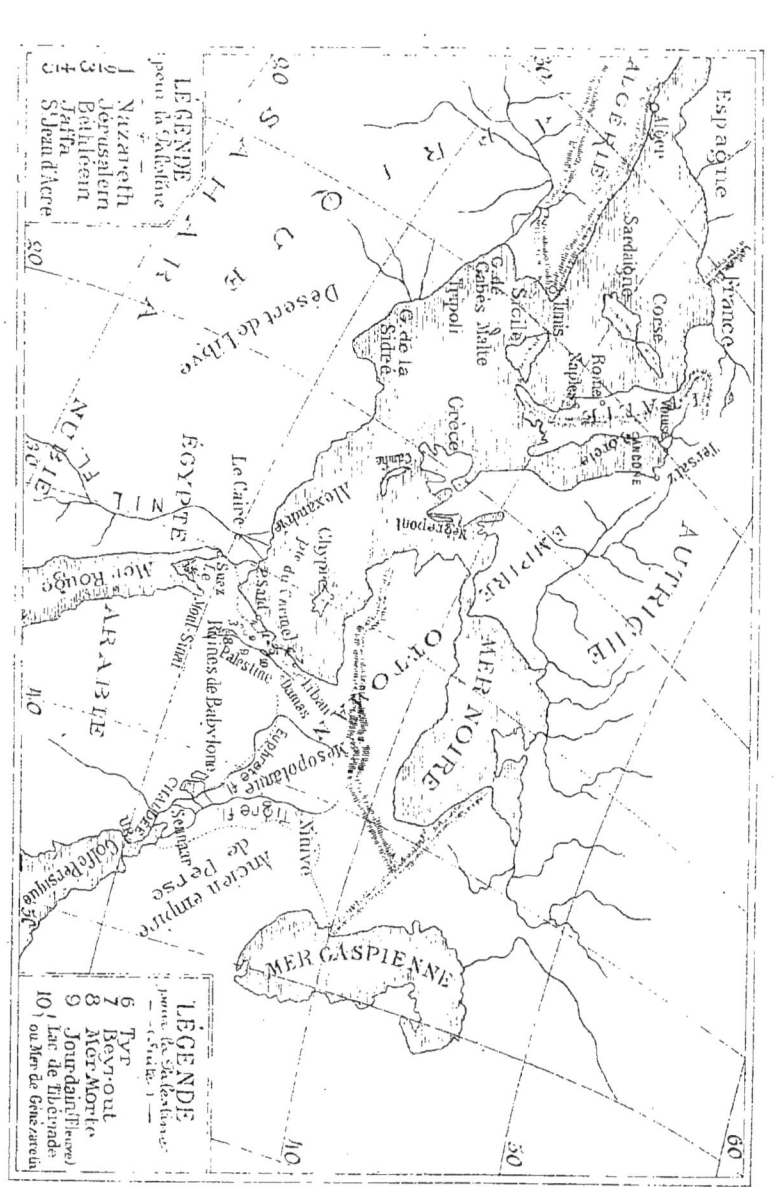

LIVRE PREMIER

LE TRIOMPHE D'ÈVE

CHAPITRE PREMIER

Tradition, dans toutes les théogonies païennes, d'une Mère vierge dont le Fils serait le Médiateur entre le Ciel et la Terre.

Sommaire du récit: Le premier péché. — Justice et miséricorde du Créateur. — Tradition de la grande promesse — La vérité et les fables. — Hébreux. — Indiens. — Chinois. — Japonais. — Persans. — Siamois. — Tartares. — Egyptiens. — Grecs. — Américains. — Les Mages. — Abraham. — Isaac. — Jacob. — Juda. — Jessé. — David.

Sommaire des notes: Autorité des Livres de Moïse.

I

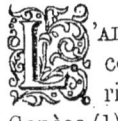'admirable théologien et législateur des Juifs, celui qu'on pourrait appeler le grand historien de l'humanité, Moïse, a raconté dans la Genèse (1) qu'au lendemain de la Création, s'adressant

---

(1) *Genèse*, III, 15.

à l'ange rebelle qui, sous la figure du serpent, avait, par ses conseils perfides, entraîné Ève à la désobéissance envers son Créateur, Dieu avait dit :

» Je mettrai une inimitié entre toi et la femme, entre ta semence et la sienne ; cette semence-ci *(ipsa)* te brisera la tête (1) ».

(1) **Autorité des Livres de Moïse.**

Moïse, né en Egypte l'an du monde 2433, 777 ans après le déluge, et 1571 ans avant Jésus-Christ était un homme fort instruit dans toutes les sciences cultivées de son temps, et possédait une droiture de cœur et d'esprit qui se révèle dans toutes ses œuvres.

Issu de parents israélites, mais adopté par la fille de Pharaon, et élevé à la cour du roi, il pouvait aspirer non-seulement aux plus hautes charges de l'Etat, mais peut-être aussi à toutes les jouissances de l'autorité suprême, s'il avait eu l'ambition du pouvoir ; il dédaigna toutes les faveurs et renonça aux plus flatteuses espérances pour vivre avec ses frères et partager tous leurs maux.

Son histoire remonte à la création du monde. Il n'y a que les premiers événements de la Genèse qu'il ne pouvait savoir par lui-même ; mais les détails qu'il donne sur les généalogies, le nombre des années, le caractère et les qualités personnelles des Patriarches, les dates des faits et les circonstances des événements qu'il rappelle avec la précision d'un chroniqueur sûr de ses informations, autorisent à croire qu'il avait entre les mains des mémoires et des recueils qu'il a dû trouver dans les familles juives.

Toutefois Moïse pouvait connaître d'une manière exacte, par la tradition, tout ce qui s'était passé depuis la création du monde jusqu'à son temps. Il est né 41 ans seulement après la mort de son bisaïeul Lévi, et il a pu apprendre, par sa mère Jocabed, tout ce que Lévi savait de l'histoire du monde. Or Lévi avait vécu 33 ans avec Isaac, son grand-père. Isaac avait vécu 50 ans avec Sem, qui était du temps du déluge et qui en avait passé, avant le déluge, 93 avec Lamech, lequel avait vécu 168 ans avec Seth, fils d'Adam, et 56 avec Adam lui-même ; de sorte que cinq personnes seulement :

Dans cette malédiction du démon se trouve exprimée l'annonce que de la femme sortirait le vainqueur de l'enfer. On y entrevoit en même temps le caractère

Lamech, Sem, Isaac, Lévi et Jocabed, formaient la chaîne qui reliait entre eux Adam et Moïse.

Éloigné à peine de cinq générations du premier homme, l'auteur de la Genèse était donc au courant des faits de la Création et de ceux des premiers Patriarches. Ceux qu'il rapporte, peu nombreux et pouvant être retenus parce qu'ils frappent fortement l'esprit, étaient d'ailleurs dans la mémoire de tous ses contemporains, qui ont pu aussi l'aider de leurs souvenirs personnels.

Enfin, indépendamment de ces ressources naturelles et suffisantes, il est incontestable que Moïse avait en lui une inspiration immédiate de l'esprit de Dieu, qui lui découvrit beaucoup de choses qu'il n'aurait pu savoir autrement. Dans un grand nombre de circonstances, Dieu lui a parlé bouche à bouche ; Moïse voyait le Seigneur clairement, distinctement et non sous des signes et en songe (*Nombr.* XII, 8), et le peuple en avait la preuve matérielle dans la gloire dont Moïse était comme pénétré après ses entretiens avec le Seigneur.

La première manifestation de Dieu à Moïse eut lieu dans l'Arabie Pétrée, au désert de Madian sur le mont Horeb, où le Seigneur, lui apparaissant au milieu d'un buisson ardent qui brûlait sans se consumer, lui commanda d'aller tirer les Israélites d'Égypte, et de les conduire dans la terre qu'il avait promise à Abraham, à Isaac et à Jacob.

Ce fait n'eut pas de témoins ; mais la confiante intrépidité de Moïse devant Pharaon lorsqu'il alla le trouver pour lui faire connaître la volonté de Dieu ; les prodiges dont il appuya ses déclarations ; les fléaux dont il frappa l'Égypte à chaque nouveau refus du roi de laisser partir les Israélites ; enfin le miracle du passage de la Mer-Rouge sont des preuves irrécusables de la vérité de ses paroles et de la mission qu'il accomplissait.

Sur le mont Sinaï, lorsque Moïse reçut la loi de Dieu, tout le peuple sentait la présence du Tout-Puissant dans la nuée fulgurante qui couvrait la montagne. Il entendit sa voix au milieu des éclats du tonnerre et des sons retentissants de la trompette.

Alors, comme toutes les fois que Dieu avait des entretiens

virginal de cet enfantement d'un fils qui, *semence (semen mulieris)*, fruit, non de l'homme et de la femme, mais uniquement de la femme, serait sans père parmi les hommes, et dont par conséquent la naissance surnaturelle ne pouvait souiller le sein de sa mère.

avec Moïse, le visage du grand chef d'Israël avait un tel éclat, il jetait des rayons si éblouissants qu'on ne pouvait le regarder et que, pour parler au peuple, il était obligé de se couvrir la figure d'un voile. (*Exode*, xxxiv et suivants).

Tous ces faits, et ce que Moïse raconte de plus incroyable dans l'Exode, comme les dix plaies d'Egypte, le passage de la Mer-Rouge, l'accompagnement de la nuée tantôt obscure, tantôt lumineuse, suivant que les Israélites avaient besoin d'ombre ou de lumière ; la nourriture qui, pendant 40 ans, leur tomba tous les matins du ciel; l'eau qui, à la parole de Moïse, sortit instantanément de la pierre d'Horeb, au désert de Raphidim, en Arabie, etc., etc., ont été écrits à la face des Egyptiens ses ennemis, et sous les yeux de 600,000 Juifs assemblés dans un camp, toujours disposés à se plaindre et à l'accuser, très attentifs à tout ce qu'il disait, et qui n'auraient pas manqué de le contredire pour se venger de ses rigueurs, s'ils avaient pu le trouver en défaut.

Tous les prophètes de leur côté ont reconnu l'authenticité des Livres de Moïse. Jésus-Christ et les Apôtres ne les citent jamais que pour marquer le perfectionnement des lois et l'accomplissement des faits qu'ils renferment. Saint Paul nous enseigne que toute l'Ecriture est divinement inspirée (II *Tim.*, iii, 16). Saint Pierre déclare que ce n'est point par la volonté des hommes que les prophéties nous ont été anciennement apportées ; mais c'est par le mouvement du Saint-Esprit que les Saints ont parlé (II *Petr.*, i, 21).

Et pour terminer, nous rapporterons la profonde observation de celui que l'Histoire appelle, à juste titre, le célèbre docteur. Origène dit que Moïse, qui non-seulement nous a rapporté ce qui est arrivé dès le commencement du monde, mais nous a aussi annoncé d'une manière si exacte ce qui devait arriver dans la suite des siècles, ne l'aurait pu sans être inspiré et instruit par l'Esprit de Dieu (Orig., Homél. 26. *In Num.*, 1).

Nos premiers parents, dont l'esprit était déjà obscurci par les ténèbres de leur premier péché, ne comprirent pas alors le merveilleux de cette promesse, où n'apparaissait d'ailleurs que sous des traits vagues et, pour ainsi dire, indécis le tableau de l'œuvre divine de notre salut. Mais les révélations postérieures de Dieu lui-même et des prophètes aux premiers patriarches, à Abraham et à sa descendance, ne tardèrent pas à révéler le sens précis de la déclaration faite dans le paradis terrestre.

Aussi la tradition d'une Mère vierge de laquelle viendrait le Saint, le Prince, le Médiateur, le Triomphateur, sans porter atteinte à sa virginité, se retrouve-t-elle dans les religions de tous les peuples de la terre; et ce fait, constaté par la science historique, est un témoignage éclatant de l'identité des premières croyances et de leur émanation d'une source divine; car, comme l'homme n'invente pas, a dit M. Giraud de l'Académie Française, dans ses *Fragments sur le Prométhée d'Eschyle*, la vérité qui lui a été révélée se retrouve au fond de toutes ses fables.

Mais si la tradition a gardé partout les traces de son origine céleste, son expression s'est modifiée, suivant les temps et les lieux, avec le caractère, les mœurs, le langage et même l'intérêt particulier de chacun des peuples issus de Noé, le restaurateur du genre humain après le déluge. Car, à mesure que la grande famille humaine se ramifiait par la formation incessante de générations nouvelles, les traditions patriarcales dont chacune d'elles emportait le souvenir s'altéraient insensiblement, par l'impuissance de la mémoire humaine à conserver longtemps intactes les circonstances d'un fait primitif lointain. Peu à peu même, cédant à ce penchant naturel à l'homme de se donner de glorieux ancêtres, et de placer autour des lieux qu'il habite les grands événements dont il n'a plus qu'une réminiscence confuse, chaque nation, fixant dans sa race la tradition primitive qui concernait l'humanité tout entière, l'a ainsi détournée de son objet réel, de son acception véritable, et localisée dans son propre pays.

Le Cicéron chrétien Lactance (1) et, après lui, un savant israélite (2) converti à la religion du Christ assignent même une cause tangible à l'altération des traditions primitives. Les verbes hébreux, dit le Chevalier Drach, n'ont, pour marquer la durée, que le prétérit et le futur ; point de présent.

Or les prophètes à qui Dieu révélait l'avenir se servaient nécessairement du prétérit pour annoncer les événements dont ils voyaient, en quelque sorte, l'accomplissement au moment de leur inspiration ; et les peuples qui n'avaient pas une connaissance suffisante du génie de la langue hébraïque, prenant à la lettre le langage des prophètes, considéraient comme accompli ce qui n'était encore qu'une prédiction, et l'annonçaient comme déjà réalisé dans les prétendues incarnations de leurs fausses divinités.

De là vient que les Hébreux, au milieu desquels Moïse avait institué un corps spécial de docteurs chargés de l'enseignement oral parmi le peuple, pour que les traditions se conservassent pures et intactes, attendaient un Messie qui, sans père sur la terre, devait être « La rosée qui descend d'en haut »(3), et

---

(1) Lactance : *De Vita Beata* ; vii, 24.
(2) Le Chevalier Drach, docteur ès lettres et en théologie : *Harmonie entre l'Église et la Synagogue*. Edition Paul Mellier, Paris, 1844.
(3) Isaïe.

qu'une femme, que les Docteurs appellent *la Mère céleste*, devait « l'envelopper par un miracle unique » (1) ; tandis que toutes les nations idolâtres, qui n'ignoraient pas la tradition de l'enfantement surnaturel d'une vierge, attribuaient à une époque déjà ancienne de leur temps les faits qui ne devaient arriver que dans un avenir plus ou moins éloigné.

II

Ainsi, dans l'Inde, chez les Gymnosophistes, secte philosophique qui se livrait à la contemplation de la nature, la prédiction que le Sauveur naîtra d'une vierge, et le respect de toutes les nations pour la virginité ont donné lieu, dit saint Jérôme, à la croyance que *Boudha*, l'auteur de leur religion, est venu au monde en sortant du côté d'une vierge ; et la même croyance est professée par les Brahmes, qui enseignaient et enseignent encore aujourd'hui que la mère de Brahama, qu'ils appellent *Maya*, devint mère par son intelligence virginale, par sa virginale volonté (2).

Les peuples du Thibet, de la Chine et du Japon croient que l'idole qu'ils adorent, les uns sous le nom de *Che-Kia* ou *Cha-Ka*, les autres sous celui de *Fo*, *Foë* ou *Fohi*, est née miraculeusement de la vierge Lhamoghiuprul, la plus belle des nymphes et la plus sainte des femmes, nouvellement mariée au roi Sezan. Longtemps à l'avance, les prophètes du pays avaient annoncé que cette femme, qu'ils appelaient même la

---

(1) Jérémie.
(2) *Systema brahamanicum* du P. Paulin de Saint-Barthélemy, page 158.

déesse *Lamoghiuprul*, mettrait au monde un fils d'une extrême beauté et rempli de sainteté.

Au moment convenable Kiatchin, chef des Laas, remplit les entrailles de la déesse d'une grande clarté qui les purifia de toute souillure et communiqua à tout son corps une transparence telle que lorsque Cha-Ka s'enferma dans le sein de sa mère, on put voir le petit enfant, dont le corps aussi bien que l'âme resplendissait d'une clarté admirable, jusqu'au jour où Lhamoghiuprul l'enfanta par son côté sans qu'il restât la moindre trace du passage de l'enfant (1).

Qui ne reconnaîtrait à ce portrait, dit le Chevalier P. L. B. Drach dans son *Harmonie entre l'Eglise et la Synagogue*, d'où nous l'avons tiré, l'auguste fille de David, la plus belle des vierges, exempte de toute tache, récemment mariée ou fiancée à un prince de la maison royale de David, désignée d'avance par les prophètes comme devant être la mère de Dieu? Et qui ne reconnaîtrait aussi le divin Enfant qui, dans les chastes flancs de sa mère, fit éclater la splendeur de sa vertu et de sa puissance devant le Précurseur que Sainte Élisabeth portait dans son sein ?

Les Guèbres, Ghaurs ou Giaours, reste de l'ancienne nation persane, épars aujourd'hui dans diverses contrées de la Perse et des Indes, mais plus particulièrement dans le voisinage de Surate où ils sont appelés *Parsies*, et près de Bakou (le paradis des roses), sur la Mer-Caspienne, où ces adorateurs du feu ont bâti un temple sur un cratère dont les flammes s'exhalent par quatre cheminées de huit mètres de hauteur, les Guèbres donc racontent que leur prophète et législa-

---

(1) *Alphabetum Tibetanum* du P. Paulin de Saint-Barthélemy, page 32.

teur Zarathustra ou Zoroastre, fils de Pourushaspa et auteur des livres sacrés Zend-Avesta, est né miraculeusement de *Dogdon*, femme d'un franc nommé Aber, qui était sculpteur de son métier : Dogdon eut une vision dans laquelle il lui semblait que Dieu l'envoyait visiter par un ange du paradis qui lui apporta de riches habillements dont il la revêtit. Aussitôt une lumière céleste se répandit sur son visage et la rendit belle comme le soleil. S'étant réveillée, elle connut qu'elle serait mère, et, arrivée à son terme, elle mit en effet au monde un être doué de dons surnaturels, qui recevait de la divinité suprême, dans des entrevues personnelles, la révélation des vérités qu'il avait à communiquer aux hommes. C'est Zoroastre (1).

Il nous semble que la fable serre ici de si près la vérité, qu'il n'y aurait qu'à remplacer le nom du sculpteur ou menuisier Aber par celui du charpentier Joseph, pour reproduire, à peu près dans les mêmes termes, le récit de l'évangéliste saint Luc, touchant l'Annonciation de la Sainte-Vierge et les vertus du Messie.

Les *Siamois* font naître leur *Sommonokhodom* (le Dieu, l'Attente et le Désiré de l'univers) d'une vierge qui l'a conçu des rayons du soleil et lui a donné le jour sans en éprouver la moindre douleur.

N'est-ce pas encore, comme a dit le saint Évangéliste déjà cité, le « *Spiritus Sanctus superveniet in te, et Virtus Altissimi obumbrabit tibi* » (La Vertu du Très-Haut vous couvrira de son ombre, et vous concevrez par l'opération du Saint-Esprit)? (2)

D'après les curieuses et savantes informations du

---

(1) Tavernier. — *Voyages de Perse* ; livre IV ; chapitre VIII.
(2) Saint Luc ; 35.

célèbre évêque d'Avranches, Huet, les peuplades de la TARTARIE KRIMSKI ou de Precop faisaient descendre d'une vierge leur premier roi *Ulam* ; et celles de la TARTARIE ORIENTALE se laissaient persuader que la mère du *Khan Cingis*, fondateur de l'empire, avait conçu son fils des rayons du soleil (1).

La déesse des ÉGYPTIENS, *Isis*, est devenue, selon eux, la mère de Bacchus sans cesser de rester vierge toute sa vie (2).

Aussi les DRUIDES, caste sacerdotale chez les peuples celtiques, mais qui a pris naissance en Orient, avaient-ils dans leurs sanctuaires une statue consacrée à Isis vierge, mère du Libérateur futur du monde.

Chez les GRECS, la plupart des divinités et même des grands hommes devaient le jour à une procréation surnaturelle : Junon donna seule le jour au dieu Mars en touchant une fleur dont *Flore* lui avait révélé la vertu : croyance née évidemment de la métaphore dont le prophéte Isaïe se servit pour annoncer l'Enfant divin de la Sainte Vierge : « Une fleur naîtra de la racine de Jessé ; » car de la fleur qui naît à la fleur qui fait naître, il n'y a qu'une nuance vite effacée, a dit avec beaucoup d'esprit le Chevalier Drach, déjà cité.

En AMÉRIQUE même, dont la communication avec l'Ancien-Monde fut interrompue longtemps avant les temps historiques, on connaissait la doctrine de l'Incarnation de la divinité dans le sein d'une vierge. Ainsi, des peuplades du Paraguay établies sur les bords du lac Zarayas, les *Macéniques*, ont raconté aux missionnaires qu'à une époque très reculée des temps anciens, une femme d'une rare beauté devint

---

(1) *Alnet. Quæst.* ; II, 15.
(2) Plutarque ; *De Isis et Osis* : p. 365. Edit. de Francofort 1599.

mère sans le concours d'un homme. Son fils, remarquable également par sa beauté, étant devenu grand, opéra de prodigieux miracles dans le monde. A la fin, il s'éleva dans les airs en présence d'un grand nombre de ses disciples et se transforma en ce soleil qui éclaire notre terre (1).

Les AMÉRICAINS DU NORD disaient qu'une vierge tombée du ciel et visitée pendant son sommeil par un Dieu, qui était descendu à cet effet sur la terre, avait mis au monde un garçon et une fille qui ont peuplé le pays (2).

III

Un seul peuple idolâtre paraît avoir conservé ou retrouvé la lumière véritable et la notion exacte de la tradition primitive. Il habitait le pays situé entre l'Euphrate et le Tigre, que les anciens désignaient sous les noms de Mésopotamie et de Chaldée ; il confinait à Babylone et à Ninive et se trouvait enclavé dans le grand empire d'Assyrie.

En outre, une tradition conservée dans la cinquième dynastie d'Abul-Farage et rapportée par le savant orientaliste français d'Herbelot (1625-1695), porte que « sous le règne de *Cambasous*, que nous nommons Cambyses, *Zerdascht*, auteur de la *Magioussiah* ou *Magie*, secte des adorateurs du feu, commença à se manifester. Il était, dit d'Herbelot, de la province d'Adherbigian ou Médie, mais d'autres le font Assy-

---

(1) Muratori : *Cristianesimo felice* ; tome I, chap. v ; édition de Venise 1752.

(2) Huet ; *Alnet. Quæst.* ; L. II, c. xv, d'après Drach.

rien et veulent qu'il ait été disciple d'Elie (917-889 avant Jésus-Christ).

Zerdascht annonça à ses sectateurs l'avènement futur du Messie, qui devait naître d'une vierge, et leur dit qu'ils auraient la première nouvelle de sa naissance par l'apparition extraordinaire d'une étoile merveilleuse qui devait la leur signifier. Il leur recommanda d'aller l'adorer et de lui apporter des présents (1) ».

Si Zerdascht n'a pas été instruit par Elie, il a dû néanmoins connaître la fameuse prédiction du prophète Balaam, son compatriote : « Une étoile sortira de Jacob, et un dominateur s'élèvera d'Israël (2) ».

Balaam en effet dit lui-même qu'il était venu du pays d'Aram et des montagnes d'Orient. Il était de la ville de Péthura, sur le fleuve des enfants de son peuple (3), c'est-à-dire de Péthora ou Pacora sur l'Euphrate.

Sa prophétie s'était conservée par tradition, de père en fils, dans le pays ; aussi les MAGES, qui étaient de la même profession et de la même nation que Zerdascht et Balaam, sachant comme tout le monde qu'à l'apparition d'une nouvelle étoile, il naîtrait, au milieu des enfants de Jacob, un roi qui devait être le *désiré des nations et le Sauveur du monde*, ne cessaient d'étudier le ciel; et voilà pourquoi, à l'apparition de ce phénomène, qui apparemment n'était ni une étoile, ni une comète, mais un météore passager, brillant d'une clarté extraordinaire, les Mages qui allèrent adorer Jésus, convaincus peut-être par un

---

(1) *Bibl. Orient.*; art. *Zerdascht.*
(2) *Num.* XXIII, 7 — XXIV, 17.
(3) *Num.* XXII, 5.

mouvement du Saint-Esprit que cet astre nouveau et singulier annonçait la naissance du Messie attendu des Juifs, vinrent à Jérusalem chercher le nouveau roi dont ils avaient vu le signe dans leur pays ; et ils s'en expliquent eux-mêmes d'une manière fort claire lorsque, demandant au roi Hérode : « Où est le roi des Juifs nouvellement né » ? ils ajoutent : car nous avons vu son étoile en Orient ».

IV

Eve devant être la mère de tout le genre humain, la promesse faite dans le paradis terrestre d'un libérateur puissant avait eu nécessairement un caractère de généralité telle que chaque peuple, prenant ses rêves pour la réalité, en avait placé l'accomplissement dans la famille du plus glorieux de ses ancêtres.

Mais Dieu prit soin de fixer plus tard *la semence, le fruit, le fils de la femme* dans la descendance d'Abraham, quand il dit à ce patriarche : « Dans Celui qui naîtra de vous seront bénies toutes les nations de la terre (1) ».

D'Abraham, cette prérogative passe à son fils Isaac, à qui Dieu réitère la même promesse dans les mêmes termes : « Dans Celui qui naîtra de vous seront bénies toutes les nations (2) ».

Jacob recueille cet héritage : « Et toutes les nations de la terre seront bénies en vous et en Celui qui sortira de vous (3) ».

(1) *Genèse*, XXII, 18.
(2) *Genèse*, XXVI ; 4.
(3) *Genèse*, XXVIII ; 14.

A son lit de mort, Jacob fixe le Messie dans la tribu de *Juda* : « Le sceptre ne sortira point de Juda, ni le législateur de ses descendants, avant que soit venu le Messie, qui attirera toutes les nations (1) ».

Dans la tribu de Juda, c'est la famille de *Jessé* qui aura la gloire de préparer les voies du Messie : « Il sortira un rejeton de la tige de Jessé et une fleur naîtra de sa racine. » — « En ce jour-là le rejeton de Jessé sera exposé comme un étendard devant tous les peuples ; les nations viendront lui offrir leurs prières, et son sépulcre sera glorieux (2) ».

Enfin la Maison de David est désignée, entre toutes celles de Jessé, pour l'accomplissement de la grande *Promesse* (3).

(1) *Genèse*, XLIX ; 10.
(2) *Isaïe*, XI ; 1 et 10.
(3) II *Rois*, VII ; 12 et suivants.
    III *Rois*, XI ; 34, 36.

CHAPITRE II

L'ATTENTE DE LA VIERGE ET DU GRAND MÉDIATEUR DANS LES LIVRES DES PROPHÈTES, DES SIBYLLES ET DES PHILOSOPHES.

SOMMAIRE DU RÉCIT : Le patrimoine céleste des Hébreux. — Les deux royaumes juifs. — Les rois d'Assyrie. — Nabuchodonosor. — Destruction de Jérusalem. — Captivité de Babylone. — Prophéties. — Comput hébraïque. — Cyrus. — Fin de la captivité des Juifs. — Confucius. — Platon. — Cicéron. — Suétone. — Josèphe. — Voltaire. — Volney. — Eschyle. — Les Sibylles. — Virgile. — La Vierge de Nazareth. — Les Païens. — Les Druides. — Les Livres Sapientiaux. — Les Romains. — Hérode-le-Grand. — Prophétie de Jacob. — Naissance de la Sainte Vierge. — Nazareth et la Sainte Maison. — Marie dans le temple. — La virginité dans les idées des Juifs. — Fiançailles de la Sainte Vierge. — Prodiges qui désignèrent Joseph pour être l'époux de Marie.

SOMMAIRE DES NOTES : Les Pères de l'Eglise. — Saint Augustin. — Lactance. — Zorobabel. — Esdras. — Assuérus. — Esther. — Néhémie. — Le Sanhédrin. — Réalisation des prophéties de Daniel. — L'école du temple. — Généalogie de Saint Joseph. — Motifs qui le déterminèrent à quitter la maison paternelle.

NOTICES DIVERSES.

I

L'HONNEUR de donner au monde le Rédempteur promis à l'humanité était donc comme le patrimoine céleste du peuple hébreu.

Cependant, après le règne glorieux de Salomon,

oublieux d'une si haute destinée, les Juifs, divisés et formant deux royaumes ennemis, celui de Juda et celui d'Israël, se laissent gouverner par des usurpateurs ou des impies qui les portent à l'idolâtrie et à l'asservissement.

Avertis par leurs prophètes (1), châtiés sévèrement à plusieurs reprises par d'épouvantables épidémies, par de longues famines, par la dévastation de leurs campagnes et le pillage de leurs plus belles villes, ces enfants dégénérés d'Abraham ne peuvent plus revenir sincèrement au culte du vrai Dieu, et, comme frappés d'un aveuglement inexplicable, ils boivent jusqu'à la lie la coupe des plus amères douleurs.

En effet, après deux cent quarante-quatre ans d'existence (de 962 à 718 avant J.-Ch.), le royaume d'Israël, où le pouvoir avait passé successivement dans neuf familles différentes par l'assassinat et l'usurpation, disparaît sous les coups des rois d'Assyrie qui, après s'être emparés de Samarie, sa capitale, emmenèrent en captivité, à Ninive, le dernier roi Osée avec tout son peuple. Ainsi s'accomplit la menace faite au nom du Seigneur à Jéroboam, par le prophète Ahias (2).

Dans le royaume de Juda, bien que le pouvoir soit presque constamment resté à la Maison de David, la religion subit de longues éclipses pendant lesquelles

---

(1) Moïse, *Deut.*, XVIII, 15. Balaam, *Nomb.*, XXIV, 17. Isaïe, VII, 14. Jérémie, XXXI, 22, etc., etc.

Isaïe, Michée, Amos (758 à 721); Jérémie (613 avant J.-Ch.)

(2) « Le Seigneur Dieu frappera Israël, avait dit Ahias, et le rendra comme le roseau qui est agité dans les eaux ; et il arrachera Israël de cette terre si excellente qu'il a donnée à ses pères; et il les dispersera bien loin, au-delà du fleuve de l'Euphrate, parce qu'ils ont consacré à leur impiété de grands bois. » (*Les Rois*, livre III, chapitre XIV).

l'impiété s'étale jusque sur le trône et provoque l'explosion des colères céleste. En 606 avant Jésus-Christ, Nabuchodonosor, roi d'Assyrie, envahit la Palestine, s'empare de Jérusalem, assujettit tout le peuple à un tribut, et conduit à Babylone les principaux d'entre les Juifs. C'est de ce moment que commencent les soixante-dix années de la Captivité de Babylone prédite par Jérémie (1).

Les rois de Juda ayant essayé de secouer le joug de leur vainqueur, Nabuchodonosor revint en Palestine ; il traita les Juifs avec la dernière rigueur : les murailles de Jérusalem, le temple de Salomon, le palais du roi furent renversés, et les habitants réduits à l'esclavage ou transportés captifs en Assyrie. C'est dans ce temps que le prophète Jérémie, assis au milieu des ruines de la ville, fit entendre ses immortelles *Lamentations*, que l'Eglise redit chaque année dans les offices de la Semaine-Sainte.

Mais, alors que misérables et dispersés dans les

(1) Parce que vous n'avez point écouté mes paroles, fait dire Dieu à son prophète Jérémie, je prendrai tous les peuples de l'Aquilon, je les enverrai avec Nabuchodonosor, roi de Babylone, mon serviteur, et je les ferai venir contre cette terre, contre ses habitants, et contre toutes les nations qui l'environnent ; je les ferai passer au fil de l'épée, et je les rendrai l'étonnement et la fable des hommes, et les réduirai à d'éternelles solitudes. Je ferai cesser parmi eux les cris de joie et les chants de réjouissance, les cantiques de l'époux et les chants de l'épouse, le bruit de la meule et la lumière de la lampe ; et toute cette terre deviendra un désert affreux, qui épouvantera ceux qui le verront ; et toutes ces nations seront assujetties au roi de Babylone pendant soixante-dix années ». (Jérémie : Chapitre xxvi ; 8, 9, 10 et 11). — Voir aussi la prédiction de Jérémie à Phassur : Chapitre xx ; 4, 5, 6. — (Voir encore la prophétie d'Isaïe à Ezéchias : *Les Rois*, livre vi, chapitre xx ; 16, 17, 18).

plaines de la Babylonie, oubliant leurs harpes qui pendaient muettes aux saules des bords de l'Euphrate et du Tigre, les Juifs pleuraient au souvenir des rives sacrées du Jourdain et des murs abattus de l'antique Sion ; alors que tout paraissait fini pour les descendants d'Abraham, l'Ange du Seigneur vint dire à leur prophète Daniel, comme eux exilé et captif à Babylone :

« Septante semaines ont été décidées sur votre peuple et sur votre ville sainte, pour abolir la prévarication, finir les péchés, expier l'iniquité, amener la justice éternelle, accomplir la vision et la prophétie et oindre le Saint des Saints. »

« Sachez donc et remarquez : depuis la sortie de la parole pour rebâtir Jérusalem jusqu'au Messie, le Prince, il y aura sept semaines et soixante-deux semaines ; et les places et les murailles seront bâties de nouveau dans des temps fâcheux et difficiles (Dan. IX, 25). Et après les soixante-deux semaines le Messie sera mis à mort, et non pour lui-même. Et un peuple, avec un chef qui viendra, détruira la ville et le sanctuaire ; sa fin sera comme une submersion, et la guerre ne finira que par une entière désolation (Dan. 26). Il confirmera l'alliance à plusieurs dans une semaine, et, dans la moitié de la semaine, il fera cesser l'oblation et le sacrifice ; l'abomination de la désolation sera dans le temple et, jusqu'à l'entière ruine, on ajoutera désolation sur désolation (Daniel, 27). »

Le comput des Hébreux renfermant non-seulement des semaines ou septaines de jours terminées par le jour du sabbat ou du repos, mais encore des semaines ou septaines d'années terminées par l'année du sabbat ou du repos ; et enfin des semaines ou septaines de ces semaines annuaires, c'est-à-dire des semaines de quarante-neuf ans terminées par l'année du Jubilé, l'année de l'expiation et de la rémission, où chacun recouvrait sa liberté et son ancien héritage, Daniel n'avait pas eu de peine à faire comprendre à ses compatriotes, en leur annonçant cette grande nouvelle, que les semaines dont il s'agissait étaient, non pas une septaine de semaines d'années, un jubilé ordinaire, mais une septantaine, une semaine de quatre cent quatre-vingt-dix ans ou de dix jubilés, laquelle se terminera par le jubilé éternel, par la grande année de l'expiation et de la rémission véritable où, non plus Israël seul, mais l'humanité entière, réconciliée à Dieu par la mort du Christ, recouvrera sa primitive liberté et son héritage céleste (1).

Les Juifs ne tardèrent pas d'ailleurs à voir le commencement de la réalisation de cette prophétie, car, deux ans après cette annonce de l'ange du Seigneur à son prophète, en l'an 536 avant Jésus-Christ, Darius, roi des Mèdes, et Cambyse, roi des Perses, étant morts, Cyrus, fils du second, neveu et gendre du premier, régna seul sur les deux pays, mit sous sa domination l'empire d'Assyrie, en s'emparant de Babylone sur Balthasar, petit-fils de Nabuchodonosor, et rendit, cette année même, à la prière de Daniel, ce fameux édit qui, en permettant aux Juifs de retourner à Jérusalem et d'y rebâtir le temple, terminait ainsi les soixante-dix années de captivité, comme l'avait annoncé Jérémie (2).

(1) Rohrbacher.
(2) Et lorsque les soixante-dix ans seront finis, je visiterai dans ma colère le roi de Babylone et son peuple, dit le Seigneur; je jugerai leur iniquité et la terre de Chaldée, et je la réduirai à une éternelle solitude... « Je ferai tomber sur cette terre tous les maux que j'ai prédits contre elle... » (Jérémie : Chap. xxvi, 12 et 13).

Ces prophéties furent sans doute bientôt connues et répétées dans le monde entier ; et ce qui était l'attente spéciale des Juifs devint aussi l'attente générale des nations ; car, tandis que la Chine, avec Confucius (qui vécut de l'an 551 à l'an 479 avant Jésus-Christ), attendait le Saint du côté de l'Occident, Rome attendait un dominateur du côté de l'Orient ; ce qui peut bien s'entendre de la Palestine, qui se trouve à l'orient de Rome et à l'occident de la Chine. Elles réveillèrent chez tous les peuples les antiques traditions, les souvenirs à demi effacés des circonstances principales de l'histoire de la création et de la venue du Messie promis dès l'origine du monde. Le mouvement intellectuel qu'elles provoquèrent est accusé dans l'Inde par d'immenses poèmes qui ont pour sujet l'attente et la venue d'un Rédempteur, et on en trouve la trace profonde dans les ouvrages des grands poètes de l'Occident.

PLATON (387 ans avant Jésus-Christ) qui, pendant son séjour en Egypte, s'était parfaitement instruit de la loi mosaïque, traçait ainsi l'image du Juste attendu : « Vertueux jusqu'à la mort, il passera pour impie et pervers, et, comme tel, il sera flagellé, torturé et enfin mis en croix ! »

CICÉRON, né 106 ans avant Jésus-Christ, rapporte que, de son temps, on connaissait généralement un oracle de la Sibylle d'après lequel on croyait imminente l'apparition d'un roi dont la nécessité se faisait sentir pour raffermir l'autorité des lois et du pouvoir (1).

SUÉTONE, venu après Cicéron, parlant aussi de cet oracle, dit : *Julius Marathus* nous apprend que peu

---

(1) Cicéron : *De la Divination* ; II, 54.

de mois avant la naissance de César-Auguste, arrivé 44 ans avant Jésus-Christ, un prodige dont toute la ville de Rome fut témoin pronostiqua que la nature enfanterait un roi au peuple romain ; que le sénat en fut alarmé au point qu'il décréta qu'on n'élèverait aucun des enfants qui naîtraient cette année-là. Mais ceux des sénateurs qui se savaient atteints par cette mesure firent tant que le sénatus-consulte ne fut pas enregistré, parce que chacun se flattait que l'oracle pouvait regarder sa famille ». (1)

D'après une croyance répandue dans tout l'Orient, dit encore Suétone dans sa *Vie de Vespasien* (2), on touchait au temps où un prince tout puissant s'élèverait de la Judée.

L'historien juif Josèphe s'exprimait ainsi, au sujet de cette même tradition : « Ce qui détermina principalement les Juifs pour la guerre contre les Romains, ce fut une prophétie contenue dans les Livres Sacrés, savoir : que « Vers ce temps, quelqu'un sortant de leur pays obtiendrait l'empire du monde (3) ».

Voltaire lui-même a reconnu dans l'*Essai sur les mœurs et sur l'esprit des Nations* (chap. 3 ; p. 1244) de l'édition de Didot en un volume, « que les Indiens cherchaient en vain des remèdes au dérèglement des

---

(1) D. Oct. Cœs. Aug. ; xciv.
(2) In Flav. Vesp. ; Cap. iv.
(3) Cette prophétie, attribuée par la Genèse (xlix, 10) à Jacob, précisait trois circonstances auxquelles on ne pouvait se tromper : 1° L'époque : « Quand le sceptre sortira de Juda » ; 2° La personne : « Originaire de la Judée » ; 3° L'autorité : « L'empire des Nations, c'est-à-dire du monde entier ». Elle concernait évidemment le Messie ; mais Josèphe, pour flatter Vespasien, l'a rapportée à ce prince, trahissant ainsi ses croyances et son peuple par un lâche égoïsme.

mœurs, comme nous en avons cherché. C'était, de temps immémorial, une maxime chez eux et chez les Chinois, que le Sage viendrait de l'Occident ».

Volney, à son tour, constate que : « Les traditions sacrées et mythologiques des temps antérieurs avaient répandu, dans toute l'Asie, la croyance d'un grand Médiateur qui devait venir, d'un Juge final, d'un Sauveur futur : Roi, Dieu, Conquérant et Législateur, qui ramènerait l'âge d'or sur la terre et délivrerait les hommes de l'empire du mal » (1).

Cette sédition des dieux dans le ciel pour empêcher Jupiter de régner sur l'univers, dont parle Eschyle (525-456 avant J.-Ch.) dans son *Prométhée*, n'est aussi que la tradition à peine altérée de la chute des anges rebelles. Et lorsque le grand tragique grec nous montre un dieu souffrant, et souffrant de la part du Dieu suprême ; un dieu enchaîné et comme mis en croix sur une haute montagne, parce qu'il a trop aimé les hommes, parce qu'il a eu pitié de leurs maux et qu'il y a porté remède, ne fait-il pas le tableau de la passion du Sauveur avec les données, un peu vagues en son esprit, des prophéties d'Isaïe, de Jérémie, de Daniel, de Zacharie (2) etc... ?

---

(1) Volney : *Ruines*.
(2) Le grand poète de la Grèce, dit le Chev. Drach, dont nous aimons à rapporter toujours les judicieuses remarques, a enchâssé dans sa trilogie un sujet éminemment religieux : le drame humanitaire, dont le premier acte est le péché d'Adam et d'Eve ; la nature humaine voulant se glorifier elle-même ; et le dénouement : la rédemption opérée par Jésus-Christ.

Deux génies des temps modernes, Milton et Klopstock, ont si bien senti la portée du *Prométhée* d'Eschyle qu'ils lui ont emprunté des fragments ; et le célèbre Fréd. Schlegel, qui s'est illustré par ses travaux sur la poésie des Grecs et des Romains, reconnaît que les tragédies d'Eschyle ont un sens symbolique.

Ainsi s'expliquerait cette prétendue divination des Sibylles dont les oracles n'étaient probablement, du moins en partie (1), que les prophéties véritables répandues chez les Grecs et les Romains par les Juifs et leurs prosélytes.

Mais inspirées ou non, les prédictions sibyllines concernant la manifestation d'un Rédempteur revêtaient un si haut caractère de précision, que Virgile, en les paraphrasant, ne s'est pas trompé lorsque, un quart de siècle avant la naissance de Jésus-Christ, il annonçait « l'avènement du dernier âge prédit par la Sibylle de Cumes », pendant lequel le monde verrait « une race nouvelle descendue du haut des cieux » ; lorsqu'il saluait « le retour de la Vierge et la naissance d'un enfant qui allait faire cesser le siècle de fer et revenir l'âge d'or ; qui allait effacer les vestiges de nos crimes ; qui, vivant de la vie des Dieux, règnerait sur la terre reposée de ses longues alarmes et pacifiée par les vertus de son Père ! » (2).

Ne trouve-t-on pas dans ces chants de l'Auteur des *Bucoliques* un exposé saisissant, réel des heureuses conséquences de l'incarnation du Verbe, avec toutes ses circonstances de temps, de lieu, de nombre et de personne ?

---

(1) Presque tous les anciens Pères de l'Eglise et saint Augustin lui-même les ont crues, il est vrai, positivement inspirées ; et Lactance assure, après avoir cité des prédictions sibyllines très frappantes, que quiconque a lu Cicéron, Varron et d'autres écrivains qui vivaient avant Jésus-Christ, ne pensera point qu'elles soient supposées ; mais il est possible qu'on ait cependant faussement attribué aux sibylles plusieurs prophéties hébraïques qu'elles ne faisaient que répéter en les rajeunissant. — (Saint Augustin, Epit. 258, *ad Martian.* — Lactance : *Div. — Inst.* ; Liv. 4, c. 15).

(2) Virgile : *Bucoliques*, Eglogue iv.

Qui ne sait encore que cette Vierge promise à l'humanité dès la chute de la première femme, et que Virgile, appuyé sur les prédictions des Sibylles, chantait ainsi dans ses plus beaux vers, jouissait d'un culte spécial parmi les Druides, qui, sous ce titre : *Virgini pariturœ (à la vierge qui doit enfanter)*, lui avaient élevé un temple et un autel dans la ville de Chartres ; et qu'elle était attendue et vénérée, dès les premiers âges, dans tout le monde idolâtre, qui, dans l'enthousiasme de sa foi, lui avait consacré une des plus brillantes constellations du Zodiaque ?

Aussi ne peut-on s'étonner que la douce figure de notre seconde Ève rayonne dans toutes les pages sacrées à côté de celle du divin Messie, lorsqu'on pense qu'elle a éclairé les ténèbres mêmes du paganisme, et n'a-t-on besoin d'autres lumières pour entendre ce que les Auteurs inspirés des Livres Sapientiaux ont dit de l'Épouse du Saint-Esprit, mère du Christ, bien des siècles avant qu'elle fût donnée à la terre, dans ces belles et saisissantes allégories de la Femme forte et de la Sagesse : «... Son mari sera illustre dans l'assemblée des juges, lorsqu'il sera assis avec les sénateurs de la terre ; elle a fait un linceul et l'a vendu; et elle a donné une ceinture au Chananéen. Elle est revêtue de force et de beauté, et elle rira au dernier jour..... Ses enfants se sont levés, et ont publié qu'elle était très heureuse : son mari s'est levé et l'a louée... » (1)

«... Alors le Créateur de l'Univers m'a parlé et m'a fait connaître sa volonté ; celui qui m'a créée a reposé dans mon tabernacle, et il m'a dit : Habitez dans Jacob, qu'Israël soit votre héritage. J'ai été créée dès le

---

(1) *Proverbes* : Chapitre xxxi ; 23, 24, 25, 28.

commencement et avant les siècles, je ne cesserai point d'être dans la suite de tous les âges, et j'ai exercé devant lui mon ministère dans la maison sainte. J'ai été ainsi affermie dans Sion, j'ai trouvé mon repos dans la cité sainte, et ma puissance est établie dans Jérusalem. J'ai pris racine dans le peuple que Dieu a honoré, dont l'héritage est le partage de mon Dieu, et j'ai établi ma demeure dans l'assemblée de tous les saints. Je me suis élevée comme les cèdres du Liban, et comme les cyprès de la montagne de Sion. J'ai poussé mes branches en haut comme les palmiers de Cadès, et comme les plants des rosiers de Jéricho. J'ai répandu une senteur de parfum comme la cannelle et comme le baume le plus précieux, et une odeur comme celle de la myrrhe la plus excellente... Je suis la mère du pur amour, de la crainte, de la science et de l'espérance sainte. En moi est toute la grâce de la voie et de la vérité ; en moi est toute l'espérance de la vie et de la vertu. Venez tous à moi, vous tous qui me désirez avec ardeur, et remplissez-vous des fruits que je porte ; car mon esprit est plus doux que le miel, et mon héritage surpasse en douceur le miel le plus excellent. La mémoire de mon nom passera dans la suite de tous les siècles... » (1).

II

Réduite à l'état de province de l'empire d'Assyrie, la Palestine en partagea les vicissitudes ; et, après les conquêtes d'Alexandre-le-Grand, devenus tributaires des Macédoniens, puis soumis à l'Egypte, opprimés

---

(1) *Ecclésiastique*. Chapitre xxiv ; 12, 13, 14, 15, 16, 17, 18, 20, 24, 25, 26, 27, 28.

par les rois de Syrie, les Juifs tombèrent en dernier lieu sous la domination des Romains, qui leur imposèrent pour roi l'Iduméen Hérode (40 ans avant Jésus-Christ). Le sceptre de Juda passait pour la première fois à des mains étrangères.

Ce dernier cruel trait de la fortune fut cependant accueilli par toute la nation juive, reconstituée depuis l'ordonnance d'Artaxerce Longue-Main qui avait permis de rebâtir les murs de Jérusalem (l'an 451 avant Jésus-Christ) (1), comme la fin des mauvais jours, comme

---

(1) **Retour des Juifs de Babylone. — Reconstruction du Temple et des Murs de Jérusalem.**

Après l'édit de Cyrus (536) qui leur permettait de retourner à Jérusalem et d'y rebâtir leur temple, les Juifs, partis pour la Judée au nombre de quarante-deux mille sous la conduite de Zorobabel, prince de la Maison de David, avaient jeté les fondements du nouveau temple, qui ne fut achevé que vingt ans après.

Quarante ans plus tard eut lieu une seconde migration de Juifs conduite par Esdras, descendant d'Aaron et docteur de la loi, qui s'appliqua à purifier le culte du Seigneur des abus qui s'y étaient glissés et à le rétablir dans toute sa pureté.

Mais si le temple avait été réédifié, les murs de Jérusalem n'étaient pas encore relevés, et la ville était sans défense. Il fallait pour les rebâtir une autorisation spéciale du monarque alors régnant à Babylone, Artaxerce Longue-Main, l'Assuérus de l'Écriture, l'époux d'Esther. Un vertueux israélite nommé Néhémias ou Néhémie, dont Mardochée, devenu la seconde personne après le monarque dans tout l'empire, avait fait l'échanson du roi, n'eut pas grand'peine à l'obtenir.

Néhémie acheva les murs de la ville après cinquante jours d'un travail des plus opiniâtres, et malgré les entraves que lui suscitaient les populations ennemies environnantes. Puis il rassembla les débris épars du peuple Juif qu'il parvint à reconstituer en nation.

La distinction en tribus disparut pour faire place à une division du pays en quatre grandes provinces. Le grand Conseil ou Sanhédrin eut l'autorité suprême ; et depuis ce moment (415-332) la Judée eut une période de calme et de prospérité.

l'annonce de son glorieux relèvement ; on n'avait pas oublié en effet que Jacob mourant sur la terre d'Egypte, où il était allé avec toute sa famille rejoindre son fils Joseph, avait dit à Juda, devant ses autres enfants assemblés autour de sa couche :

« Juda, vos frères vous loueront ; votre main mettra sous le joug vos ennemis ; les enfants de votre père se prosterneront devant vous (1)...

» Le sceptre ne sortira point de vos mains, jusqu'à l'arrivée de celui qui doit être envoyé et qui sera l'attente des nations (2). »

Or, à ce moment le sceptre royal, arraché à la famille de Juda, était aux mains d'un prince étranger ; et, depuis que Néhémie avait obtenu l'autorisation de reconstruire les murs de la ville sainte, il s'était écoulé quatre cent onze ans. C'était donc dans les soixante-douze années qui allaient suivre, que le Christ devait se manifester comme rédempteur du monde et subir un ignominieux trépas (3).

(1) *Genèse*, XLIX, 8.
(2) *Genèse*, XLIX, 10.

(3) **Réalisation de la prophétie de Daniel concernant l'avènement du Messie.**

Les docteurs font commencer la grande période de soixante-neuf semaines qui devaient précéder la mort du Christ à l'ordonnance d'Artaxerce Longue-Main.

Ce prince est monté sur le trône l'an 471 avant notre ère. Il a rendu son ordonnance l'an 451 ; le Christ a été mis à mort l'an 32 de l'ère chrétienne ; ce qui donne bien un espace de soixante-neuf semaines d'années ou de 483 ans, entre ces deux faits mémorables, et justifie les prophéties de la manière la plus évidente. (Rohrbacher.)

III

Il y avait vingt-quatre ans que le sceptre de Juda était tenu par des mains étrangères ; et, bien que parmi les Juifs particulièrement on suivît avec la plus grande attention tous les événements qui paraissaient sortir quelque peu de l'ornière commune, rien encore jusque-là ne leur avait présagé la venue de celui qui, selon la parole de Jacob, « devait être envoyé et qui serait l'attente des nations ». Mais à ce moment, sans toutefois que personne y prît garde, la Vierge prédite par David (1020 ans av. J.-Ch.), par Isaïe (684 av. J.-Ch.) et par Jérémie (586 av. J.-Ch.); celle dont la Sibylle de Tibur avait dit : « J'ai pu montrer cette Vierge sainte dont le sein concevra, dans le pays de Nazareth, celui qui, Dieu dans la chair, se fera voir dans les campagnes de Bethléem », vint au jour dans une petite ville de Galilée, si ignorée et si obscure qu'il n'en avait jamais été fait mention dans les Livres Saints. La ville se nommait Nazareth ; la Vierge devait être la mère du Messie.

Par une interprétation erronée de ce passage mal compris de Saint Jean Damascène : « *In lucem editur Maria in domo probatica Joachim* », quelques auteurs ont voulu faire naître la Sainte Vierge à Jérusalem au lieu où s'élève l'Eglise Sainte-Anne (1). Mais M. l'abbé

---

(1) L'abbé Caillau *(Histoire critique et religieuse de Notre-Dame-de-Lorète.* — Paris, 1843) fait remarquer, à ce sujet, que le mot *probatica*, que les traducteurs de Saint Jean Damascène rendent par *piscine probatique*, ne semble signifier autre chose que *maison de berger ou de cultivateur.* Notons d'ailleurs qu'aucun auteur antérieur à Saint Jean Damascène, lequel vivait au VIIIᵉ siècle, n'a

Grillot réfute victorieusement cette opinion, dans son ouvrage intitulé : *La sainte Maison de Lorète*, quand il leur dit :

« L'auteur du *Livre de la Nativité* dans les œuvres de Saint Jérôme ; les pontifes Jules II dans le *Motu proprio* ; Pie IV dans la bulle *Ubi nato* ; Sixte V dans celle *In quo nata* : Clément VIII qui a fait graver sur le revêtement de la chapelle de Lorète ces mots : *Hic Maria in lucem editur* ; Paul II, Léon X, Paul III, Urbain VII, Benoît XIV et Pie IX, enseignent expressément que la Sainte Vierge a été conçue et est née à Nazareth (1). »

Ce paradis de la terre est une gracieuse ville de la Palestine, située à 32 degrés 48' de latitude septentrionale et à 33 degrés 8' de longitude orientale du méridien de Paris, à 28 lieues au nord de Jérusalem et à égale distance à peu près de la mer Méditerranée et de la mer de Génésareth, entre Cana et Naïm, près du torrent du Cison, avec le mont Thabor au levant et les montagnes du Carmel au couchant.

La maison où fut enfantée la glorieuse Ève, et dont nous entreprenons de raconter la mystérieuse et surprenante destinée, simple et modeste comme la demeure d'une famille d'artisans, s'élevait à l'entrée méridionale de la ville où elle couvrait à peine quarante mètres carrés de terrain (2).

---

désigné la maison de Sainte Anne, à Jérusalem, comme le lieu de la nativité de la Sainte Vierge. (Note de l'abbé Grillot.)

(1) Anselme de Pologne dit aussi : « A deux lieues au S.-Est de Zophor s'élève cette glorieuse cité de Nazareth, où s'est épanouie la fleur des fleurs, sortie du tronc de Jessé. C'est là qu'est le lieu où l'ange Gabriel vint annoncer à Marie l'incarnation du Fils de Dieu. »

(2) Il est on ne peut mieux avéré, dit Baptiste de Mantoue, que

Voici ce que Saint Grégoire de Nysse, qui écrivait au quatrième siècle, rapporte d'un auteur beaucoup plus ancien (1), au sujet de cette bienheureuse naissance :

« Un homme vénérable, connu surtout pour son exacte probité et pour sa fidélité constante à l'observation de la loi, était arrivé à la vieillesse sans avoir d'enfants, à cause de la stérilité de sa femme. A l'imitation de la mère de Samuel, il pria Dieu de ne point lui refuser la bénédiction accordée par la loi à la fécondité, promettant de consacrer à Dieu l'enfant qui lui naîtrait.

« Sa prière ayant été exaucée, il eut une fille qu'il appela Marie (nom qui en hébreu signifie Étoile de la mer). Aussitôt qu'elle fut sevrée, il la conduisit au temple; après quoi les prêtres l'élevèrent dans ce saint asile comme autrefois Samuel. (2) »

ce sanctuaire consacré à la bienheureuse Vierge Marie, mère de Dieu, est la maison même où elle est née, où elle a grandi sous les regards maternels de Sainte Anne, où elle reçut la salutation de l'Ange, où enfin elle a nourri le Sauveur du monde.

(1) Voir Saint Epiphane : *Hæres*, 79, P. 1032. — Saint Jean Damascène: *De fide orthod*. Lib. IV, Cap. xiv. — Saint Germain de Constantinople *(Biblioth. Patrum*, t. XIII, p. 62).

(2) Il y avait pour cela autour du Temple, dit Baronnius *(Apparatus ad Annales*, N° 47, etc.), avec plusieurs autres interprètes, des appartements convenables où logeaient séparément les hommes, les femmes et les enfants de l'un et de l'autre sexe qui s'étaient voués eux-mêmes ou qui avaient été voués par leurs parents, pour un temps plus ou moins considérable, au service des prêtres et du lieu saint. Tout le temps qu'ils passaient dans ce pieux asile était partagé entre la prière, l'étude de la loi de Dieu et les travaux nécessaires pour l'ornement du temple et le service des prêtres, auxquels tous contribuaient, selon leur âge, leur état et leur capacité. C'est ainsi que le jeune Samuel fut consacré à Dieu, dès son enfance (*Exod*. xiii ; *Levit*. xii), et que Joas fut élevé, pen-

» Ce beau lis d'innocence et de pureté ne doit fleurir que sous le regard du Seigneur; il lui faut, pour croître, l'ombre du pavillon du Dieu de Jacob, et ses suaves parfums ne doivent s'élever que vers le Ciel. Retirée dans la solitude du temple, l'humble Vierge ne vit que pour le Dieu qu'elle aime (1); à lui seul toutes ses affections; elle ne veut que lui; elle n'aspire qu'à s'unir de plus en plus à lui, et, pour y parvenir, ne consultant que son cœur, elle prononce, dès sa douzième année, le vœu sacré de chasteté perpétuelle qui doit la lier pour jamais à l'unique objet de son amour.

» Ce vœu était une chose inouïe parmi les filles de Juda; car, tandis que toutes ses compagnes n'aspirent qu'à la gloire de donner à Israël le Messie qu'il attend, Marie renonce à cette gloire, à cette espérance. Pour les premières, la virginité est une honte, la stérilité un opprobre; pour Marie, c'est la perle précieuse dont l'éclat a charmé son cœur, et, pour l'acquérir, elle n'hésite pas à sacrifier les plus flatteuses espérances, même celle de la Maternité divine (2). »

Aussi, quand, à sa quatorzième année, il lui fallut sortir du temple où s'était écoulée, sous le regard du Seigneur, sa première enfance, et que Sainte Anne, qui tenait déjà de sa mère Emerencienne, et plus tard

---

dant six années, dans le temple, où sa tante Josabeth l'avait caché pour le mettre à couvert des fureurs d'Athalie, qui le cherchait pour le faire mourir (IV *Reg.* xi).

(1) L'accord des Eglises d'Orient avec celles d'Occident à honorer Saint Joachim et Sainte Anne comme père et mère de la Sainte Vierge est la preuve irrécusable que ses pieux parents portaient réellement ces noms.

(2) *Trésor des Associés du Sacré-Cœur de Jésus.* (Lyon 1856, Girard et Josserand, imprimeurs-libraires.)

de la révélation même d'un ange, la haute dignité de Mère du Messie (1) à laquelle Marie était destinée, lui déclara son intention de lui chercher un époux, Marie, les larmes aux yeux, s'ouvrit à sa mère du vœu qu'elle avait fait de consacrer sa virginité au Seigneur ; Sainte Anne insista, lui enjoignit d'obéir à la décision du grand-prêtre, qui, à cette nouvelle, saisi d'étonnement, ayant réuni le conseil des prêtres, s'était mis en prière avec eux dans le temple pour conjurer Dieu de leur faire connaître sa souveraine volonté. Il en reçut cette réponse, par une voix sortie du Saint-des-Saints : « Fais assembler tous les jeunes gens de la race de David en âge d'être mariés ; donne à chacun une verge : celui dont la verge fleurira sera l'époux de Marie (2). »

Le grand-prêtre fit savoir au peuple l'ordre du Ciel ; il convia à Jérusalem tous les jeunes gens de la race de David et recommanda à chacun de porter une verge et d'y graver son nom.

IV

Au jour fixé, le grand-prêtre déposa dans le Saint-des-Saints toutes les verges et se mit en prière. Cependant aucune ne fleurissait ; comme le grand-prêtre s'en plaignait au Seigneur, il en reçut cette réponse : « Il manque encore une verge aux verges des enfants de David (3). » On fit les plus minutieuses recherches (4) : il manquait en effet un descendant de David, né à

(1) *Vie de Jésus-Christ*, par le P. Martin Cochin, t. I, p. 129 et 137.
— (Voir la note qui termine ce Chapitre II.)
(2) Marie d'Agréda. *Vie de la Sainte Vierge*, t. I, p. 244.
(3) Marie d'Agréda. *Ibid.*
(4) Cath. Emmerick : *Vie de la Très Sainte Vierge*, p. 20 et 129.

Bethléem d'une famille fort riche, et qui, dès l'âge de dix-huit ans, n'aspirant qu'à vivre ignoré sous le regard de Dieu, renonça à sa part de l'héritage paternel, partit en secret et alla se mettre au service d'un charpentier de Libonah (1); puis à celui d'un autre à Tanath, près de Samarie (2). Cet homme, qui déjà était un prodige de sainteté, se nommait Joseph ; il avait alors trente-trois ans (3).

(1) Le P. Cochin : *Vie de Jésus-Christ*, t. I, p. 197.
(Voir à la fin de ce chapitre les notes relatives à Marie d'Agréda et à C. Emmerick.)
(2) Catherine Emmerick. *Vie de la Sainte Vierge*.

(3) La jeunesse de Saint Joseph

Issu de David, Saint Joseph comptait parmi ses aïeux des patriarches, des prophètes, des rois ; Saint Mathieu fait remonter jusqu'à Abraham sa généalogie ; mais Saint Joseph ne fit nul cas de ces avantages temporels.

Avant même sa naissance, le foyer de la concupiscence était éteint en lui. Tandis que sa mère le portait dans son sein, elle se sentait inondée de joie dans l'Esprit-Saint, sans en savoir la cause. Il vint au monde tout ravissant de beauté ; à trois ans, son intelligence était merveilleusement développée, il commençait déjà à connaître Dieu par la foi. A sept ans, il avait atteint le complet usage de la raison, il était d'une sainteté consommée (Marie d'Agréda).

Son intelligence devint si élevée et sa mémoire si heureuse que nul parmi les hommes, sans en excepter Salomon, n'eut en partage une science aussi vaste. Il en avait trouvé le secret dans l'étude de la loi de Dieu.

Son père s'appelait Jacob (Saint Mathieu, I. 16). Il était le plus jeune de la famille. Sa douceur, sa piété, son humilité étaient un continuel reproche pour ses deux frères, peu vertueux et adonnés aux plaisirs mondains. Aussi exercèrent-ils contre lui une petite persécution : ils cherchaient par des railleries et quelquefois par des coups à le détourner de la prière ; et pour ne pas être distrait il se retirait dans quelque lieu solitaire, souvent même dans la grotte où devait naître le Sauveur du monde. (C. Emmerick : *Vie de la Sainte Vierge*.)

« Il faut que l'époux de Marie soit sans tache, afin d'être digne de celle à laquelle il doit être uni. Joseph est pauvre, il n'est regardé par ses concitoyens que comme un obscur artisan; mais le cœur du saint Patriarche est le sanctuaire de la pureté; son âme innocente, semblable à une eau claire et limpide, reflète l'image du Créateur dans toute sa beauté; aucun souffle impur n'en ternit l'éclat. Aussi le Fils de l'Eternel ne voit que l'innocence de ce juste que lui-même a préparé à l'honneur qu'il lui destine; il le distingue parmi tous les descendants de David, comme il a distingué Marie parmi toutes les filles de Juda; et Lui, la pureté même, ne veut pas seulement naître d'une Vierge, mais il veut s'entourer pendant sa vie mortelle des âmes les plus pures et les plus innocentes. » (*Trésor des Associés du Sacré-Cœur de Jésus.* — Lyon, 1856. Girard et Josserand, imp. lib.)

Un messager du grand-prêtre vint trouver Joseph et lui ordonna de prendre ses habits de fête, de se munir d'une verge et de le suivre. Joseph comparut donc devant le grand-prêtre. Grande fut son émotion en apprenant le motif de cette convocation. Pourtant c'était Dieu qui le voulait. Joseph inclina la tête, obéit sans excuses, et laissa mettre sa verge au milieu des autres dans le Saint-des-Saints.

On reprit alors les prières interrompues, et tout à coup s'épanouit, sur la verge nouvellement déposée, une petite fleur blanche (1). En même temps le Saint-

---

(1) Marie d'Agréda, *Vie de la Très Sainte-Vierge*, t. I, p. 244 et suivantes.

Eustache d'Antioche (*in Hexaëmet.*), St Grégoire de Nysse (*Orat. in Nativ. Christi*), et St Epiphane (*Hæres.* 78, n. 8), rapportent ces faits à peu près dans les mêmes termes que Marie d'Agréda.

Esprit sous la forme d'une colombe vint se reposer sur la tête de Joseph.

Sainte Anne, témoin de ce prodige, s'avança alors et présenta la Vierge Marie à l'époux que le ciel lui désignait. Ils furent fiancés dès ce moment (1).

La cérémonie eut lieu le 23 janvier. Quand les époux furent seuls, Marie s'ouvrit à Joseph de son vœu de chasteté. Joseph, au comble du bonheur, apprit à Marie qu'il avait fait le même vœu; et tous deux tombant à genoux rendirent grâces à Dieu et le prièrent de répandre d'abondantes bénédictions sur leur chaste union (2).

D'après Catherine Emmerick, Sainte Anne conduisit la Vierge Marie à Nazareth dans la maison où elle était née, et qu'elle lui abandonna pour y vivre avec son époux (3). Joseph se rendit à Bethléem, où il avait à mettre ordre à ses affaires, et ne rejoignit son épouse que quelques jours plus tard.

---

(1) Marie d'Agréda. *Ibid*.
(2) Cochin : *Vie de Jésus-Christ*, t. I, p. 202-205.
(3) Dans cette heureuse cité, dit Jacques de Vitry, demeurait la Vierge après son mariage avec Saint Joseph. C'est là qu'elle reçut de l'ange la nouvelle de notre rédemption. Phocas appelle la sainte Maison de Nazareth : « Cette antique demeure de Joseph. »

NOTES

Sur la *Vie de Jésus-Christ*, par le P. Cochin ; sur la *Vie de la Ste Vierge* ou la *Cité mystique de Dieu*, d'après Marie d'Agréda, et sur la *Vie de la Sainte Vierge*, d'après Catherine Emmerick.

Le P. Martin Cochin, de l'Ordre de Saint-François, est un critique éclairé et judicieux ; et, dans sa *Vie de Jésus-Christ* où nous puisons les détails intéressants que nous lui empruntons, il n'avance rien qui ne soit conforme aux écrits des Pères de l'Église, aux révélations des Saints, et particulièrement aux révélations approuvées de Sainte Brigitte, de Saint Joseph de Cupertino et de Saint Bonaventure.

Le P. Antoine Marie de Vicence, professeur de théologie des Min. Réf., a fait sous ce titre : *Citations historico-apologétiques de la Cité Mystique de Dieu, d'après Marie d'Agréda*, un livre édité plus de 50 fois déjà, imprimé dans toutes les langues et honoré de l'approbation de plus de 160 personnages, parmi lesquels figurent des Papes, des Évêques et des Généraux d'Ordre. C'est assez dire en quelle haute estime on tient la *Cité mystique de Dieu*, et quelle confiance méritent les révélations de Marie d'Agréda.

La *Vie de la Sainte Vierge*, composée par Clément Brentano d'après les extatiques visions de Catherine Emmerick, religieuse Augustine de Dülmer, est un ouvrage très connu et très estimé. Les détails qu'il donne sur la vie de la Sainte Vierge, s'accordent avec ceux qu'on lit dans la *Cité Mystique* et méritent par conséquent toute créance.

CHAPITRE III.

La Bonne Nouvelle au nouvel Eden.
Accomplissement de la Grande Promesse.

—

Sommaire du récit : Un message céleste. — Le chant du poète. — Une visite royale. — Magnificat. — Angoisses et extases. — Premières tribulations. — A Bethléem : humiliations et douleur. — Une naissance surnaturelle. — Les chants célestes. — Les bergers et les Mages. — La grotte de la nativité et la grotte de lait. — La circoncision. — La dernière prophétie. — Sur le chemin de l'exil. — Un repaire de brigands. — Le futur bon larron. — Les roses de Jéricho. — La source miraculeuse. — Les fauves du désert. — Les plantes du baume. — L'arbre de Marie. — Le massacre des innocents. — En Égypte. — Héliopolis. — La catastrophe des idoles. — Au Caire. — Les Coptes. — Le retour à Nazareth.

Sommaire des notes : Saint-Jean-du-Désert. — L'Eunuque de la reine d'Ethiopie et Saint Philippe. — Saint Jean-Baptiste. — Un autel rustique consacré par les plus touchants souvenirs. — Un ange incarné. — Les prédications du Précurseur. — La grotte de Bethléem. — La crèche. — L'église de Sainte Hélène.

I.

La trente-neuvième année du règne d'Hérode, et le vingt-cinquième jour du second mois après celui de son mariage, la Sainte Vierge reçut la visite de l'ange Gabriel qui, étant entré dans la maison où elle était, lui dit (1) :

(1) Dans son livre : *Des Lieux Saints*, chap. 16, le vénérable Bède dit : L'endroit où eut lieu l'Annonciation fut la demeure de Sainte Anne, dans laquelle est née la bienheureuse Vierge Marie et où le Christ fut conçu.

« Je vous salue pleine de grâces ; le Seigneur est avec vous, vous êtes bénie entre toutes les femmes. »

Elle fut troublée en entendant ces paroles, et elle cherchait ce que voulait dire cette salutation.

L'Ange lui dit : « Ne craignez point, Marie, car vous avez trouvé grâce devant Dieu ; vous allez concevoir dans votre sein et vous mettrez au monde un fils à qui vous donnerez le nom de Jésus. Il sera grand ; on l'appellera le Fils du Très-Haut ; le Seigneur Dieu lui donnera le trône de David son père ; il règnera éternellement sur la maison de Jacob, et son règne n'aura point de fin. »

Marie, ayant demandé au Messager céleste comment cela se réaliserait, puisqu'elle avait fait vœu de virginité et qu'elle voulait rester fidèle à son vœu, en reçut cette réponse : « Le Saint-Esprit surviendra en vous, et la vertu du Très-Haut vous couvrira de son ombre ; c'est pourquoi le fruit saint qui naîtra de vous sera appelé le Fils de Dieu. Et voilà que votre cousine Elisabeth a elle-même conçu un fils dans sa vieillesse, et celle qu'on appelait stérile est maintenant dans son sixième mois, parce qu'il n'y a rien d'impossible à Dieu. »

Marie dit alors : « Voici la servante du Seigneur, qu'il me soit fait selon votre parole (1). »

Aussitôt s'accomplit ce grand mystère qui a réconcilié l'homme avec son Dieu, et a rouvert à l'humanité les portes du Ciel, que la faute de nos premiers parents avait fermées sur tous leurs descendants. « C'était là, a dit M. Lamartine, sous ce morceau de ciel bleu, à l'ombre de cette petite colline, dont les vieilles roches semblent encore toutes fendues des tressaillements de

---

(1) Évang. selon Saint Luc. Chap. 1er.

joie qu'elles éprouvèrent en portant un Dieu enfant ; c'était là le point sacré du globe que Dieu avait choisi de toute éternité pour faire descendre sur la terre sa vérité, sa justice et son amour incarnés dans un Enfant-Dieu ; c'était là que le souffle divin descendit à son heure dans une pauvre chaumière, séjour de l'humble travail, de la simplicité d'esprit et de l'infortune ; c'était là qu'il avait animé dans le sein d'une vierge, innocente et pure, quelque chose de doux et de miséricordieux comme elle ; de souffrant, de patient, de gémissant comme l'homme ; de puissant, de surnaturel, de sage et de fort comme Dieu ; c'était là que le Dieu-Homme a passé par notre ignorance, notre faiblesse, notre travail et nos misères, pendant les années obscures de sa vie cachée, et qu'il a en quelque sorte exercé la vie et pratiqué la terre avant de l'enseigner par sa parole, de la guérir par ses prodiges et de la régénérer par sa mort. »

L'évangéliste saint Luc ajoute : « Marie partit en ce même temps, et s'en alla en diligence vers les montagnes de Judée, en une ville de la tribu de Juda (1).

(1) **Description du pays qu'habitaient Sainte Elisabeth et Saint Zacharie**

Cette ville n'est pas nommée dans les livres saints ; mais le lieu de la résidence de Zacharie est constaté par les monuments que les premiers chrétiens y élevèrent, et qui subsistent encore. C'est à trois lieues environ au-delà de Jérusalem, vers le Sud-Ouest, dans les montagnes de la Judée, sur l'emplacement occupé aujourd'hui par le village de Saint-Jean-du-Désert. Pour s'y rendre, on passe à droite de Bethléem, ou par Bethléem même en allongeant un peu le chemin. On rencontre dans ce trajet le chemin qui conduit de Jérusalem à Gaza, ville du littoral méditerranéen. C'est sur ce chemin que, peu de temps après la résurrection de J.-C., l'apôtre Saint Philippe rencontra l'eunuque de Candace, reine d'Éthiopie,

Nous savons par les révélations dont fut favorisé l'auteur de la *Cité mystique de Dieu,* que le cinquième jour de l'incarnation du Verbe, les saints Epoux partirent de Nazareth, et que, pendant ce voyage, Marie, ayant demandé au Seigneur, si elle devait découvrir son secret à Joseph, fut avisée de s'abandonner sans réserve à la Providence (1). Joseph s'arrêta à Jérusalem, où se trouvait déjà Zacharie que ses fonctions sacerdotales avaient appelé au Temple pour les solennités pascales et il confia Marie à une pieuse femme qui la conduisit chez Élisabeth (2). Étant entrée dans la maison de Zacharie, Marie salua Élisabeth qui, aussitôt qu'elle eut entendu la voix de sa cousine, fut remplie du Saint-Esprit et s'écria : « Vous êtes bénie entre toutes les

et le baptisa sur sa demande, après lui avoir expliqué les Écritures.

« Ces montagnes, dit M. Doubdan, chanoine de la Collégiale de Saint-Denis, près Paris, dans lesquelles est située la maison de Zacharie, sont d'agréables solitudes, entrecoupées de vallons, ombragées de bocages et couvertes de buissons et de fleurs.

» Elles sont toutes faites en escaliers, en forme d'amphithéâtre, depuis le pied jusqu'à la cime, dont les degrés sont la roche même que les anciens Juifs taillèrent de la sorte pour les couvrir ensuite de terre qu'ils apportaient, avec grand travail, du fond des vallées, afin de gagner du terrain pour y semer du grain, planter des vignes, des légumes et autres choses nécessaires à la subsistance de leur peuple, alors innombrable et qui, sans cela, n'aurait pu subsister. »

L'Évangéliste Saint Luc, après avoir raconté la naissance miraculeuse de Saint Jean-Baptiste, nous le montre, jeune encore, allant s'enfermer dans le désert, où il demeura jusqu'au jour de sa manifestation à Israël. Or le désert qui lui servit d'asile, où il se prépara dans la solitude au ministère qu'il devait accomplir, est à deux petites lieux de distance du village où il reçut le jour.

(1) *Vie de la Sainte Vierge ou la cité Mystique de Dieu,* d'après Marie d'Agréda.
(2) *Vie de N.-S. Jésus-Christ,* par le P. Martin Cochin.

femmes, et le fruit de vos entrailles est béni ; et d'où me vient ce bonheur que la mère de mon Seigneur vienne vers moi ? Car votre voix n'a pas plus tôt frappé mon oreille, lorsque vous m'avez saluée, que mon enfant a tressailli de joie dans mon sein. Et vous êtes bienheureuse d'avoir cru, parce que ce qui vous a été dit de la part du Seigneur sera accompli (1). »

Marie répondit à ces paroles par un cantique, suave manifestation d'humilité, d'exaltation et d'amour de son âme ravie en Dieu, que l'Eglise catholique chante depuis dans ses Vêpres, où il est désigné par son premier mot latin *Magnificat*.

La fête pascale terminée, Joseph rejoignit son épouse ; puis, après quelques jours passés dans la famille de Zacharie, ayant donné à Marie la permission de rester auprès d'Elisabeth le temps nécessaire pour lui rendre les offices dont elle aurait besoin à l'époque de sa délivrance, il rentra à Nazareth et ne revint que quelques jours après la naissance du Précurseur, pour ramener son épouse qui était restée environ trois mois chez sa cousine (2).

II

Pendant leur retour, Joseph, qui était d'un jugement très éclairé, s'aperçut bien de l'état de Marie ; il en conçut la plus vive douleur. Cependant il ne pouvait admettre dans sa pensée qu'une créature si parfaite eût pu manquer à la vertu ; mais la loi de Moïse était formelle : il fallait répudier sa femme. « Or Joseph,

---

(1) Saint Luc. *Evang.* Chap. 1.
(2) Saint Luc, *Evang.* Ch. 1.

étant juste et ne voulant pas la déshonorer, résolut de la renvoyer secrètement ; mais lorsqu'il était dans cette pensée, un ange du Seigneur lui apparut en songe, et lui dit : Joseph, fils de David, ne craignez pas de prendre avec vous Marie, votre femme, car ce qui est né en elle a été formé par le Saint-Esprit. Et elle enfantera un fils à qui vous donnerez le nom de Jésus, c'est-à-dire Sauveur, parce que ce sera lui qui sauvera son peuple, en le délivrant de ses péchés, selon ce que le Seigneur avait dit par le prophète : Une vierge concevra et elle enfantera un fils, à qui on donnera le nom d'Emmanuel, c'est-à-dire Dieu avec nous (1). »

Dès l'aube du jour et aussitôt que Marie eut terminé sa prière, Joseph courut se jeter à ses pieds et, comme hors de lui, il s'écria :

Tu es bénie entre toutes les femmes et bienheureuse entre tous les enfants des hommes ; gloire

---

(1) Saint Mathieu, *Evang.* Ch. I.

Description du désert où s'était retiré Jean-Baptiste (*)

« Ce qu'on appelle le désert de Saint-Jean, le lieu de sa retraite dès son bas âge, dit M. Doubdan qui l'a visité, est une grotte creusée dans le cœur d'un gros et puissant rocher qui est sur le penchant d'une montagne. Pour y arriver, nous descendîmes du chemin où nous étions, en un vieux bâtiment, comme une salle ou chapelle, de six à huit pas en carré, où il y a devant la porte une fontaine qui coule incessamment. Passant à travers ce lieu, nous allâmes encore descendre jusqu'au tiers de la montagne, par des endroits un peu difficiles, pour remonter ensuite à une petite plate-forme où l'on voit un beau vase taillé dans la roche même, en ovale, de quelque trois pieds de longueur, deux de largeur et autant de profondeur, lequel reçoit les eaux de la fontaine d'en haut par un petit canal, taillé aussi dans le même

(*) Voir la note des pages 49 et 50.

éternelle au Créateur du Ciel et de la terre qui du haut de son trône a jeté les yeux sur toi pour te faire le

rocher, et de là s'écoule à travers les buissons, rochers et broussailles dans le fond du vallon.

» De cette petite place il faut monter la roche de sept à huit pieds, et l'on trouve la grotte, qui a sa porte si petite et si basse qu'il faut se courber pour y entrer, et une fenêtre qui regarde dans la vallée.

» La grotte, qui est d'une roche blanchâtre, mais fort dure, a neuf à dix pas de longueur du Septentrion au Midi, cinq ou six de largeur de l'Orient à l'Occident et sept à huit pieds de hauteur jusqu'à sa voûte, qui est la roche même. Au fond d'icelle, du côté du Midi, vis-à-vis de la porte, est un lit ou banc de la même pierre, de six à sept pieds de longueur, environ deux de largeur et trois de hauteur, sur lequel couchait ordinairement cet ange incarné.

» Les religieux de l'hospice de Bethléem se servent de ce banc de pierre pour autel, quand ils vont y célébrer la Messe.

» C'est dans cette sainte caverne que se retira le bienheureux Précurseur du Fils de Dieu et le plus grand des prophètes ; c'est dans cet antre qu'il demeura inconnu aux hommes pendant plusieurs années, privé de toutes les consolations humaines ».

Un commentateur de M. Doubdan ajoute :

« La proximité de cette solitude et de la maison de Zacharie donne lieu de croire que les parents de Saint Jean le visitaient de temps en temps dans sa retraite et lui donnaient des soins tant qu'ils vécurent ». D'un autre côté, sur la foi d'une tradition qui date du temps du Sauveur et précieusement conservée parmi les Carmes, M. l'abbé Ruppert assure que Jean-Baptiste a été assisté pendant son enfance, au désert, par des solitaires, disciples d'Elisée qui, descendus du Carmel, avaient peuplé les rives du Jourdain et les montagnes de la Judée, où ils étaient connus sous le nom d'Esséens ou d'Essenéens, ainsi que les appellent Josèphe, Pythagore, Pline le Naturaliste, qui en parlent avec admiration.

On accourut bientôt de tous les côtés pour voir un enfant qui menait un genre de vie si extraordinaire, et sa réputation s'étendit, par la suite, dans toute la Judée, puisque Jésus-Christ parlant aux Juifs, dans le cours de sa prédication, leur disait: Qu'êtes-vous allé voir dans le désert ? Un homme délicatement vêtu ? C'est

temple du Très-Haut ! En toi seule les prophéties de nos pères ont trouvé leur accomplissement ; toutes les nations se succèderont pour louer Dieu d'avoir tiré sa gloire de ton humilité et d'avoir choisi, pour te servir, le dernier des mortels ! Marie répondit comme à Elisabeth par son sublime *Magnificat* et fut aussitôt ravie en extase (1). »

dans le palais des Rois qu'on voit des gens ainsi vêtus. — Un roseau agité par le vent ? — Un prophète ? — Oui, je vous le dis, et plus qu'un prophète. Car c'est de lui qu'il est écrit : « J'envoie devant vous mon ange pour préparer vos voies. »

« Il fallait, en effet, selon les belles réflexions de l'auteur du *Trésor des Associés du Sacré-Cœur de Jésus*, pour préparer les voies à l'Époux des vierges, un martyr de la pureté. Sanctifié dès le sein de sa mère, Jean-Baptiste s'arrache, au printemps de sa vie, à la tendresse de ses vieux parents, et va cacher dans les profondeurs de la solitude le trésor de son innocence. Fleur du désert, son cœur, comme un lis odorant, n'entr'ouvre son calice qu'aux pures émanations du Ciel ; ses entretiens ne sont qu'avec les anges ; il ne songe, pendant de longues années, qu'à rendre éclatante la pureté de son âme, et lorsque la voix du Seigneur l'invite à quitter sa solitude chérie pour accomplir la mission pour laquelle il l'a choisi, le jeune prophète paraît au milieu d'Israël étonné, avec un corps exténué par la longueur de ses jeûnes et l'austérité de sa pénitence ; il dit à tous : « Changez votre vie, réformez vos mœurs préparez les voies du Seigneur ». Il prêche la nécessité de la pénitence non-seulement au peuple juif, mais au roi qui le gouverne; il pénètre jusqu'au palais d'Hérode, et cette langue qui pendant tant d'années n'avait su parler que la langue du ciel, reproche hardiment à ce prince impie et incestueux les scandales de sa vie et les désordres de sa conduite. Il n'ignore pas sans doute que la mort sera le prix de sa sainte intrépidité, mais il s'estime heureux d'arroser de son sang la voie qu'il prépare à son divin Maître. Et c'est revêtu de cette robe d'innocence que le contact du monde a laissée sans souillure, qu'il va porter au pied du trône du Très-Haut la palme du martyre unie au lis de la virginité ».

(1) *Vie de la Sainte Vierge ou la Cité mystique*, d'après Marie d'Agréda.

Depuis ce moment, dit Marie d'Agréda, Joseph, qui travaillait toute la journée dans son atelier situé à quelque distance de sa maison d'habitation, inventait mille prétextes pour aller voir sa sainte Épouse et lui demander ses ordres. Souvent il trouva Marie en extase, éblouissante de lumière, et souvent encore il lui fut donné d'entendre de célestes harmonies (1).

III

Ils vivaient ainsi depuis environ cinq mois, travaillant et priant devant le Verbe incarné, lorsque parut l'édit de César-Auguste prescrivant le recensement de toute la terre, et aux termes duquel tous les citoyens étaient obligés d'aller s'inscrire au lieu de leur naissance et d'y payer l'impôt.

« Joseph et Marie durent donc se rendre à Bethléem. Ils firent ce voyage dans une grande pauvreté et de pénibles privations. Ils menèrent avec eux un bœuf pour être vendu afin de se procurer l'argent nécessaire, car Joseph n'avait pas de quoi payer l'impôt, et un âne pour servir de monture à Marie. L'hiver était rigoureux ; aussi eurent-ils tous les deux beaucoup à souffrir de l'intensité du froid, des difficultés du chemin et du manque de provisions réconfortantes (2). »

Ils arrivèrent enfin à Bethléem, où le premier soin de Joseph fut d'aller se faire inscrire. Mais quelque peine qu'il se donnât pour trouver un logement à

---

(1) *Vie de la Sainte Vierge ou la Cité mystique*, d'après Marie d'Agréda.
(2) *Vie de N.-S. Jésus-Christ*, par le P. Martin Cochin.

Marie, il ne reçut partout, même de ses parents, qu'un refus exprimé souvent avec humeur et motivé sur le grand nombre d'étrangers qui avaient accaparé toutes les places. Joseph frappa sans succès à toutes les portes, et la nuit était déjà bien avancée qu'il sollicitait encore la pitié des habitants.

Plein de confusion et le cœur gros de tristesse, il revint vers Marie qui l'attendait au pied d'un arbre, enveloppée dans sa couverture, entre son âne et son bœuf, comme une mendiante délaissée au bord du chemin, et lui avoua l'inutilité de ses recherches ; puis il ajouta qu'il connaissait aux portes de la ville une grotte où, enfant, il allait souvent prier, s'offrant à l'y conduire et s'excusant de n'avoir d'autre asile à lui proposer pour la nuit ; ce que Marie, toujours sereine, toujours contente, accepta avec satisfaction (1).

Les saints époux employèrent le jour suivant, qui était le sabbat, à louer le Seigneur et à se préparer à la naissance du Sauveur, car Marie avait averti Joseph que l'heure solennelle n'était pas éloignée. En effet, dans la nuit du samedi au dimanche, pendant que Joseph priait dans un coin de la grotte, des rayons d'une indicible clarté pénétrèrent l'âme des deux époux, leur annonçant que le Messie était né, et la pureté de cette bienheureuse naissance (2).

Marie et Joseph cherchaient un endroit propice pour déposer ce trésor, et leurs yeux venaient à peine de regarder la crèche, que le bœuf et l'âne se proster-

---

(1) *Vie de la Sainte Vierge*, d'après Catherine Emmerick. — *Vie de Jésus-Christ*, par le P. Cochin. — Saint Luc, *Evangile*, chap. II.

(2) D'après Marguerite du T.-S. Sacrement, religieuse professe des Carmélites déchaussées, béatifiée par décret de Pie IX, en date du 3 décembre 1874.

nèrent comme pour la leur offrir et s'approchèrent, aussitôt que le divin enfant y fut déposé, pour le réchauffer de leur haleine (1). Or, dit l'évangéliste Saint Luc (2), « il y avait aux environs des bergers qui passaient la nuit dans les champs, veillant tour à tour à la garde de leurs troupeaux ; et tout d'un coup un ange du Seigneur se présenta à eux, et une lumière divine les environna, ce qui les remplit d'une extrême crainte. Alors l'Ange leur dit : Ne craignez point, car je viens vous apporter une nouvelle qui sera pour tout le peuple le sujet d'une grande joie ; c'est qu'aujourd'hui, dans la ville de David, il vous est né un Sauveur, qui est le Christ, le Seigneur ; et voici la marque à laquelle vous le reconnaîtrez : Vous trouverez un enfant emmailloté, couché dans une crèche. Au même instant il se joignit à l'Ange une grande troupe de l'armée céleste, louant Dieu et disant : Gloire à Dieu au plus haut des cieux et paix sur la terre aux hommes de bonne volonté chéris de Dieu.

IV

Après que les Anges se furent retirés dans le ciel, les bergers se dirent l'un à l'autre : Passons jusqu'à Bethléem et voyons ce qui est arrivé, et ce que le Seigneur nous a fait connaître. S'étant donc hâtés d'y aller, ils trouvèrent Marie et Joseph, et l'enfant couché dans une crèche. Et l'ayant vu, ils reconnurent la vérité de ce qui leur avait été dit touchant cet enfant.

(1) *Vie de N.-S. Jésus-Christ*, par le P. Martin Cochin.
(2) Saint-Luc, *Evangile*, chap. II.

Et les bergers s'en retournèrent, glorifiant et louant Dieu de toutes les choses qu'ils avaient entendues et vues (1).

Le huitième jour auquel l'enfant devait être circoncis étant arrivé, bien que la cérémonie de la circoncision fût très douloureuse et qu'elle occasionnât une fièvre dont plusieurs enfants mouraient, Joseph et Marie décidèrent de se conformer à la loi et firent venir à cet effet, dans la grotte, un prêtre qui lisait et expliquait la loi de Moïse dans la synagogue de Bethléem ; car bien que tout père pût circoncire, ils pensèrent qu'il valait mieux laisser à un ministre de l'autel le soin de cette cérémonie. Le nouveau-né reçut le nom de Jésus ; et quand le prêtre dut tracer ce nom sur le registre, il sentit en lui une émotion inexplicable et les larmes lui vinrent aux yeux (2).

Sur ces entrefaites, « des Mages étant venus d'Orient à Jérusalem demandèrent où était le roi des Juifs, car, ajoutèrent-ils, nous avons vu son étoile en Orient et nous sommes venus l'adorer : ce que le roi Hérode ayant appris, il en fut troublé et toute la ville de Jérusalem avec lui. Et ayant assemblé tous les princes des prêtres et les scribes ou docteurs du peuple, il s'enquit d'eux où devait naître le Christ ; ils lui dirent que c'était dans Bethléem, de la tribu de Juda, selon ce qui a été écrit par le prophète : Et toi Bethléem, terre de Juda, tu n'es pas la dernière d'entre les principales villes de Juda ; car c'est de toi que sortira le Chef qui conduira mon peuple d'Israël.

Alors Hérode, ayant fait venir les Mages en particulier, s'enquit d'eux avec grand soin du temps auquel

---

(1) Saint-Luc. *Évangile*, chap. II.
(2) D'après Marie d'Agréda : *Vie de la Sainte Vierge*.

l'étoile leur était apparue ; et les envoyant à Bethléem, il leur dit : Allez, informez-vous exactement de cet enfant, et lorsque vous l'aurez trouvé, faites-le moi savoir, afin que j'aille aussi moi-même l'adorer.

Ayant entendu ces paroles du roi, ils partirent. En même temps, l'étoile qu'ils avaient vue en Orient allait devant eux, jusqu'à ce qu'étant arrivée au lieu où était l'Enfant, elle s'y arrêta.....

« En entrant dans la maison, ils trouvèrent l'Enfant avec Marie, sa mère ; et se prosternant à terre, ils l'adorèrent ; puis ils lui offrirent pour présents de l'or,

Description de la Grotte de Bethléem où est né l'Enfant Jésus.

Bethléem, dont le prophète Michée avait dit : « Et toi Bethléem, terre de Juda, tu n'es pas la dernière d'entre les principales villes de Juda ; car c'est de toi que sortira le Chef qui conduira mon peuple d'Israël », était une petite ville bâtie sur une colline élevée à deux lieues de Jérusalem.

C'est dans une des nombreuses grottes, si communes dans le pays, qui servent d'abri aux troupeaux les jours de foire ou aux heures chaudes de la journée, que les saints époux allèrent se réfugier. Celle où est né le Sauveur était située près la porte orientale de la ville joignant la muraille qui forme son enceinte. Elle existe encore aujourd'hui, non dans son état primitif, mais décorée de marbres et enrichie d'ornements ; elle est enfermée dans une grande église bâtie par Sainte Hélène et mesure trente-sept pieds et demi de long, onze pieds trois pouces de large, et neuf pieds de haut. Elle est taillée dans le roc. Les parois de ce roc sont revêtues de marbre, et le pavé de la grotte est également de marbre précieux. Ces embellissements sont attribués à Sainte Hélène. Elle constitue aujourd'hui ce qu'on nomme l'église souterraine, et n'est éclairée que par la lumière de trente-deux lampes, envoyées par différents princes chrétiens.

« Tout au fond de la grotte du côté de l'Orient est la place où la Vierge enfanta le Rédempteur du monde. Cette place est marquée par un marbre blanc, incrusté de jaspe, et entouré

de l'encens et de la myrrhe. Et ayant reçu, pendant qu'ils dormaient, un avertissement du ciel de ne point aller retrouver Hérode, ils s'en retournèrent en leur pays par un autre chemin, après avoir fait connaître à Marie l'avertissement qu'ils avaient reçu de l'ange »(1).

Craignant donc pour la sécurité du divin Enfant, Marie et Joseph résolurent de chercher un autre asile. D'ailleurs l'impression produite par la caravane des Mages ; les riches présents dont les pauvres avaient reçu la plus large part ; les récits des bergers annonçant partout la naissance du Messie remuaient le peu-

d'un cercle d'argent rayonnant en forme de soleil. On lit ces mots à l'entour :

« . *Hic de Virgine Maria Jesus-Christus natus est* ».

» Une table de marbre qui sert d'autel est appuyée contre le flanc du rocher, et s'élève au-dessus de l'endroit où le Messie vint à la lumière.

» A sept pas de là vers le midi, après avoir passé l'entrée d'un des escaliers qui conduisent à l'église supérieure, vous trouvez la crèche. On y descend par deux degrés, car elle n'est pas de niveau avec le reste de la grotte. C'est une voûte peu élevée, enfoncée dans le rocher. Un bloc de marbre blanc, exhaussé d'un pied au-dessus du sol et creusé en forme de berceau, indique l'endroit même où le Souverain du ciel fut couché sur la paille.... ».

L'Église supérieure, par laquelle on accède dans la grotte ou église inférieure, est précédée d'un porche ou parvis couvert de douze pas de long et six de large. Elle a la forme d'une croix et est ornée de quatre rangs de colonnes de marbre d'une seule pièce, au nombre de quarante-huit. De la nef on monte dans le chœur qui en est séparé par un mur, et aux deux côtés duquel sont deux grandes chapelles desquelles on descend, par deux escaliers tournants de quinze degrés chacun, dans l'église souterraine dont on vient de lire la description, telle que nous l'ont donnée M. de Chateaubriand qui l'a visitée en 1810, et M. Doubdan qui l'a vue en 1652.

(1) Saint Mathieu. *Evang.* Chap. ii

ple et leur attiraient de nombreuses visites dont leur humilité souffrait beaucoup. Ils allèrent donc pendant la nuit s'établir dans une grotte peu éloignée, qui n'était réellement alors qu'un antre obscur, étroit et long, où l'on pouvait difficilement supposer que des êtres humains avaient fixé leur séjour. Cette grotte, connue aujourd'hui sous le nom de Grotte de lait et considérablement élargie, est visitée continuellement par de nombreux pèlerins (1).

Ils y restèrent plusieurs jours, pendant que les soldats d'Hérode faisaient d'actives recherches pour découvrir le lieu de leur retraite.

V

« Enfin le temps de la purification de Marie étant accompli, ils se rendirent secrètement à Jérusalem pour présenter le divin Enfant au Seigneur, selon qu'il est écrit dans la loi : Tout enfant mâle premier-né sera consacré au Seigneur (2).

La cérémonie de la purification légale était à peine terminée, et les deux époux étaient encore dans le temple, lorsqu'un prêtre d'un ordre inférieur, nommé Siméon, « à qui il avait été révélé par le Saint-Esprit qu'il ne mourrait point qu'auparavant il n'eût vu le Christ du Seigneur » (3), prit l'enfant entre ses bras et bénit Dieu en disant : C'est maintenant Seigneur que vous laisserez mourir en paix votre serviteur, selon

---

(1) *Vie de la Sainte Vierge* par Cat. Emmerick. — *Vie de Jésus-Christ* par le P. Cochin.
(2-3) Saint Luc. *Evang.* Chap. II.

votre parole, puisque mes yeux ont vu le Sauveur que vous nous donnez, et que vous destinez à être exposé à la vue de tous les peuples, comme la lumière qui éclairera les nations et la gloire d'Israël, votre peuple.

Le père et la mère étaient dans l'admiration des choses qu'on disait de lui, et Siméon les bénit et dit à Marie, sa mère : « Cet enfant est pour la ruine et la résurrection de plusieurs dans Israël, et pour être en butte à la contradiction des hommes ; votre âme même sera percée comme par une épée, afin que les pensées cachées dans le cœur de plusieurs soient découvertes » (1).

« Une prophétesse, nommée Anne, qui demeurait sans cesse dans le temple, servant Dieu jour et nuit dans les jeûnes et dans les prières, étant survenue en ce même instant, se mit aussi à louer le Seigneur, et à parler de lui à tous ceux qui attendaient la rédemption d'Israël » (2).

Profondément émus, les époux quittèrent le temple et prirent aussitôt le chemin de Nazareth, où ils n'arrivèrent qu'après de longs jours de marche par un froid rigoureux de février, ayant sans cesse à la pensée la terrible prophétie de Siméon, et dans l'attente continuelle d'un nouveau messager céleste, car, d'après une révélation faite à Marie d'Agréda, Joseph avait été instruit par un ange, avant de partir de Jérusalem, de son prochain voyage en Egypte.

Ils n'y étaient pas plus tôt arrivés qu'en effet « un ange du Seigneur apparut à Joseph, pendant qu'il dormait, et lui dit: «Levez-vous, prenez l'Enfant et sa mère, fuyez en Egypte, et demeurez-y jusqu'à ce que je vous dise

---

(1) Saint Luc. *Evang*. Chap. II.
(2) Saint Luc. *Evang*. Chap. II.

d'en revenir ; car Hérode cherchera l'Enfant pour le faire mourir » (1).

VI

Marie et Joseph partirent pendant la nuit, à la dérobée. Quand, après avoir traversé toute la Palestine, ils se trouvèrent en face du désert, n'ayant devant eux qu'un horizon sans limites, et sous leurs pieds un océan de sable mouvant et infertile, sans savoir de quel côté diriger leurs pas, leur tristesse fut immense. On se représente aisément toute l'horreur de leur situation ; et l'on comprend bien que sans un secours surnaturel permanent, sans la compagnie de Dieu lui-même, ils n'eussent pu effectuer heureusement un trajet dont la longueur et les périls effraient des caravanes entières, montées sur d'agiles chameaux et pourvues de provisions de toutes sortes.

Ils résolurent de laisser l'âne sur lequel Marie était montée suivre son instinct, persuadés qu'il serait guidé par les anges dans la véritable voie (2), et ils poursuivirent résolument leur voyage. Mais qui pourrait dire ce qu'ils eurent à souffrir dans le désert !

Un jour, disent le P. Cochin et C. Emmerick, ils perdirent toute trace de chemin et errèrent longtemps à l'aventure. Joseph et Marie se recommandaient à la divine Providence, lorsque tout à coup deux rangées de roses de Jéricho poussèrent spontanément avec leurs boutons et leur indiquèrent ainsi le chemin d'Héliopolis. Ces roses poussent encore dans le désert ;

(1) Saint Mathieu. *Evang.* Chap. II.
(2) P. Cochin. *Vie de Jésus-Christ.*

les Arabes les recueillent et les vendent aux chrétiens pour un morceau de pain.

Un autre jour ils tombèrent au milieu d'une bande de voleurs qui, touchés de leur détresse, les abritèrent dans leur caverne sans leur faire aucun mal. Il se trouvait au milieu d'eux un enfant couvert de la lèpre, dont les écailles tombèrent et qui se trouva guéri aussitôt qu'on eut lavé les plaies avec de l'eau qui avait touché le corps de Jésus (1). Catherine Emmerick ajoute que cet enfant se nommait Dimas et fut le bon larron crucifié à droite du Sauveur.

« Durant le trajet, les miracles ne nous firent pas défaut, a dit la Sainte Vierge à Sainte Brigitte ; les créatures servaient leur Créateur et les Anges prévenaient ses désirs » (2).

Un jour entre autres, lisons-nous dans la *Vie de la Sainte Vierge* de C. Emmerick, les augustes voyageurs avaient fourni une longue étape au milieu de tourbillons d'un sable fin qui leur brûlait les yeux et leur ôtait la respiration, une soif brûlante les dévorait, et ils n'avaient plus d'eau. Joseph et Marie adressèrent une courte prière, et soudain jaillit une source abondante où ils purent se rafraîchir. Les bêtes fauves du désert vinrent en grand nombre se désaltérer, mais ne firent aucun mal à Jésus ni à ses parents ; et ces eaux donnèrent naissance aux suaves plantes du baume qui, du temps même du P. Cochin, formaient encore un parterre embaumé dont le soin était exclusivement confié aux chrétiens par le Pacha, en souvenir du miracle qu'elles rappelaient (3).

---

(1) Cath. Emmerick. *Vie de la Sainte Vierge.*
(2) Révélations de la Sainte Vierge à Sainte Brigitte.
(3) *Vie de Jésus-Christ*, par le P. Cochin.

Souvent encore les dattiers se plièrent pour offrir leurs fruits au divin Enfant (1). Dans le village de Materick, à neuf milles environ du Caire, au milieu des ruines d'Héliopolis, on voit un sycomore dont la tête s'incline jusqu'à terre et qu'on appelle *l'Arbre de Marie*, parce que, d'après une tradition constante, cet arbre se plia de la sorte pour offrir son ombre aux augustes voyageurs.

Pendant ce temps Hérode, furieux d'avoir été joué par les Mages et de l'insuccès de ses recherches pour retrouver ce roi des Juifs qui venait de naître, envoyait tuer dans Bethléem et dans tout le pays d'alentour tous les enfants âgés de deux ans et au-dessous, selon le temps dont il s'était enquis exactement des Mages. On vit alors s'accomplir ce qui avait été dit par le prophète Jérémie : « Un grand bruit a été entendu dans Rama ; on y a entendu des plaintes et des cris lamentables, Rachel pleurant ses enfants et ne voulant pas recevoir de consolation, parce qu'ils ne sont plus ! » (2).

VII

La première ville que la Sainte Famille rencontra en Egypte fut Héliopolis, nommée Ha-Ra par les Egyptiens, Bethshemesh par les Hébreux, située sur les bords du Nil, et qui était le siège principal du culte du Soleil et du taureau sacré Mnevis ; ses prêtres étaient les plus savants de la terre.

« Il s'y trouvait un temple fameux où régnaient 365 idoles qui, chaque jour de l'année, recevaient à tour

---

(1) *Vie de la Sainte Vierge*, par C. Emmerick.
(2) Saint Mathieu. *Evang.* Chap. II.

de rôle les sacrifices d'une grande multitude. La Providence y conduisit la Sainte Famille ; à peine en touchait-elle le seuil que le portail s'ouvrit de lui-même, et à leur aspect tombèrent toutes les idoles qui jonchèrent le sol de leurs débris. Le Grand-Prêtre accourut, et, en présence d'un tel miracle, il se jeta aux pieds de Marie, adorant l'Enfant-Dieu, et se tournant vers la foule : « Si cet enfant, s'écria-t-il, n'était pas le Dieu de tous nos Dieux, ils ne seraient pas maintenant réduits en poussière ; adorons-le ou craignons le sort de Pharaon » (1). Mais non-seulement dans ce temple, dans toute l'Egypte aussi pareille catastrophe était arrivée (2) ; réalisant cette prophétie d'Isaïe : « Les idoles seront saisies de convulsions devant sa face, et le cœur de tous les Egyptiens tombera en défaillance. »

Marie et Joseph ne s'arrêtèrent pas à Héliopolis où on les traitait de magiciens, et ils allèrent s'établir au Caire, dans le faubourg de Musrel-Aatik ou Forsat, où l'on voit encore, au milieu d'un groupe de misérables cabanes, la grotte dont ils firent leur demeure. C'est une espèce de caverne obscure qui ne reçoit d'autre lumière que celle qui entre par la porte. La petite galerie carrée qui en protégeait l'entrée existe encore aujourd'hui ; elle est aux mains des Coptes schismatiques, qui l'ont convertie en chapelle de leur culte (3). C'est là que les augustes Exilés attendirent patiemment, en butte à des tribulations sans nombre au milieu

---

(1) Le P. Cochin. *Vie de Jésus-Christ* ; — C. Emmerick. *Vie de la Sainte Vierge.*

(2) *Révélations de la Sainte Vierge à Sainte Brigitte.*

(3) Extrait d'une lettre d'un voyageur en Egypte dans ces dernières années, d'après l'auteur de *Un mois à l'école de Saint Joseph*, imprimerie catholique J. M. Freydier, 1878, au Puy, dont nous avons suivi les indications pour la rédaction de ce chapitre.

de peuplades infidèles, la réalisation de la promesse de l'ange.

Enfin, « Hérode étant mort, un ange du Seigneur apparut à Joseph pendant qu'il dormait, et lui dit : « Levez-vous, prenez l'enfant et sa mère et retournez dans le pays d'Israël, car ceux qui cherchaient l'enfant pour lui ôter la vie sont morts. »

« Joseph s'étant levé prit l'enfant et sa mère et se mit en chemin pour retourner dans le pays d'Israël, mais ayant appris qu'Archélaüs régnait en Judée en la place d'Hérode, son père, il appréhendait d'y aller, lorsque, rassuré par un nouveau messager de Dieu, il se retira dans la Galilée et vint demeurer dans la ville de Nazareth, afin que cette promesse des prophètes fût accomplie : « Il sera appelé le Nazaréen (1). »

Et c'est dans cette même maison où Marie avait été saluée par l'Ange Gabriel, que sous les yeux de Joseph et de son heureuse mère « Jésus a grandi en sagesse et en grâce devant Dieu et devant les hommes », et qu'il a passé le reste de sa vie privée dans le travail, l'obscurité et la soumission la plus complète (2).

---

(1) Saint Mathieu. *Evang.* Chap. II.
(2) Nazareth, où vécut Notre-Seigneur enfant, dit Saint Jérôme est un bourg de la Galilée, près du mont Thabor, d'où le nom de Nazaréen donné au Sauveur.

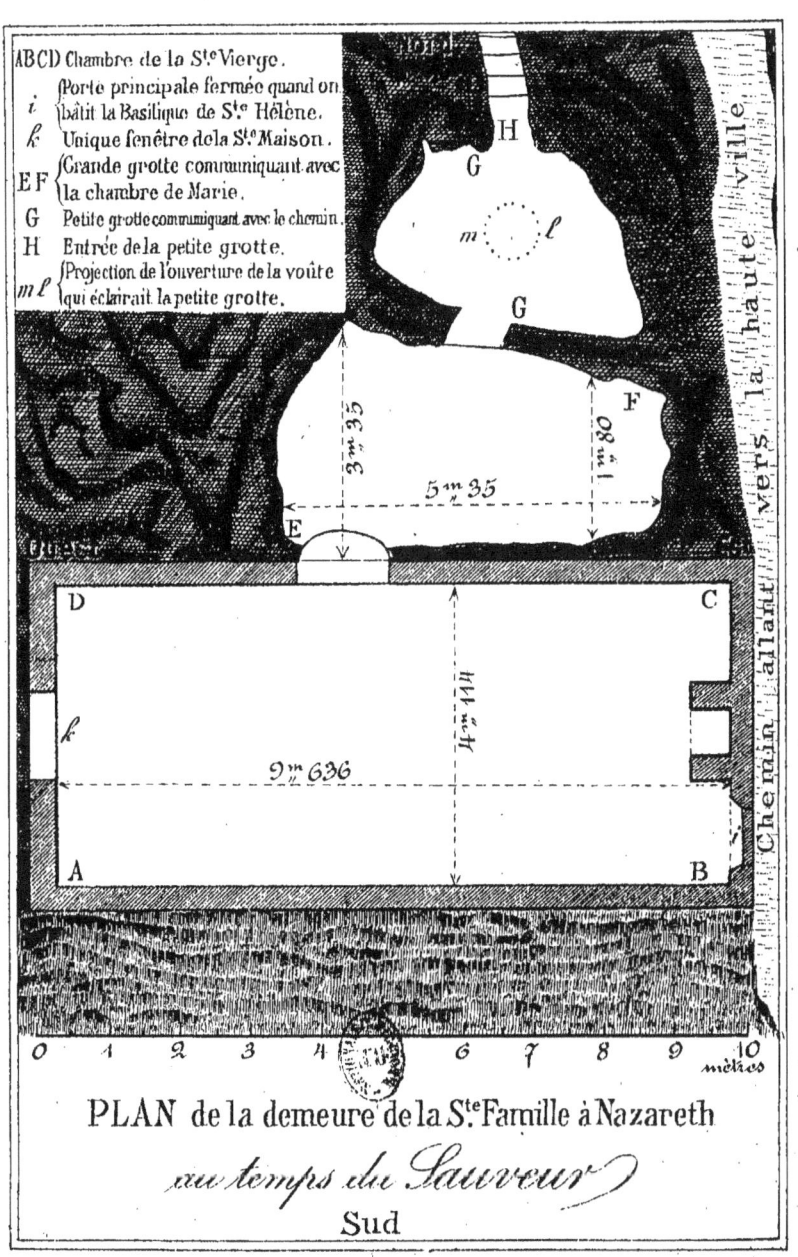

PLAN de la demeure de la S.te Famille à Nazareth
au temps du Sauveur
Sud

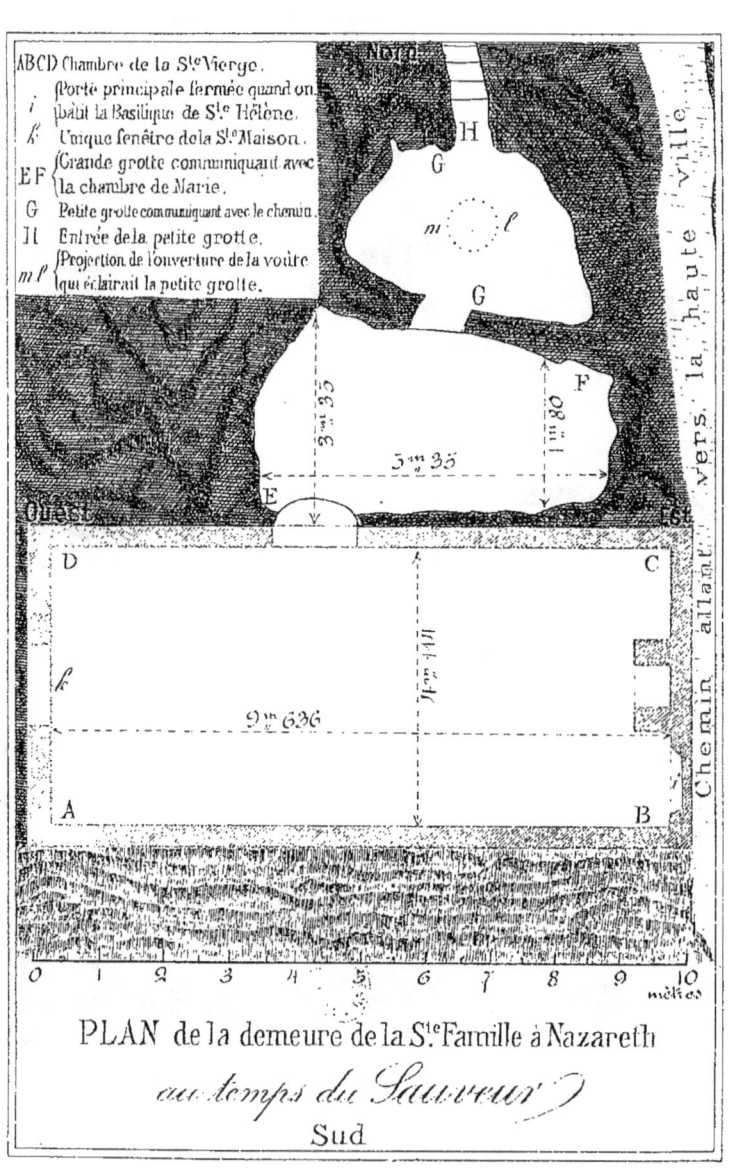

PLAN de la demeure de la Ste Famille à Nazareth au temps du Sauveur

LIVRE II

LES LIEUX SAINTS

CHAPITRE PREMIER

Nazareth et la demeure de la Sainte Famille.

Sommaire du récit : La ville des fleurs. — Fleur de la Galilée. — Les maisons de Nazareth. — La demeure de la Sainte Famille. — Le logement particulier de la Sainte Vierge ; modification attribuée à Sainte Hélène. — L'habitation de Jésus. — La chambre de Saint Joseph. — La cuisine de Notre-Dame. — L'atelier de Saint Joseph. — La fontaine de Marie. — Ode aux langes de Jésus. — La table du Christ. — Jésus dans la Synagogue. — La prophétie d'Isaïe. — La montagne du Précipice. — Jésus enchaîne la fureur de ses ennemis. — Notre-Dame de la Crainte.

Sommaire des notes : Médecin guérissez-vous vous-même. — On n'est pas prophète chez soi. — Elie et Elisée.

I

Nazareth était un lieu merveilleusement disposé pour servir de retraite au Sauveur, pour être le séjour de la plus humble des vierges. Assise au fond d'une paisible vallée, comme un nid déposé dans le creux du sillon tracé dans la plaine par le soc du laboureur, et environnée de collines qui l'abritent de toutes parts et semblent la cacher aux regards profanes, Nazareth avait été jusque-là tellement ignorée, que son nom n'apparaît dans nos Livres-Saints qu'avec le Sauveur. Mais rien de plus gracieux que son nom, rien de plus poétique que le site qu'elle occupe. Nazareth, en hébreux, veut dire : *ville des fleurs* ; en effet, au printemps, ces coteaux, ces jardins, qui descendent jusque dans la ville, s'émaillent des fleurs les plus variées.

La vallée, avec ses collines circulaires qui s'élèvent en s'évasant tout autour comme les sépales d'une rose, ressemble au calice ouvert d'une fleur dans son complet épanouissement ; et la ville, avec sa couronne verdoyante de hauts nopals, de bouquets de grenadiers et de figuiers aux larges feuilles, en est comme la corolle. Aussi Saint Jérôme l'appelle-t-il « *la fleur de la Galilée.* »

Cette délicieuse cité, bâtie en amphithéâtre sur la pente de la colline, avait ses maisons toutes blanches, superposées en étages, avec des rues capricieuses courant sur les escarpements de la montagne, dont l'intérieur était percé d'un grand nombre de grottes qui servaient de complément aux demeures des habitants.

Celle qu'occupait la Sainte Famille était au bas de la colline. Elle se composait, comme la plupart des habitations des familles aisées de ce pays, d'une salle basse sans étage par devant, donnant sur la rue, et de deux grottes par derrière. La salle du devant, éclairée par une étroite fenêtre s'ouvrant au couchant, avait, à son bout oriental, une petite cheminée sans conduit pour la fumée, laquelle s'échappait par la fenêtre ou à travers la toiture. C'était le foyer de la pièce. Des nattes partageaient en deux cette partie de la demeure, qui constituait le logement principal de la Sainte Vierge, et lui servait de chambre à coucher, d'oratoire et de lieu de travail. C'est là qu'elle reçut la visite de l'Ange ; c'est la maison qui fut depuis transportée à Lorète. Elle communiquait avec la première grotte par une large porte, et elle avait probablement une autre porte s'ouvrant sur la voie publique, mais que Sainte Hélène aurait fait fermer, ainsi qu'elle le fit à Bethléem pour l'entrée principale donnant sur la rue. On s'accorde généralement à placer cette porte près du Santo-Camino. Dans l'hypothèse où cette deuxième porte n'eût pas existé, l'appartement de la Sainte Vierge aurait été la partie la plus retirée de la demeure de la Sainte Famille. On y serait parvenu en traversant les deux grottes. Et en effet on voit encore, à droite de la petite grotte, sur le roc, au fond d'un couloir, les traces d'une porte avec un reste d'ancien gond en fer. Cette troisième pièce de l'habitation, que la population de Nazareth appelle *la cuisine de Notre-Dame*, est percée, à la voûte, d'un trou circulaire pour le dégagement de la fumée. C'était, en même temps, le lieu de repos de Saint Joseph qui, après le retour d'Egypte, avait cédé la grotte principale à l'Enfant Jésus (1).

II

A quelques pas de cette demeure, se trouvait l'atelier de Saint Joseph. C'est là que ce saint et laborieux ouvrier exerçait sa profession de charpentier et que le

(1) Abbé Grillot.

Fils de Dieu lui-même s'est associé aux labeurs de son père adoptif. C'est le sanctuaire auguste où les mains du Sauveur ont donné une consécration divine au travail de l'homme et sanctifié les sueurs de l'ouvrier qui gagne le pain de chaque jour (1).

La source qui alimentait la ville, et à laquelle allait la Vierge, comme s'y rendent encore les femmes de Nazareth, qui lui ont donné le nom de *Fontaine de Marie*, jaillissait au nord, en haut de la colline. La dévotion populaire qui attribue à ses eaux une vertu merveilleuse, a inspiré à un poète de Nimes, M. Reboul, une gracieuse poésie dont les vers ont toute la fraîcheur des eaux de cette source aux mystérieux effets. Nous la trouvons dans l'intéressant *Pèlerinage en Terre-Sainte* de M. l'Abbé Azaïs, un des quarante pèlerins de 1853, et nous sommes heureux de la mettre sous les yeux de nos lecteurs :

Les Langes de Jésus

Auprès de Nazareth, au bord de la piscine,
La Vierge vint laver les langes de Jésus ;
Or, une pauvre femme était là, sa voisine,
Qui lui dit, reprenant ses travaux suspendus :

« De ce ruisseau, ma sœur, connaissez-vous l'histoire ?
» Ce n'était qu'un ravin, au temps de la moisson ;
» Le plus petit oiseau n'y trouvait pas à boire.
» Les troupeaux maintenant y trempent leur toison.

» Ses flots semblent créer des Edens dans leur course,
» Et, sous les feux du jour, redoubler de fraîcheur :
» On dirait que quelque ange a remué leur source. »
La Vierge répondit : « Bénissez le Seigneur ! »

(1) M. l'abbé Azaïs.

« Sa vertu bienfaisante en tout se manifeste.
» Les arbres qu'il arrose en ont plus de vigueur.
» Leurs fruits semblent mûrir dans le jardin céleste... »
La Vierge répondit : « Bénissez le Seigneur ! »

« Et pour mettre le comble à ces choses étranges,
» Mon enfant pâlissait : il reprend sa couleur
» Depuis que, dans ses eaux, je viens laver ses langes... »
La Vierge répondit ; « Bénissez le Seigneur ! »

« Toute la Galilée en ressent l'allégresse :
» Savez-vous d'où nous vient une telle faveur ?
» Les docteurs de la loi y perdent leur sagesse. »
La Vierge répondit : « Bénissez le Seigneur ! »

Elle aurait pu tout dire à la pieuse femme ;
Marie à ce prodige avait longtemps rêvé.
Mais le bruit du dehors n'allait pas à son âme,
Et le temps de son fils n'était pas arrivé.

On peut voir, à une autre extrémité de la ville vers le couchant, un bloc de pierre qui porte le nom de *Table du Christ*, et sur lequel, d'après une pieuse tradition, le Sauveur a souvent pris des repas avec ses disciples (1).

En gravissant la pente de la colline sur laquelle Nazareth est bâtie, jusqu'à une distance d'environ deux kilomètres, on atteint le point culminant de la côte, qui, à cet endroit, s'arrête brusquement et domine un abîme profond.

De ce sommet élevé, les habitants de Nazareth tentèrent de précipiter Jésus, qu'ils avaient d'abord chassé de la synagogue un jour où, après avoir lu ce passage du prophète Isaïe : « L'esprit du Seigneur s'est reposé sur moi ; c'est pourquoi il m'a consacré

---

(1) M. l'abbé Azaïs.

par son onction... », etc. (1) il leur avait déclaré que cette prophétie était accomplie en sa personne. Mais, selon la parole de l'Evangile, le Sauveur passa au milieu d'eux et s'en alla, enchaînant, pour ainsi dire, leur fureur par sa majesté et les réduisant à une sorte de stupidité momentanée. C'est de là qu'est venu à cette roche le nom de *Montagne du Précipice*.

La synagogue était à cent pas de la demeure de la Sainte Famille, presque au milieu de la ville, un peu vers l'Ouest ; ses ruines subsistent encore.

A moitié chemin de la ville à la roche du Précipice est le lieu où la Sainte Vierge, courant à la hâte après son fils que les Nazaréens allaient précipiter, tomba en défaillance de douleur et de crainte. Il y avait autrefois, en cet endroit, un monastère de religieuses dont l'église était pour cette raison nommée *Notre-dame de la Crainte*, nom que ce lieu porte encore. Il ne reste plus de ces monuments que des vestiges précieux (2).

(1) Saint Luc. Chap. IV, 16 à 30..... « Et tous lui rendaient témoignage..... Alors il leur dit : Sans doute que vous m'appliquerez ce proverbe : Médecin, guérissez-vous vous-même ; et que vous me direz : Faites ici en ce pays d'aussi grandes choses que nous avons entendu dire que vous avez faites à Capharnaüm. Mais je vous assure, ajouta-t-il, qu'aucun prophète n'est bien reçu en son pays..... Elie ne fut envoyé chez aucune des veuves d'Israël, au temps de la famine, mais chez la veuve de Sarepta dans le pays des Sidoniens. Aucun lépreux ne fut guéri dans Israël par Elisée, mais seulement Naaman, qui était de Syrie ».

« Tous ceux de la synagogue, l'entendant parler de la sorte, furent remplis de colère, et se levant, ils le chassèrent hors de la ville et le menèrent jusque sur la pointe de la montagne sur laquelle elle est bâtie, pour le précipiter..... ».

(2) M. l'abbé Azaïs.

CHAPITRE II

LA GALILÉE ET LES SOUVENIRS QUI S'Y RATTACHENT

Sommaire du Récit : Topographie de la Galilée. — Le village de Débora. — Le mont Thabor. — La Transfiguration. — Moïse et Élie. — La plaine d'Hittin. — La vraie Croix aux mains des Turcs. — La ville de Tibériade. — La mer de Génésareth. — Jésus marchant sur les eaux. — La pêche miraculeuse. — Capharnaüm. — La multiplication des pains. — La montagne des Béatitudes. — Cana et les urnes du festin. — Sepphoris. — Naïm. — Les monts de Gelboé. — La plaine d'Esdrelon. — Le Sultan de feu. — La chaîne du Carmel. — La rade de Saint-Jean-d'Acre. — Les grottes d'Élie et d'Élisée. — Le monastère des Carmes. — L'école des prophètes.

Sommaire des Notes : Le désert où Jésus a jeûné quarante jours. — La chapelle de Sainte-Hélène. — Où Jésus a été servi par les anges. — Le Précurseur montre Jésus à la foule. — Choix des douze apôtres.

L'image du Sauveur. — La statue de Jésus chez l'Hémorroïsse et dans le palais des Césars. — Le portrait peint par Saint Luc. — L'Ecce-Homo sur le voile de la Véronique.

L'origine des Carmes. — L'ère prophétique. — L'ère grecque. — L'ère latine. — Une chapelle dédiée à la Sainte Vierge. — Saint Louis au Carmel. — Les Carmes en Europe.

I

SAINT Luc nous apprend qu'après le retour de la Sainte Famille à Nazareth, « Jésus croissait et se fortifiait, étant rempli de sagesse ; et la grâce de Dieu était en lui ». A l'âge de douze ans, il accompagna à Jérusalem Joseph et Marie qui s'y rendaient tous les ans pour la fête de Pâques ; mais au départ, il demeura dans la ville sans que son père et sa mère s'en aperçussent; ceux-ci, pensant qu'il était avec quelqu'un de leur compagnie, marchèrent pendant un jour, et ne le chercherent que le soir parmi leurs parents et ceux de leur connaissance. Ne l'ayant pas trouvé, ils s'en retournèrent à Jérusalem pour l'y chercher et ne le retrouvèrent qu'au bout de trois jours, dans le temple, assis au milieu des docteurs, les écoutant, les interrogeant et ravissant, en admiration, par sa sagesse et ses réponses, tous ceux qui l'entendaient ».

En dehors de ce récit de l'Évangéliste et de quelques légendes qui nous montrent le divin Enfant jouant avec les garçons de son âge, et opérant des prodiges à la vue desquels ses compagnons le portent en triomphe et le saluent leur roi, on ne trouve aucun détail sur la vie privée de Jésus à Nazareth. Mais les Livres sacrés sont pleins des prédications et des miracles dont la Galilée a été le théâtre pendant la vie publique du Sauveur (1).

(¹) **Premiers actes de la vie publique du Sauveur**

* *

Parvenu à l'âge de trente ans, Jésus partit de Nazareth pour se rendre au bord du Jourdain et y recevoir le baptême de la main de Saint Jean-Baptiste.

Aussitôt après son baptême, dit l'Évangile, Jésus plein du Saint Esprit, dont l'impulsion le conduisait, se retira dans un désert, pour y être tenté par le démon. Il y passa quarante jours et quarante nuits sans prendre aucune nourriture.

I. — Description du désert qui a servi de retraite au Sauveur

Suivant la tradition, le désert où Jésus-Christ s'était retiré et où il éprouva les tentations du démon, est une montagne stérile, escarpée et d'un aspect affreux, située à peu près à trois lieues

Enfermée entre la mer Méditerranée et les monts du Carmel au couchant ; les monts de Gelboé au midi;

du Jourdain, du côté du couchant, non loin de Jéricho. C'est dans une grotte, au penchant de cette montagne, qu'il jeûna quarante jours et quarante nuits, et où il essuya la première tentation.

M. Doubdan, qui visita la montagne et la grotte, en fait ainsi la description :

« Cette montagne est extrêmement haute, droite, escarpée, toute de roches pleines de difficultés et de périls pour la monter, la plus stérile et solitaire qu'on puisse voir...!

» Depuis le pied jusqu'au quart de sa hauteur, la montée est si droite qu'à peine s'y peut-on tenir. Le chemin est couvert de pierres et de cailloux qui roulent sous les pieds. Étant là, vous trouvez un sentier fort étroit, qui va vers le Midi, toujours en montant un peu de biais jusqu'à un escalier d'environ trente degrés de pierre, encore tout entier, et à peu près de quatre pieds de largeur, au haut duquel il faut grimper à mont la roche qui est droite et unie comme un mur, de six à sept pieds de haut, en s'attachant des pieds et des mains à quelques pointes et entre-coupures de la pierre. Étant là, il faut monter quelque cinquante pas, par un autre sentier fort étroit et périlleux, adossé contre la roche, au haut duquel il faut encore grimper à la pierre qui est escarpée comme l'autre, et de même hauteur de six à sept pieds, mais beaucoup plus dangereuse, à cause qu'en cet endroit, la place n'a pas plus de largeur, entre la roche et le précipice, qu'il en faut pour tenir un homme droit sur ses pieds. De là, montant encore en tournant, on trouve une grande et spacieuse caverne naturellement creusée dans la roche, ayant environ quinze pas de profondeur, au bout de laquelle on entre dans une autre plus petite et plus obscure.

» Passant devant cette caverne, il faut monter encore plus haut, avec tant de hasard et de péril, qu'en vérité, il m'a semblé depuis qu'on n'y peut aller sans témérité ou une hardiesse extraordinaire; car le sentier par lequel on monte n'a pas deux pieds de largeur; tellement qu'il faut marcher un peu courbé et appuyé contre la roche, ayant sous vos pieds un précipice.

» Au bord de ce sentier, on entre dans une allée de huit ou dix pas de longueur, mais fort étroite, qui conduit dans une autre

le Thabor, la vallée du Jourdain et la mer de Génésareth à l'orient ; le grand Hermon et les montagnes du

caverne aussi taillée naturellement dans la roche, et n'ayant pas plus de six à sept pieds de diamètre.

« C'est là où l'on tient que Notre-Seigneur a demeuré quarante jours et autant de nuits, en oraison et en pénitence, sans boire ni manger. En l'honneur de ce sacré mystère, la bienheureuse impératrice Sainte Hélène fit faire une chapelle fermée par devant d'un gros mur, sur le précipice, avec un autel sur lequel on dit quelquefois la Messe, et une fenêtre au-dessus qui y donne jour.

» Ce que j'admire aussi, c'est qu'il y a des images d'anges et de saints, en peinture, qui ont été biffées et effacées par endroits ; mais ce qui en reste est encore de couleurs aussi vives que si elles étaient nouvellement faites, quoiqu'elles soient fort anciennes.

» Au milieu du pavé, il y a une petite pierre, de la roche même, sur laquelle on a ciselé un cercle d'environ douze à treize pouces de diamètre, comme pour marquer l'endroit où a reposé la tête du Sauveur, lorsqu'il se prosternait la face contre terre, comme il fit au jardin des Olives, devant la majesté de son Père...

» Nous montâmes, après avoir fait quelques prières, par un petit escalier de huit à dix degrés, en une autre grotte plus petite que la précédente, qui est encore toute peinte de diverses figures de l'Annonciation de la Vierge, des anges et des apôtres, qui sont un peu effacées, avec des lettres grecques fort anciennes, mais de couleurs extrêmement vives.

» On tient que c'est en celle-ci que les anges apportèrent quelque nourriture à Notre-Seigneur, comme dit Saint Mathieu, après qu'il eut surmonté les tentations du démon. » « Alors, dit l'Évangéliste, les anges s'approchèrent et le servaient. »

II. — Le Précurseur désigne Jésus comme étant le Fils de Dieu

Au sortir de sa solitude, après la tentation, nous le voyons se rendre pour la seconde fois aux bords du Jourdain, non au lieu où il a été baptisé, mais à deux ou trois lieues plus haut, en un endroit appelé Béthanie, situé de l'autre côté du fleuve où Saint Jean baptisait alors. Sans suite, vêtu simplement et dépourvu de tout éclat, Jésus ne paraissait qu'un homme du commun, confondu dans la foule du peuple qui accourait au baptême de Jean. Qui

Liban au nord, la Galilée comprenait les anciens territoires jadis occupés par les tribus d'Aser, de Neph-

aurait pu reconnaître le Messie dans ce modeste artisan? Il appartenait à son Précurseur de le dévoiler aux yeux de tous : il avait été envoyé expressément pour cela.

Sa vie extraordinaire, ses vertus, son éclatante sainteté lui avaient acquis auprès du peuple le crédit nécessaire pour qu'on crût à sa parole. Nous allons voir Saint Jean, qui depuis sa naissance jusqu'au jour où le Sauveur s'était présenté au baptême, n'avait jamais vu Jésus et ne le connaissait que par révélation, montrer au doigt ce Messie attendu.

En effet, le jour suivant, Jean, voyant Jésus venir vers lui, dit au peuple : « Voilà l'agneau de Dieu; voilà celui qui efface les péchés du monde ; c'est celui-là de qui j'ai dit : Il vient après moi un homme qui m'a été préféré, parce qu'il était avant moi. Je ne le connaissais pas, mais j'ai vu le Saint-Esprit descendre du Ciel et se reposer sur lui, sous la forme d'une colombe. Et Celui qui m'a envoyé baptiser dans l'eau m'a dit : Celui sur lequel vous verrez le Saint-Esprit descendre et se reposer sur lui, c'est lui qui baptise dans le Saint-Esprit. Je l'ai vu et je rends témoignage que c'est le Fils de Dieu ».

L'étonnement dut être grand. Cette déclaration du Précurseur causa une immense sensation, et le bruit s'en répandit bientôt jusqu'à Jérusalem.

Le lendemain, Jean était encore là avec deux de ses disciples, il vit Jésus qui marchait à quelques pas de distance, et il répéta : « Voilà l'Agneau de Dieu ! » Ce qu'entendant, les deux disciples le suivirent.

III. — Choix des douze Apôtres

Jésus, s'étant retourné et voyant qu'ils le suivaient, leur dit : « Que cherchez-vous ? » — « Maître, répondirent-ils, où demeurez-vous ? » Il leur dit : « Venez et voyez ». Ils allèrent avec lui, virent où il logeait et restèrent avec lui ce jour-là. Il était alors la dixième heure du jour (quatre heures du soir). C'était André, frère de Simon-Pierre, qui était l'un des deux qui avaient entendu ce que Jean avait dit, et qui suivirent Jésus. Ce fut son premier disciple.

L'Évangile ne dit pas qui était l'autre ; mais on reconnaît ici la

tali, de Zabulon et la partie septentrionale de celui d'Issachar. C'était un séduisant pays, tout inondé de

plume du disciple bien-aimé ; et l'on croirait, à la précision qu'il met dans l'indication de l'heure et du moment, que cet autre disciple c'était lui-même.

André rencontra d'abord son frère Simon et lui dit : « Nous avons trouvé le Messie », et il l'emmena à Jésus qui lui dit aussitôt, bien que ne l'ayant jamais vu : « Vous êtes Simon fils de Jonas. Vous vous appellerez Céphas, mot qui signifie Pierre ».

Le lendemain, Jésus s'étant mis en marche pour se rendre en Galilée trouva Philippe et lui dit : « Suivez-moi ».

Philippe était de Bethsaïde, ville d'André et de Simon-Pierre. Philippe ayant rencontré Nathanaël lui dit : « Nous avons trouvé Celui dont Moïse et les prophètes ont parlé : c'est Jésus, fils de Joseph de Nazareth ». Nathanaël répondit : « Peut-il venir quelque chose de bon de Nazareth ? » Philippe lui dit : « Venez et voyez ».

Jésus, voyant Nathanaël s'approcher, dit de lui : « Voilà un véritable Israélite, dans lequel il n'y a pas de tromperie ». — « D'où me connaissez-vous ? » dit Nathanaël. Jésus lui répondit : « Avant que Philippe vous appelât, je vous ai vu sous le figuier ». — « Maître, s'écria Nathanaël, vous êtes le roi d'Israël ». Jésus lui répondit : « Vous croyez parce que je vous ai dit : je vous ai vu sous le figuier. Vous verrez de bien plus grandes choses ».

Nathanaël était sans doute sous le figuier en méditation. C'est la surprise où il fut de voir cet acte intérieur connu de Jésus, qui lui arracha cette exclamation : Vous êtes le roi d'Israël, et qui en fit aussitôt son cinquième disciple. C'est celui qu'on a nommé depuis Barthélemy,

Ils vinrent ensuite à Capharnaüm où Jésus opéra plusieurs miracles ; puis ils se retirèrent, dit l'Evangéliste Saint Marc, vers la mer où une grande multitude de peuple le suivit de Galilée et de Judée, de Jérusalem, de l'Idumée et d'au delà du Jourdain : et ceux des environs de Tyr et de Sidon ayant entendu parler des choses qu'il faisait vinrent en grand nombre le trouver...

« Il monta ensuite sur une montagne et il appela à lui ceux que lui-même voulut, et il en établit douze pour être avec lui et pour les envoyer prêcher, et il leur donna la puissance de guérir les malades et de chasser les démons. Le premier fut Simon, à qui il

soleil et couvert de tous les dons de la nature ; une véritable terre promise animée par les plus touchants souvenirs bibliques, et sanctifiée par la présence de l'Homme-Dieu dont on croit voir partout la douce figure; mais qui, déchue et humiliée aujourd'hui, semble avoir perdu jusqu'au souvenir des prédications touchantes et des prodigieux miracles du divin Maître.

II

Dès qu'on a franchi les collines orientales de la vallée de Nazareth, on se trouve aussitôt après au pied du mont Thabor, à l'entrée d'un village entouré de haies épineuses de cactus. C'est Deburiech, ou village de Débora, qui rappelle la victoire de cette illustre prophétesse d'Israël, ainsi que le miracle du Sauveur sur un jeune homme possédé du démon.

Les pentes douces du mont Thabor, ombragées d'une abondante végétation, permettent d'en faire l'ascension sans grande fatigue. C'est sur son sommet, à deux mille pieds d'élévation, que Jésus conduisit, un jour, ses trois disciples Pierre, Jacques et Jean son frère, et que, tout à coup, il resplendit à leurs yeux d'une gloire merveilleuse qui, s'échappant de son corps

---

donna le nom de Pierre, puis Jacques fils de Zébédée, son frère Jean, André, Philippe, Barthélemy, Mathieu, Thomas, Jacques fils d'Alphée, Thadée, Simon le Cananéen et Judas Iscariote qui fut celui qui le trahit ».

Désormais le théâtre évangélique embrassera toute la Palestine; et le grand drame de la Rédemption humaine, dont les derniers actes s'accompliront à Jérusalem, se développant au milieu des plus sublimes enseignements et de prodigieux miracles, arrivera à la catastrophe sur le mont Calvaire et se dénouera sur la montagne des Olives par la glorieuse apothéose du divin Crucifié.

transfiguré, donnait à son visage l'éclat éblouissant du soleil, et à ses vêtements la blancheur éclatante de la neige.

Moïse et Elie apparaissent à ses côtés et le saluent comme le divin Envoyé dont ils ont annoncé la venue; et, du haut du Ciel, la voix du Père céleste fait entendre ces paroles : « C'est ici mon Fils bien-aimé, en qui j'ai mis toutes mes complaisances ; écoutez-le! »

Si l'on descend le mont Thabor par la pente opposée qui regarde le Nord-Est, on arrive, après une course d'une demi-journée environ, à l'entrée de cette plaine d'Hittin, si tristement célèbre par la défaite des Croisés à cette bataille du 4 juillet 1187, qui entraîna la perte du royaume chrétien de Jérusalem, et où la vraie Croix tomba au pouvoir de Saladin.

Du bout de cette plaine, qui se relève vers son extrémité, on aperçoit au bas d'une pente abrupte la ville de Tibériade et la mer de Génésareth dont les eaux tranquilles ressemblent à un immense lazulite taillé en forme de cœur. Ici, c'est la tempête qui s'apaise à la voix du Sauveur ; c'est la mer qui le porte comme une plume légère en affermissant ses eaux sous ses pas ; c'est la pêche miraculeuse de Pierre ; là, c'est Capharnaüm, séjour habituel de Jésus pendant sa vie publique et témoin de plusieurs de ses miracles.

Un peu à gauche, en se rapprochant de Nazareth, on atteint, après une grande heure de marche, un plateau élevé qui dominait l'ancienne Tibériade, et où eut lieu le miracle de la multiplication des pains. Non loin de là s'élève cette montagne des Béatitudes, du sommet de laquelle, messager des consolations célestes, le Divin Maître exalta la souffrance, les larmes, les privations, le mépris des richesses ; promettant toutes les joies de l'éternité aux pauvres en esprit ; à ceux qui sont doux ; à ceux qui pleurent ; à ceux qui ont faim et soif de la justice ; aux miséricordieux ; aux pacifiques ; à ceux qui ont le cœur pur ; à ceux qui sont calomniés et persécutés pour la vérité !

A droite, vers le Nord, sur la seconde chaîne de montagnes, à la même hauteur que le mont Thabor, était la ville de Béthulie (aujourd'hui Saphet), immortalisée par l'héroïsme de Judith, qui délivra sa patrie menacée par l'armée du général assyrien Holopherne.

Plus près de Nazareth, et toujours vers le Nord, se trouve Cana, petite bourgade où, à la prière de son auguste Mère, Jésus fit son premier miracle, et où l'on peut encore voir, encastrées dans les murs d'une église pauvre et nue, deux des six urnes dont l'eau fut changée en vin. Sepphoris (Séfuriech), patrie de Sainte Anne et de Saint Joachim, est à l'Occident et tout près de Cana.

Au Sud de Nazareth, et à la même distance que Cana, sur le revers oriental du petit Hermon, dont les cimes resplendissantes se projettent en avant des monts de Gelboé, était la ville de Naïm, aujourd'hui Nain, où Jésus rappela de la tombe le fils d'une veuve inconsolable (1).

(1) **L'Image du Sauveur**

Aucune médaille, aucun monument matériel ne nous retrace les traits du Sauveur. On dit que l'Hémorroïsse, qui fut guérie par le seul attouchement de sa robe, lui avait fait ériger une statue dans la ville de Césarée ; mais la statue n'existe plus.

L'histoire rapporte que l'empereur Alexandre Sévère, frappé des vertus de Jésus-Christ, de sa morale et des prodiges par lui opérés, lui consacra dans son palais un oratoire où il fit placer sa statue. Cette statue n'a pas été retrouvée parmi les monuments romains.

On attribue à Saint Luc, l'un des évangélistes, qui était peintre,

Nazareth est à peu près au centre de la Galilée, dans une petite vallée formée par un pli de la plaine d'Esdrelon qui, au Nord et au Midi, boit aux fraîches sources du Liban et des collines de Gelboé, et se baigne, à l'Est et à l'Ouest, dans les tièdes eaux du lac de Tibériade et de la mer Méditerranée.

Aujourd'hui encore, après toutes les catastrophes qui ont dépeuplé ces campagnes; malgré les déprédations de maîtres rapaces qui paralysent toutes les bonnes volontés, de quelque côté que l'on porte ses regards, des hauteurs de Nazareth, à l'époque où la nature étale ses trésors, on voit comme un reflet de l'ancienne splendeur de ce pays dans les productions variées de cette seconde plaine, qui déploie majestueusement, d'un bout à l'autre de l'horizon, une interminable série de vallons au fond desquels se pressent les épis dorés du froment, les vertes capsules du coton, ou les grappes panachées du maïs; et ses mille coteaux ombragés de forêts de chênes ou d'oliviers, que par-

---

sculpteur et médecin, un portrait de Jésus-Christ. Ce portrait s'est perdu, mais il paraît qu'on en a conservé des copies qui se sont transmises de siècle en siècle et qu'il en existe une à Rome.

Telle est sans doute l'origine du portrait ou image communément désignée sous le nom de Sainte Face, pour la distinguer de l'autre image sanglante et revêtue de la couronne d'épines, appelée l'*Ecce-Homo*, qui représente le visage du Christ, tel qu'il se fixa sur le voile de la Véronique, quand cette pieuse femme, émue de pitié à la vue du Sauveur couvert de sang, sous sa croix, prit le voile qui couvrait sa tête et en essuya la figure de l'Homme-Dieu.

« Suivant une tradition constante, les traits du Sauveur restèrent empreints sur ce voile, qu'on assure être encore conservé à Rome, en un tabernacle très riche qui est en l'église Saint-Pierre du Vatican, sous le dôme, avec une grande et belle statue de la Véronique, tenant son voile étendu sur la face de Notre-Seigneur ».

(Tiré de la relation de la Terre-Sainte par M. Doubdan.)

courent librement des troupeaux de timides moutons, de chevaux sauvages et de bœufs mugissants, gardent toujours leur poétique aspect de l'âge biblique.

On s'oublie volontiers dans la contemplation de ce vaste tableau encadré de perspectives vaporeuses, estompé çà et là par d'odorants paquets de genêts, de capricieuses lignes de lauriers-roses, de frais jardins entourés de figuiers, de bouquets d'oliviers et de chênes qui paraissent flotter sur une mer phosphorescente, lorsque sous le souffle du zéphyr, les hautes herbes fleuries, qui sont le fond du paysage, se balancent avec ce mouvement ondulatoire d'une nappe liquide soulevée par la houle ; et l'on cherche à fixer dans ce tableau, à défaut d'un objet matériel qui en indique la place, le point précis où se passèrent les divers événements dont il évoque le souvenir.

III

La plaine d'Esdrelon, champ de bataille de tous les guerriers qui ont paru sur la scène où se sont débattues les destinées de la nation juive, est en effet une grande page d'histoire: elle a vu la victoire de Gédéon sur les Madianites et les Amalécites ; elle a entendu le cantique sublime de Débora marchant à la tête des enfants d'Israël, le long du cours du Cison, à la poursuite du général de Jabin, l'orgueilleux Sisara, à qui une autre femme, Jahel, trancha la tête ; elle a été arrosée des larmes de David, pleurant la mort de Saül et de son fils Jonathas, vaincus et tués à la bataille de Gelboé par les Philistins, qui suspendirent leurs corps aux murs de Bethsan.

Ici dorment les restes d'une armée assyrienne,

battue par Achab, ensevelis sous les murs d'Aphec qui s'écroulèrent sur eux ; là s'est exhalé le dernier soupir du pieux roi Josias, tué près de Mageddo par Néchao, roi d'Égypte, à qui il avait voulu disputer le passage de cette plaine. Partout l'écho a retenti des clameurs victorieuses des Croisés ; et l'on parle aujourd'hui encore, à Nazareth, des transports de joie de ses habitants qui, en 1799, du haut de la montagne du Précipice, où ils suivaient des yeux les péripéties de la lutte engagée, au pied du mont Thabor, entre l'armée française et celle des Turcs commandée par le pacha de Damas, applaudissaient au triomphe du « *Sultan de Feu* » (Bonaparte).

La chaîne du Carmel se développe, comme un immense rempart, sur les confins Sud-Ouest de la plaine d'Esdrelon, qu'elle suit jusqu'à la mer Méditerranée, et se termine par un majestueux et haut promontoire qui domine la rade de Ptolémaïs, l'ancienne Acco, aujourd'hui Saint-Jean-d'Acre, en face des pays d'Occident, auxquels il semble montrer la route des Lieux Saints.

Ce promontoire constitue, avec le mont Thabor et le grand Hermon du Liban, le vaste triangle dont les lignes marquent à peu près les limites du pays de Galilée. Comme le mont Thabor, il étale sur sa cime arrondie et sur ses flancs une abondante végétation de touffes de caroubiers, de chênes, de térébinthes, et de genêts épineux, et comme le Liban, il dégage, au printemps, des senteurs embaumées qui font penser, dit M. Azaïs, « à cette auguste Vierge du Carmel, à qui la poésie de nos livres saints attribue le parfum de la myrrhe et du baume ».

Comme si on était d'autant plus détaché des choses de la terre et plus près de Dieu, qu'on est éloigné du centre d'attraction de notre planète, les êtres contemplatifs, dont la substance matérielle est pour ainsi dire annihilée, sous la constante tension de leur esprit luttant contre la chair, entre la nature et la grâce, pour la conquête de cette souveraine perfection à laquelle l'homme doit tendre sans cesse, ont de tout temps établi leurs demeures sur les sommets des hautes montagnes. Là, avec la solitude qui rajeunit et retrempe l'âme, ils trouvent dans l'infini des horizons l'idée vraie de la grandeur de l'être suprême ; et ces mille bruits de la nature qui, en montant vers les régions éthérées, se fondent en notes douces et suaves et disposent l'âme aux extatiques transports, leur sont comme des interprètes fidèles entre leur cœur et Dieu. Aussi le Carmel a-t-il été le séjour de prédilection des prophètes ; et, plus tard, les mille grottes creusées dans ses flancs ont abrité des légions de solitaires.

Elie y confondit les prêtres de Baal ; la grotte dont il avait fait sa demeure est enfermée aujourd'hui dans l'église du monastère des Carmes qui se dresse au sommet du promontoire, comme une forteresse inexpugnable(1) ; celle dans laquelle il instruisait les enfants

(1) **Origine de l'ordre des Carmes**

Elie légua, vers l'an 800 avant Jésus-Christ, son manteau et son esprit de prophétie et de miracles à son disciple bien-aimé Élisée, dont on montre encore la grotte vers le milieu de la montagne ; et cette grotte, avec celle d'Élie, sont toujours l'objet de la vénération des chrétiens aussi bien que des Turcs, des Arabes et des Juifs, qui s'y rendent par milliers en pèlerinage dans certains temps de l'année ; car le mont Carmel a été l'objet d'un culte religieux pour le paganisme même, témoin Tacite qui parle de cette montagne sur laquelle s'élevait un autel consacré par la

des prophètes, et qu'on nomme encore l'école des prophètes, est au bas de la montagne, à peu près au niveau du rivage. Quand on entre dans cette grotte, on croit encore percevoir, dans le bruit des flots qui roulent les cailloux de la grève, comme un écho de la voix du grand prophète « expliquant à ses disciples les Saintes-Ecritures, leur parlant du Messie attendu, et de cette Vierge sainte que son regard inspiré entrevoyait, à travers le voile de l'avenir, visitant ses successeurs

vénération du lieu, et Suétone qui nous montre l'empereur Vespasien visitant cette hauteur pour consulter l'oracle...

Tous les solitaires du Carmel s'attachèrent à Élisée, qui ne quittait plus la montagne que pour aller soutenir la foi parmi le peuple d'Israël étonné et subjugué par ses miracles. Bientôt la famille d'Élie s'accrut ; et les peuplades environnantes se rendirent sur la montagne, particulièrement aux jours de fête, pour s'édifier des vertus de ses saints habitants : c'est l'*Ère prophétique des Carmélites*.

A l'avènement du Messie, préparés déjà par Saint Jean-Baptiste et convaincus de la vérité des faits évangéliques, les descendants d'Élisée, qui s'étaient perpétués d'âge en âge et peuplaient alors les bords du Jourdain et ceux du Nil, les collines de Phénicie et celles d'Egypte embrassèrent aussitôt la Foi en entendant les apôtres et en voyant leurs miracles. Ils construisirent sur le Carmel, au lieu où Élie avait vu cette nuée qui était la figure de l'auguste Marie, une chapelle dédiée à la bienheureuse Vierge qui les avait honorés plusieurs fois de ses entretiens. Cessant de vivre isolément, ils se réunirent dans la suite en communauté et se bâtirent un couvent. C'est l'*Ère grecque*, qui se termine à Saint-Berthold, premier général latin de l'ordre, à la fin du onzième siècle, où commence l'*Ère latine*.

En 1259, Saint Louis, roi de France, à son retour de Terre-Sainte, visita le Carmel et les religieux qui l'habitaient. Il en emmena six à Paris qui propagèrent en France et dans toute l'Europe ces couvents de Carmes, dans lesquels on retrouve toujours l'austérité, le zèle, le courage et l'ardente parole d'Élie et d'Élisée, fondateurs de leur ordre.

sur cette même montagne, dont son image bénie devait un jour couronner le sommet (1). »

(1) M. Azaïs. — Nous avons consulté avec beaucoup de fruit, pour la composition de ce chapitre, *le Pèlerinage en Terre-Sainte* de M. l'abbé Azaïs (Paris, Étienne Giraud, 1855); et nous en conseillons la lecture aux personnes désireuses de connaître la Palestine et d'étudier son histoire.

CHAPITRE III

Description de Jérusalem

Sommaire du récit : Situation. — Orientation. — Disposition. — Vallées. — Torrents. — Aspect intérieur. — Les rues et les chiens. — Les bazars. — Population. — Commerce. — Dialectes. — Pouvoir exécutif. — Consulats.
Quartier des Catholiques et des Grecs ou du Mont Calvaire : Église du Saint-Sépulcre. — Ruines. — Cimetières des Chrétiens. — La voie Douloureuse.
Quartier des Arméniens ou du Mont Sion : La Tour de David. — Ruines du palais d'Hérode-le-Grand. — Maison de Marie, mère de Marc. — Maisons d'Anne et de Caïphe. — Quartier des lépreux : Cénacle. — Partie de la Voie de la Captivité.
Quartier des Musulmans ou d'Acra : Le Mont Moriah et la mosquée d'Omar. — Le temple de la Présentation. — Le Vallon Tyropæon. — Les palais d'Hérode et de Pilate. — Les maisons de Simon, de Sainte Anne et la Piscine Probatique. — La porte près de laquelle Saint Étienne fut lapidé.
Quartier des Juifs ou du Temple. — Place des Lamentations.

Sommaire des notes : Aspect extérieur de l'église du Saint-Sépulcre. — La Pierre de l'Onction. — Le Chemin du Calvaire. — La Déchirure mystérieuse. — La chapelle du Crucifiement. — Le Sépulcre et la Chapelle de l'Ange. — Les chapelles : de la Madeleine, de l'Apparition, de la Captivité, de Saint Longin, du Titre de la Croix, de la Division des Vêtements, de Sainte Hélène, de l'Invention de la Sainte Croix, de l'Impropère, de la Flagellation, d'Adam et de Joseph d'Arimathie. — La procession quotidienne des Pères catholiques. — Les chants nocturnes.

I.

L'histoire de la Sainte Famille, commencée à Nazareth, se termine à Jérusalem. Il nous a donc semblé que nous ne pouvions nous dispenser, après avoir fait connaître Nazareth et la Galilée,

PLAN DE JÉRUSALEM & PERSPECTIVE DE LA MONTAGNE DES OLIVIERS

de consacrer un chapitre spécial de ce livre à la description de Jérusalem, qui porte écrites sur ses coteaux, sur ses édifices et dans ses ruines les plus touchantes pages de l'histoire évangélique.

D'illustres voyageurs, le Tasse, Deshayes, Chateaubriand; des pèlerins érudits, MM. Doubdan, Azaïs, Lamothe, etc., nous ont donné sur les Lieux Saints et Jérusalem en particulier, qu'ils ont visités à des époques différentes, des relations que nous avons comparées ensemble et qui, se complétant les unes les autres, nous ont permis, à défaut d'une vue personnelle et directe, de nous faire une très précise idée de la topographie de l'antique Sion, de la physionomie du paysage qui l'entoure ; et la description que nous en présentons à nos lecteurs, d'ailleurs corrigée dans ses détails par des mains amies et obligeantes qui, pendant deux ans, ont fouillé toutes les ruines de cette ville célèbre et crayonné ses moindres reliefs, sera, nous n'avons crainte de l'affirmer, sinon intéressante, du moins très exacte.

Jérusalem est assise au centre des montagnes de la Judée, à six cents mètres d'altitude et à 50 kilomètres Est du rivage de la Méditerranée, sur un plateau élevé, mesurant cinq kilomètres carrés environ, dont le sol, incliné du Couchant au Levant, est creusé en son milieu, du N.-O. au S.-E., par un vallon large mais peu profond (le ravin Tyropæon ou des fromagers de l'historien Josèphe), qui partage la ville, laissant à l'Ouest le Calvaire et le mont Sion, et à l'Est l'Acra et le mont Moriah. Entre ce plateau et la chaîne de montagnes qui court au Nord, se trouve une dépression basse dans laquelle coulent de petits ruisseaux pendant la saison pluvieuse. Sur les autres côtés, les collines s'élèvent brusquement à une hauteur plus grande que celle du plateau.

Une muraille crénelée de 5 mètres d'épaisseur à la base, de 8 à 20 mètres de haut avec un développement de 5 kilomètres, fortifiée par des tours et par un château gothique, enferme la ville, avec le Calvaire et le Saint Sépulcre, qui se trouvaient hors de l'enceinte au temps du Sauveur, mais laisse en dehors une partie de la montagne de Sion qu'elle embrassait autrefois. Cet ensemble domine trois profondes et sombres vallées : une à l'Occident, la vallée de Gihon, la moins profonde de toutes ; la seconde au Midi et la troisième au Levant, qui convergent et se réunissent vers le Sud-Est : celle de Josaphat à l'Est, la vallée des tombeaux et du jugement, traversée dans sa longueur par le torrent de Cédron, sépare la ville de la montagne des Oliviers et du mont du Scandale ; celle de Ben-Hinnon, la Géhenne des Livres Saints, au Sud, la sépare du mont du Mauvais-Conseil et des collines sur lesquelles se trouve Aceldama, le champ du sang.

La ville a aujourd'hui six portes dont la principale est celle de Jaffa, à l'Ouest, près de laquelle s'élève la citadelle, composée de trois tours carrées. La plus grande et la plus élevée est appelée la Tour de David.

Les dehors n'offrent qu'une terre aride et nue ; aucune fontaine (1), aucun ruisseau ne l'arrose ; jamais arbre n'y prodigua son ombre contre les ardeurs du soleil (2). Au dedans, personne aux portes, presque jamais personne dans les rues. Les maisons, lourdes

---

(1) Il y a bien au Midi de la ville, au pied du mont Ophel, les fontaines de Siloé et de Marie ; mais leur débit, maigre et intermittent, ne fournit pas assez d'eau pour l'irrigation des quelques jardins situés au-dessous de ces fontaines, sur les terres qui formaient autrefois le jardin du Roi, dont parle l'Ancien-Testament.

(2) Le Tasse.

masses carrées fort basses, sans cheminées et presque sans ouvertures, terminées en terrasses aplaties ou en dômes, ressemblent à des prisons ou à des sépulcres (1), entourés de ruines. Les rues, tortueuses, obscures, mal pavées, dont les principales ont cinq mètres à peine de large et quelques-unes un mètre cinquante centimètres à deux mètres au plus, montent et descendent sur un sol inégal, poudreux et semé de trous où des bandes de chiens maigres, hargneux, ne répondant à aucun nom, ne reconnaissant aucun maître et se nourrissant de tous les détritus infects qui couvrent le pavé, ont élu leur domicile.

Des toiles jetées d'une maison à l'autre augmentent, en beaucoup d'endroits, l'obscurité de ce labyrinthe, et des bazars voûtés, où des chaussures et comestibles s'étalent à côté des étoffes d'Orient et des pièces d'orfévrerie, achèvent d'ôter la lumière à la ville désolée (2).

La population, dont on évalue le chiffre à vingt mille habitants, subsiste presque exclusivement de son commerce avec les pèlerins et les voyageurs ; elle comprend environ huit mille Juifs, qui vivent entassés entre l'emplacement de l'ancien temple et le mont Sion ; cinq mille cinq cents Musulmans dont les habitations couvrent les collines de Bezétha et d'Acra ou ville haute, les dépendances de la mosquée d'Omar élevée sur les ruines du temple, et la partie centrale de la ville ; six mille chrétiens comprenant les Grecs schismatiques et les Catholiques groupés sur le mont Calvaire autour de l'église du Saint-Sépulcre, des Protestants, des Arméniens schismatiques établis sur le mont Sion, quelques Cophtes et quelques Abyssins mêlés aux Catholiques, aux Grecs et aux Arméniens.

(1) Chateaubriand.
(2) Chateaubriand. — M. Azaïs.

La plupart des Juifs qui habitent actuellement Jérusalem sont d'origine allemande ou polonaise; ils parlent un dialecte allemand corrompu.

Les Chrétiens Grecs sont Arabes, Grecs et Syriens, et ne parlent que la langue arabe, excepté le clergé supérieur, qui est formé d'indigènes de la Grèce et de l'Archipel. Ils ont huit couvents. Le patriarche grec est reconnu officiellement par le gouvernement turc comme le chef de l'église grecque en Syrie.

L'italien est la langue des Chrétiens latins ou catholiques romains. Ils ont un patriarche nommé tous les trois ans par le Pape, qui exerce une surveillance spirituelle sur toutes les églises catholiques de Syrie, mais qui ne jouit pas de privilèges égaux à ceux des chefs spirituels Grecs, Juifs et Arméniens.

Les Protestants ont un évêque anglais.

Les chefs du pouvoir exécutif et les officiers judiciaires de Jérusalem sont mahométans.

La France, les Etats-Unis, la Russie, l'Angleterre, l'Allemagne, l'Autriche, l'Espagne et la Grèce y ont chacune un consul. (V. *Dict. Encyclop.* de J. Trousset).

II

QUARTIER DU MONT CALVAIRE OU DES CATHOLIQUES ET DES GRECS.

Les couvents et les habitations des Catholiques et des Grecs schismatiques sont aux alentours du Saint-Sépulcre, sur le mont Calvaire. L'église du Saint-Sépulcre se trouve à deux cents pas environ de la Casa Nova, couvent des Pères de Terre-Sainte ou de Saint François, sur la rue des chrétiens *(Harat-en-Nasara)*, qui communique directement avec le couvent par la rue El-Istamboulieh.

Son approche est annoncée par des étalages chargés d'objets de dévotion. L'entrée principale est au Sud. Après avoir descendu quelques marches, on arrive à une large cour carrée. Sur la gauche sont le couvent et la chapelle de Saint-Jacques, et en face le couvent d'Abraham ou d'Isaac. La façade de l'église occupe presque tout le côté Nord de la place.

A côté du parvis de la basilique sont les ruines de l'hôpital des Chevaliers de Saint Jean, sur lesquelles Saladin éleva un minaret qui subsiste encore. Tout près se trouvait la prison où Hérode fit enfermer Saint Pierre qu'un ange vint délivrer. L'emplacement est occupé par une église. On voit encore, non loin de là, les restes de l'ancien cloître des Chevaliers de Saint Jean. Il est à deux étages avec arcades superposées.

Une large inflexion du sol (autrefois la vallée de Mello) sépare le mont Calvaire des hauteurs de Sion, dont les pentes septentrionales portent les demeures des Arméniens et les cimetières des populations chrétiennes de Jérusalem.

Description de l'église du Saint-Sépulcre

Il ne reste rien de la basilique bâtie avec tant de magnificence par sainte Hélène. L'église actuelle du Saint-Sépulcre est un monument irrégulier disposé à peu près en croix, mesurant 120 pas en longueur, sans compter la descente de l'Invention de la Sainte Croix, et 70 en largeur. Elle se compose, par le fait, de trois églises: celle du Saint-Sépulcre, celle du Calvaire et celle de l'Invention de la Sainte Croix ; elle a trois dômes : celui qui couvre le Saint-Sépulcre sert de nef à la basilique et est ouvert par en haut comme la Rotonde de Rome. Le monument n'a d'ailleurs point de voûte ; la couverture en est soutenue par de grands chevrons de cèdre qui ont été transportés du Liban (Deshayes).

Quartier du mont Sion ou des Arméniens

C'est le plus riche quartier de la ville, celui où l'on trouve les plus beaux édifices. L'antique tour de

> On entrait autrefois par trois portes ; il n'y en a plus qu'une aujourd'hui dont les Turcs gardent soigneusement la clef. Cette porte est toujours fermée, et il n'y a qu'une petite fenêtre traversée d'un barreau de fer, par où ceux du dehors donnent des vivres aux religieux qui sont dedans (Latins ou Romains, Grecs schismatiques, Abyssins, Cophtes, Arméniens, Nestoriens ou Jacobites, Géorgiens, Maronites) (Deshayes).
> Les Catholiques sont représentés au Saint-Sépulcre par dix Pères Franciscains qui se relèvent tous les trois mois, ne voyant pas durant ce temps la lumière du Ciel, recevant leur nourriture par le guichet dont il a déjà été parlé, habitant des cellules humides et obscures, qui n'ont d'autre issue que dans la chapelle de l'Apparition, et au-dessus desquelles retentit le piétinement des chevaux d'une écurie Turque établie sur la voûte (Azaïs).
> Dès qu'on a franchi le seuil de l'église, on trouve une large dalle de marbre rouge faisant saillie sur le pavé : c'est la Pierre de l'Onction ; elle recouvre la place où fut déposé le corps du Sauveur descendu de la Croix, et oint de myrrhe et d'aloès par ses secrets disciples Jean d'Arimathie et Nicodème, avant d'être mis au sépulcre.
> A droite, un escalier de dix-huit marches, construit sur le chemin du Calvaire, conduit à une chapelle supérieure, tenue par les Grecs schismatiques qui l'ont enlevée aux Pères Latins.
> Au pied de l'autel qui s'élève à l'extrémité de la chapelle, est la cavité où la Croix fut plantée. Une grille mobile en bronze doré, placée à côté de l'autel, recouvre la déchirure mystérieuse déterminée par le tremblement de terre qui accompagna la mort du Sauveur. C'est une large et profonde rupture qui descend dans les entrailles de la terre et dont la science ne saurait expliquer la production par des causes naturelles.
> La chapelle à droite, desservie par les Pères latins, porte le nom de Crucifiement. C'est le lieu où la divine Victime fut attachée

David, le plus ancien monument que possède la cité, est aujourd'hui occupée par un poste turc. En face de

à la Croix, et où la Sainte Vierge se tenait debout devant son Fils crucifié.

A quarante pas environ du pied de l'escalier du Calvaire, ou à trente pas de la pierre de l'Onction, se trouve la rotonde d'environ treize mètres de diamètre, entourée de dix-huit piliers massifs qui soutiennent le grand dôme, et au milieu de laquelle s'élève un petit monument allongé, carré sur le devant à l'Orient, pentagone à l'Occident, ayant cinq mètres de façade et une longueur totale d'un peu plus de huit mètres; c'est le Saint Tombeau, gardé par les Grecs schismatiques qui en ont dépossédé les Pères latins. Il est divisé en deux parties : le vestibule ou la chapelle de l'Ange et la chambre sépulcrale. Une pierre qui s'élève au milieu du vestibule indique la place où se tenait l'ange au moment de l'arrivée des saintes femmes au sépulcre.

On entre par une porte basse et étroite, prise dans le roc même, dans le caveau où fut déposé le corps du fils de Dieu et « d'où est sortie, avec Jésus-Christ ressuscité, la résurrection, la vie de l'humanité » (Azaïs).

A douze pas du Saint Sépulcre, en tirant vers le Nord, s'élève une chapelle des Nestoriens qui est bâtie sur le lieu où le Sauveur apparut à Marie Madeleine sous la forme d'un jardinier, après sa résurrection. Elle est nommée *Chapelle de la Madeleine.*

La Chapelle de l'Apparition, qui est la plus avancée dans le Nord, est élevée à l'endroit où, d'après la tradition, Notre Seigneur apparut d'abord à sa Sainte Mère. C'est dans cette chapelle que les Pères Franciscains font leurs offices et d'où ils passent dans leurs cellules.

En continuant le tour de l'église, on trouve d'abord une petite chapelle gardée par les Géorgiens des bords de la mer Caspienne, qui marque la prison où fut enfermé Notre Seigneur pendant qu'on faisait sur le Calvaire les apprêts de son supplice. Elle est à l'opposé du mont Calvaire.

On arrive ensuite devant la *Chapelle de Saint-Longin,* ce soldat qui perça le côté du Sauveur de sa lance, et se convertit à la vue des prodiges qui accompagnèrent sa mort.

Près de là est la *Chapelle du titre de la Croix* où l'on conserva

la tour s'élevait le palais d'Hérode-le-Grand, sur les ruines duquel les protestants anglais ont fait bâtir un

quelque temps l'inscription en trois langues, que l'on voit aujourd'hui à Rome.

La chapelle de la *Division des vêtements* qui suit appartient aux Arméniens. Elle indique le lieu où Notre Seigneur fut dépouillé de ses vêtements par les soldats, qui firent quatre lots de ses habits et tirèrent au sort sa robe sans couture.

A main gauche, en sortant de cette chapelle de la Division des vêtements, derrière l'abside orientale de la basilique, s'ouvre un escalier de vingt-huit marches qui, perçant la muraille de l'église, descend à la chapelle souterraine de Sainte Hélène détenue par les Arméniens, où la sainte impératrice se tenait en prière pendant qu'on fouillait à côté dans les profondeurs d'une citerne comblée, pour y chercher la croix du Sauveur.

Un second escalier de treize marches conduit à la grotte profonde où la Sainte Croix gisait enfouie depuis trois siècles, et où elle fut miraculeusement trouvée, avec les clous, la couronne d'épines et le fer de la lance. La grotte est transformée en un oratoire sous le vocable d'Invention de la Sainte Croix, qui appartient aux Pères latins.

Près du haut de cet escalier, en allant vers le mont Calvaire, est la chapelle de l'Impropère, petit oratoire de quatre pas de long et de deux et demi de large, sous l'autel duquel les Abyssins gardent la colonne de marbre gris, de deux pieds de haut, sur laquelle on fit asseoir Jésus pour le couronner d'épines.

Les Abyssins conservent aussi dans une chapelle, du côté opposé, une des deux colonnes de la Flagellation sur lesquelles Jésus fut successivement attaché pour être flagellé. L'autre est, dit-on, à Rome dans l'église de Sainte Praxède.

Un dernier sanctuaire, la Chapelle d'Adam, située près de la Pierre de l'Onction, marque le lieu où une tradition antique suppose que les descendants de Seth conservaient religieusement le crâne du père du genre humain, d'où est venu à toute la montagne le nom du Calvaire, de *Calvariæ locus* (lieu du crâne). Figure sublime qui traduit de la manière la plus saisissante l'effet du sacrifice du Christ dont le sang, en tombant sur la tête du premier homme, lui a donné la vie ainsi qu'à toute sa postérité.

temple vaste et somptueux. La maison de Marie, mère de Jean, dit Marc, à la porte de laquelle Saint Pierre alla frapper en sortant de sa prison où l'ange l'avait miraculeusement délivré de ses chaînes, située au delà du temple protestant, sert actuellement de couvent à des moines Jacobites ou Nestoriens.

En allant vers le Midi, on trouve, avant d'arriver à la porte de Sion, un couvent de religieuses arméniennes qui occupe la maison du grand-prêtre Anne devant qui fut d'abord conduit le Sauveur. Un second couvent d'Arméniens, qui s'offre à la vue peu après qu'on a dépassé la porte de Sion, est bâti sur l'emplacement de la maison de Caïphe. C'est dans le voisinage de la porte de Sion que se trouve le quartier des lépreux, agglomération de misérables cabanes de terre où vivent des êtres infortunés, qui assistent tout vivants à la destruction lente de leurs corps (1).

On ne trouve plus les tombes illustres de Godefroy de Bouillon et de Baudouin, qui formaient comme une garde d'honneur auprès du Saint Sépulcre et dont les Grecs schismatiques ont brisé le marbre et jeté au vent la royale poussière; mais une lampe entretenue par les Syriens éclaire encore, au fond de la grande rotonde, la chambre carrée où dorment les restes mortels de Joseph d'Arimathie, sous la protection du sépulcre de son divin Maître.

Tous les jours, à trois heures, dit M. Azaïs, les Pères Franciscains, à qui l'Église catholique a confié la garde des Lieux Saints, parcourent, dans une procession pieuse, ces divers sanctuaires et les honorent par des chants et des prières publiques d'une beauté remarquable. Tous les jours, à onze heures du soir, ces pieux reclus chantent, jusque vers minuit, dans leur chapelle de l'Apparition, les offices divins. Aussitôt après d'autres voix retentissent: ce sont celles des moines grecs, qui célèbrent leur office au Calvaire. D'autres voix arrivent du Saint Sépulcre : ce sont celles des Arméniens; puis celles des Cophtes, qui célèbrent auprès du Saint Tombeau les louanges de Jésus ressuscité.

(1) M. Azaïs. — Le Frère Liévin.

A quelques pas est le Cénacle, converti en mosquée, et à côté du Cénacle, on voit les fondements d'une ancienne église bâtie sur l'emplacement de la maison où l'on croit que vécut la Mère de Dieu, après la descente du Saint-Esprit (1).

Quartier des Musulmans

Vers le Nord et au Levant de Jérusalem s'élèvent les collines de Bezétha et d'Acra, habitées par les Musulmans, qui occupent aussi le centre de la ville et les dépendances de la mosquée d'Omar, sur le mont Moriah.

Une caserne de Turcs a pris la place de la tour Antonia. Une double enceinte entoure la mosquée, dont l'entrée est rigoureusement défendue aux chrétiens. La première est renfermée dans une longue ligne de maisons réservées aux derviches, ce sont les couvents du mahométisme ; la seconde est formée par d'élégants portiques qui se dressent à distance du monument, devant ses façades principales. Une deuxième mosquée, au Sud de la grande, portait autrefois le nom d'église de la *Présentation*, parce que c'est là que la Sainte Vierge fut consacrée au Seigneur et qu'elle vécut jusqu'à son mariage. De ce côté était situé le palais des anciens rois chrétiens de Jérusalem, mais il n'en reste plus aucun vestige (2).

La mosquée d'Omar et ses vastes terrains comprennent environ un septième de la ville moderne. Son enceinte correspond, en grande partie, à celle de

(1) Le Frère Liévin (*Guide de Jérusalem*).
(2) M. Azaïs et le Frère Liévin.

l'ancien temple construit par Salomon, mille ans avant Jésus-Christ, lequel était tout de marbre blanc et composé de trois parties : le porche, le Lieu Saint et le Saint des Saints, entouré de tous côtés, sauf la façade, de petits appartements à trois étages, disposés pour les prêtres. La colline est aujourd'hui couverte de gazon, et c'est vers le milieu de cet enclos, sur une large plate-forme presque rectangulaire que s'élève la grande mosquée, édifice octogonal dont chaque côté mesure vingt-cinq mètres, et qui est surmonté d'un dôme léger et gracieux au haut duquel brille l'orgueilleux croissant.

Une longue rue musulmane, appelée Harat el Ouad d'abord, puis Harat Bab el Amoud, qui commence au quartier des Juifs et se termine à la Porte de Damas, court dans le sens du vallon Tyropæon, en suivant les constructions de la mosquée d'Omar, à la hauteur desquelles elle s'embranche avec la voie Douloureuse, dont les premières stations marquent la place du Prétoire de Ponce-Pilate, où fut prononcée l'inique sentence de mort contre Jésus, et du palais d'Hérode le Tétrarque, lesquels étaient situés non loin de la tour Antonia, du côté de l'Orient, à droite et à gauche du chemin qui conduit à la porte Saint-Étienne, appelée aussi Bab Sitti Mariam et de Josaphat.

Un peu vers l'Est du palais d'Hérode le Tétrarque s'élevait la maison de Simon le pharisien (1); plus à l'Est encore, tout près du mur de l'enceinte orientale, était la maison de Sainte Anne. A l'angle N.-Ouest de l'église de Sainte-Anne, bâtie sur l'emplacement de cette maison, on voit encore la Piscine Probatique ou Bethsaïde, c'est-à-dire des brebis, parce que pro-

---

(1) Le Frère Liévin.

bablement on purifiait dans ses eaux les victimes destinées au temple. C'est là que le Sauveur guérit le paralytique, malade depuis trente-huit ans et qui avait toujours vainement attendu qu'une main bienfaisante le descendît le premier dans la piscine au moment où l'ange agitait ses eaux (1).

Quartier des Juifs

La principale rue des Juifs (Harat-el-Yahoud) suit la ligne de l'ancienne vallée Tyropæenne, entre les ruines de l'Hôpital de Saint-Jean et le Midi du quartier juif, dont la population triste, opprimée, vit entassée entre le mont Moriah et le mont Sion, et habite des demeures qui présentent l'aspect de la misère la plus profonde.

Le vendredi de chaque semaine, ces restes d'Israël, fidèles au souvenir de l'antique Sion, se réunissent dans une espèce de place longue, pavée et fermée de tous côtés, située près de l'emplacement de l'ancien temple. Les hommes, debout et immobiles comme des statues, lisent la Bible ; les femmes, assises sur le pavé, la tête appuyée contre les blocs de pierre qui forment la base du rempart, pleurent avec de petits gémissements plaintifs (2).

C'est le quartier des Lamentations.

Écrasés par la Croix qui les condamne et qui est plantée sur leurs têtes ; cachés près du temple dont il ne reste pas pierre sur pierre, ces maîtres légitimes de la Judée, esclaves et étrangers dans leur propre

(1) Le Frère Liévin.
(2) M. Azaïs et le Frère Liévin.

pays, attendent sous toutes les oppressions, dans leur déplorable aveuglement, un roi qui doit les délivrer!... (1).

(1) Chateaubriand.

CHAPITRE IV

Les dehors de Jérusalem

Sommaire du récit : Porte de Jaffa. — Vallée de Gihon. — Piscine de Bersabée. — Mont Sion. — L'aqueduc et les piscines de Salomon. — La Mer Morte. — Aceldama. — Mont du Mauvais-Conseil. — Les tombeaux des Juges. — Le puits de Néhémie. — Fontaine de Siloé. — Fontaine de la Vierge. — Mont du Scandale. — Village de Siloam. — Cimetière des Juifs. — Vallée de Josaphat. — Torrent de Cédron. — Tombeaux des Turcs. — Tombeaux des Juifs. — Tombeau de la Sainte Vierge.
Village de Gethsémani. — Jardin des Oliviers. — Pierre marquant le lieu où Judas trahit son Maître. — Grotte de l'agonie. — Montagne des Oliviers. — Place où le divin Maître enseigna l'Oraison Dominicale à ses Apôtres. — Grotte où les Apôtres composèrent le Symbole qui porte leur nom. — Mosquée enfermant la place d'où le Sauveur s'est élevé aux Cieux en présence de ses disciples et de sa Sainte Mère.
Porte de Damas. — Grotte où Jérémie a composé ses Lamentations. — Tombeaux des Rois. — Voie de la Captivité. — Voie Douloureuse.

I

Description des dehors de Jérusalem

La partie extra-muros du mont Sion et la montagne des Oliviers s'offrent comme deux observatoires naturels au visiteur qui cherche à se faire une idée nette des dehors de Jérusalem.

Quand on sort de la ville par la porte de Jaffa, qui est la plus proche des couvents chrétiens, où sont ordinairement hébergés les pèlerins d'Europe (1), et

(1) Les pèlerins et les touristes qui aiment à jouir de toute leur liberté peuvent descendre soit à l'Hôtel de la Méditerranée, qui se

qu'on marche vers le Midi, en descendant la vallée de Gihon jusqu'à ce fossé large et profond qui était jadis la piscine de Bersabée, on voit sur la gauche un monticule d'un aspect jaunâtre : c'est le mont Sion, au sommet duquel on arrive sans peine par la pente qui regarde l'Occident.

Du haut de cette montagne mystérieuse, si célèbre dans les cantiques de Salomon, l'œil suit les courbes gracieuses de l'aqueduc qui amenait autrefois les eaux des piscines de Salomon, situées au delà de Bethléem; et l'on voit, au Midi, la vallée de Ben-Hinnon (la Géhenne biblique) qui va se réunir avec la vallée de Josaphat pour suivre ensuite le Cédron jusqu'à la mer Morte ; le champ du sang (Aceldama), acheté avec les trente deniers de Judas ; le mont du Mauvais-Conseil, où les prêtres et les pharisiens décidèrent de faire mourir Jésus ; les tombeaux des Juges et tout le désert vers Hébron et Bethléem. Le mur d'enceinte empêche de voir la ville vers le Nord et vers l'Est.

En descendant la montagne de Sion du côté du Levant pour aller sur la montagne des Oliviers, on passe devant une construction antique formée d'énormes blocs qui recouvre le Puits de Néhémie où, à l'époque de la captivité, les prêtres cachèrent le feu sacré, et l'on arrive à la Fontaine de Siloé. Un peu plus haut est la Fontaine de la Vierge, à laquelle on descend par un large escalier de vingt-six marches. C'est la seule source de Jérusalem.

En face de la piscine de Siloé, de l'autre côté de la

---

trouve dans l'intérieur de la ville, à 80 mètres de la porte de Jaffa ; soit à l'Hôtellerie de Notre-Dame de France, située à l'extérieur, sur le chemin de Jaffa, à un demi-kilomètre à peu près de la porte de ce nom.

vallée de Josaphat, se dresse le Mont du Scandale, au sommet duquel se trouvait le palais où Salomon avait élevé des idoles pour complaire aux femmes étrangères qu'il avait épousées.

Au pied de cette montagne se trouve le village arabe de Siloan, dont les masures sont construites sur des sépulcres renversés ; et un peu plus bas, le cimetière des Juifs se montre comme un amas de débris.

Poursuivant vers le Nord jusqu'à l'angle oriental du mur d'enceinte, on entre dans la vallée de Josaphat, gorge profonde, enfermée entre le Mont Moriah et la montagne des Oliviers, qui court du Nord au Sud en serrant entre ses flancs le torrent desséché du Cédron. Ses deux pentes sont couvertes de dalles funéraires. Sous les murs de la ville sont les tombeaux des Turcs et, sur le versant opposé, les tombes des Juifs qui viennent des quatre parties du monde acheter un peu de terre, qu'un étranger leur vend au poids de l'or, pour y dormir à côté de leurs aïeux.

« Cette vallée, dit Chateaubriand, semble toujours avoir servi de cimetière ; on y rencontre les monuments des siècles les plus reculés et des temps les plus modernes. Les Cèdres dont Salomon la planta ; l'ombre du temple dont elle était couverte ; le torrent de Cédron qui la traversait ; les cantiques de deuil que David y composa ; les lamentations que Jérémie y fit entendre, la rendaient propre à la tristesse et à la paix des tombeaux ».

Après quelques minutes de marche, en suivant le côté oriental de la vallée, on atteint l'emplacement du village de Gethsémani, qui se confond aujourd'hui avec le jardin des Oliviers ; et quelques pas encore vous mènent au lieu où Judas trahit son Maître par un baiser ; et qui se trouve marqué par une pierre plantée au bord de la route, sur la gauche. Un peu plus haut, vers l'Est, à quelques pas du jardin, est le lieu où les trois apôtres qui accompagnaient Jésus s'étaient endormis, pendant que le Maître subissait sa douloureuse agonie, à un jet de pierre plus loin, dans la direction Nord-Ouest. Le chemin que nous avons parcouru depuis le mont Sion est précisément celui que fit Jésus lorsque, en sortant du Cénacle où il avait célébré la dernière Pâque avec ses disciples, il se dirigea vers le jardin de Gethsémani, continuant cet admirable entretien de la Cène, au cours duquel il se compare lui-même à la vigne et ses apôtres aux rameaux.

On voit en face, vers le Nord, dans la vallée de Josaphat, un monument souterrain qui porte le nom de Tombeau de la Vierge, et dont on trouvera plus loin la description.

Entre le lieu du baiser de Judas et le jardin des Oliviers est la place où Saint Pierre coupa l'oreille à Malchus. Dans le jardin, que les Pères latins ont acheté de leurs deniers, le regard s'arrête sur huit gros oliviers d'une extrême décrépitude qui, dit-on, ont abrité le Christ durant ses angoisses profondes. C'est tout près du tombeau de la Vierge, à quelques pas vers l'Est du parvis de ce monument, que se trouve la grotte dans laquelle le Sauveur répandit une sueur de sang, vénérée sous le nom de *Grotte de l'Agonie*.

Gravissant la pente de la montagne, on trouve, à peu de distance, le lieu où le divin Maître enseigna l'Oraison dominicale à ses apôtres, et un peu plus loin s'élève une roche d'où l'on prétend que le Sauveur regarda la ville coupable en pleurant sur sa désolation prochaine.

Des ruines informes d'une église indiquent la place où les Apôtres composèrent le symbole de notre croyance. Enfin, à deux cents pas environ au-dessous du plus haut sommet de la montagne est une petite mosquée octogonale, reste d'une église jadis élevée par Sainte Hélène à l'endroit même où Jésus monta aux cieux en présence de sa divine Mère et de cent vingt disciples. On distingue sur le rocher l'empreinte mystérieuse du pied gauche du Sauveur; le vestige du pied droit s'y voyait autrefois : il a, dit-on, été enlevé par les Musulmans pour le placer dans la mosquée du temple (1).

Quand, de ce sommet sacré, on porte sa vue vers Jérusalem « dont il ne s'élève aucune fumée, dont il ne sort aucun bruit » (2) ; quand on considère la solitude de ces montagnes, où l'on n'aperçoit pas un être vivant, et l'aspect désolé des pentes sombres et nues du mont des Oliviers et du mont du Scandale où l'on ne voit, çà et là, que quelques vignes noires et brûlées, quelques bouquets d'oliviers sauvages, des friches couvertes d'hysope, des chapelles, des oratoires et des mosquées en ruine ; qu'on plonge ensuite le regard dans cette vallée de Josaphat qui court au milieu des tombes fracassées, brisées, demi-ouvertes, on reconnaît sans peine « la patrie d'un peuple réprouvé et le passage de la colère divine » (3), et l'on se demande si la trompette angélique ne va pas bientôt sonner l'heure redoutable de ce terrible jour prédit par le prophète Zacharie : « Où le Seigneur se tiendra debout sur la montagne des Oliviers ; et le mont se fendra par le milieu, vers l'Orient et vers l'Occident, par une grande

(1) Témoignages de Saint Jérôme, de Saint Augustin, de Saint Paulin de Nole, de Saint Wibald, etc., etc.
(2) Chateaubriand.
(3) Ibid.

vallée abrupte ; et la moitié de la montagne se retirera vers l'Aquilon et l'autre moitié vers le Midi, et le Seigneur Dieu viendra, et tous les Saints avec lui, pour juger toutes les nations » ! !.....

Grotte de Jérémie. — Tombeau des Rois.

Au Nord de la ville, à peu de distance des remparts et de la porte de Damas, à laquelle vous mène la rue musulmane de Tarik Bab el-Amoud, que vous prenez à la Voie Douloureuse, on voit la grotte d'où Jérémie contemplait Sion renversée et dans laquelle il a composé ses lamentations.

A quelques pas plus loin sont les tombeaux des Rois auxquels on descend par un chemin large et à pente douce qui s'ouvre dans une excavation assez semblable à une carrière abandonnée, et se termine, au fond, devant une arcade qui donne accès dans une cour carrée à parois verticales taillées dans le roc, où se trouve une crypte dont le seul aspect atteste une origine royale.

Dans la paroi du fond, on a creusé un large vestibule avec une porte d'ordre dorique, taillée dans le roc et entourée de sculptures remarquables. Dans l'angle, à gauche de cette porte, s'ouvre un passage où l'on marchait autrefois debout, mais où l'on ne peut se glisser aujourd'hui qu'en rampant, et qui aboutit, par une pente assez raide, à une chambre carrée, pratiquée dans la roche vive avec le marteau et le ciseau, dans les parois de laquelle on voit des trous de six pieds de long sur trois de large pour recevoir des cercueils.

Trois portes voûtées conduisent de cette première chambre dans sept autres demeures sépulcrales, également taillées dans le rocher ; l'une d'elles, plus basse que les autres, et où l'on descend par six degrés, semble avoir renfermé les principaux cercueils dont quelques fragments qui subsistaient encore lors de la visite de Chateaubriand, montraient qu'ils étaient en pierre et ornés d'élégantes arabesques.

Ce qu'on admire le plus dans ces tombeaux, dit Chateaubriand, sont les portes des chambres sépulcrales : elles sont de la même pierre que la grotte, ainsi que les gonds et les pivots sur lesquels elles tournent.

Voie de la Captivité et Voie Douloureuse.

La Voie de la Captivité est le chemin par lequel Jésus fut conduit, après son arrestation, du jardin de Gethsémani aux maisons d'Anne et de Caïphe, sur le mont Sion ; puis de la demeure de ce dernier à celle de Pilate d'abord, au palais d'Hérode le Tétrarque ensuite et de nouveau au Prétoire de Pilate.

La Voie Douloureuse, que Jésus a parcourue chargé de sa croix, commence au Prétoire de Pilate et se termine au Calvaire. M. de Chateaubriand estime sa longueur à un mille. M. l'abbé Azaïs l'évalue à treize cents pas, et M. de Lamothe donne cinq cent quatre-vingt-quatorze mètres. Elle mesure à peu près exactement cinq cent quatre-vingt-cinq mètres.

Cette voie sacrée, baignée du sang du Sauveur et qui a vu les mortelles angoisses de la Sainte Vierge, comprend quatorze stations qui se trouvent toutes aujourd'hui dans l'enceinte de Jérusalem ; mais à l'époque de la passion du Christ, la neuvième, où Jésus tomba pour la troisième fois, était après la porte

Judiciaire où finissait la ville ; et les cinq dernières (le lieu où Jésus fut dépouillé de ses vêtements et abreuvé de fiel, celui où il fut attaché à sa Croix, le Calvaire sur lequel il expira et le tombeau où il fut déposé), renfermées aujourd'hui dans l'église du Saint-Sépulcre, se trouvaient aussi hors des murs.

On peut suivre le développement de ces deux saintes voies dans le plan de Jérusalem qui accompagne cet ouvrage. Celle de la Captivité est accusée par une double ligne brisée avec un pointillé au milieu.

La Voie Douloureuse est représentée par une bande cinq fois coudée avec un pointillé à l'intérieur ; et les neuf stations situées au dehors de la Basilique du Saint-Sépulcre, indiquées par des chiffres romains, sont marquées d'une croix placée à côté du chiffre qui fixe leur rang.

LIVRE III

TÉMOIGNAGES HISTORIQUES
DE LA CONSERVATION DE LA MAISON DE LA SAINTE VIERGE A NAZARETH

JUSQU'A LA FIN DU XIIIe SIÈCLE

CHAPITRE PREMIER

La Sainte Maison depuis le retour d'Egypte jusqu'a la construction de la basilique de Sainte Hélène (an 8 a l'an 307 de notre ère).

Sommaire du récit : La Sainte Famille après son retour d'Egypte. — Mort de Saint Joseph. — Jésus quitte Nazareth. — La Sainte Vierge à Jérusalem. — Le Calvaire. — L'Ascension. — Le Cénacle. — Dispersion des Apôtres. — Époque et lieu de la mort de la Sainte Vierge. — Les écrivains du Moyen-âge. — Le tombeau de la Sainte Vierge. — Rôle de la Sainte Vierge après l'Ascension. — La première église chrétienne. — Premiers pèlerinages à la Sainte Maison. — Une révolte des Juifs. — Désastres en Palestine. — Persécutions. — Constantin-le-Grand.

Sommaire des notes : L'auteur du Saint Rosaire, Saint Dominique. — Le trépas de la Mère de Dieu. — Saint Thomas. — Les tombes de Saint Joachim, de Sainte Anne, de Saint Joseph et de Siméon. — La consécration au culte divin de la Maison de la Sainte Vierge prouvée par la tradition.

Après le retour d'Égypte et jusqu'à la mort de Saint Joseph, arrivée la 27me année de sa chaste union avec la Sainte Vierge, la Sainte Famille ne fit que de rares et courtes absences de sa demeure de Nazareth. Le Sauveur en partit six ans après la mort de son Père nourricier, pour accomplir l'œuvre de notre rédemption ; et la Sainte Vierge n'y était plus elle-même à l'époque de la passion de son Divin Fils, puisque nous la retrouvons à Jérusalem, successivement sur cette voie douloureuse que Jésus a parcourue chargé de sa Croix, et sur le Calvaire aux pieds du Christ, et dans le Cénacle après l'Ascension. Elle y revint après la manifestation du Saint-Esprit aux Apôtres.

Une ancienne tradition, suivie par Saint André de Crète, suppose que la Sainte Vierge parvint à une extrême vieillesse, c'est-à-dire, selon le sentiment le plus commun (1), qu'elle mourut à l'âge de soixante-douze ans, vingt-trois ans après l'Ascension de Jésus-Christ.

D'après l'auteur du *Saint Rosaire* (2), la Sainte-Vierge n'aurait vécu que douze ans après la résurrection de son Divin Fils.

Les opinions ne sont pas seulement partagées sur l'époque de la mort de la Sainte-Vierge, mais aussi touchant le lieu où elle finit sa carrière mortelle (3):

---

(1) Saint André de Crète, *Orat. in Dormitione SS. Deiparæ. Bibliot. Patr.* T. X, p. 665.

(2) Saint Dominique enseigne, en effet, que : « Pour le 4ᵉ Mystère Glorieux, on doit considérer comment la Sainte Vierge, douze ans après la Résurrection de N.-S. Jésus-Christ, quitta cette vie et fut enlevée au Ciel par les Anges. » (D'après Monseigneur François de Fénelon.)

(3) Par l'effet d'une Providence particulière, tous les Apôtres étaient présents au bienheureux trépas de la Mère de Dieu. Saint Thomas seul était absent. Trois jours après les funérailles, il arriva et désira rendre ses devoirs au corps sacré de Marie. On ouvrit le tombeau, et l'on n'y trouva plus que les linges dont il

un passage assez obscur du Concile d'Ephèse paraît supposer que Marie est morte dans cette ville, et qu'on y voyait encore son tombeau au temps de ce Concile (1). D'un autre côté, Saint Jean Damascène, dans une Homélie sur la mort de la Sainte Vierge, suppose, d'après un auteur plus ancien mais d'une autorité fort douteuse, qu'elle mourut à Jérusalem. Ce dernier sentiment, plus communément admis par les écrivains du moyen-âge, semble confirmé par une ancienne tradition des Orientaux qui place le tombeau de la Sainte Vierge dans la vallée de Josaphat, au pied de la montagne des Oliviers (2).

avait été enveloppé, et, selon l'expression de M. de Chateaubriand: « une robe virginale, simple et pauvre vêtement de cette Reine de gloire, que les Anges avaient enlevée au Ciel ».

(1) Concile Eph. Act. I; *Epist. Synod. ad clerum et populum Constantinop. Apud Labbe Concil.* T. III, p. 574. — Fleury, *Hist. ecclé.* T. VI, liv. XXV, N° 44.

(2) **Description du monument qui renferme le tombeau de la Sainte Vierge**

Ce tombeau et l'église qui le couvre sont situés au pied d'un rocher, à la base du mont des Oliviers, à quelque centaine de pas de l'extrémité septentrionale du jardin des Olives, et non loin de la grotte où Jésus-Christ éprouva sa douloureuse agonie.

Le monument est un bâtiment carré, construit très solidement en pierre de taille et couvert en terrasse.

Au-devant est un parvis d'environ vingt-cinq pas en carré, duquel on descend un escalier de pierre de cinquante degrés et de la largeur de près de trois toises, que sept ou huit personnes pourraient descendre de front.

A peu près au milieu de cet escalier, à main droite du côté du Levant, est une petite chapelle, dans le gros mur de l'église, en laquelle sont deux autels; sous lesquels sont les tombeaux de Saint Joachim et de Sainte Anne; et de l'autre côté, une

Mais dans une bulle que nous avons cités dans les premières pages de cet ouvrage, le pontife Jules II

autre petite chapelle où il y a aussi deux autels, sur les tombeaux de Saint Joseph, époux de Marie, et de Saint Siméon, qui eut le bonheur de tenir dans ses bras le Sauveur du Monde, lorsque sa mère le présenta au Temple. Ces quatre tombeaux sont de marbre, à fleur de terre. Des lampes brûlent toujours devant ces autels.

Au pied de l'escalier, à main droite, il y a aussi un autel, qui appartient aux Arméniens.

L'église est belle, haute et bien voûtée. Elle a la forme d'une croix ; sa longueur est d'environ quarante pas de l'Orient à l'Occident, sur douze à quinze pas du Midi au Nord.

Au milieu de l'église, en tirant un peu vers l'Orient, est le sépulcre de la Vierge. C'est une petite chapelle isolée, taillée dans le roc, comme le sépulcre de Notre Seigneur, ayant six pieds en carré dans œuvre. On y entre par deux portes, une à l'Occident, et l'autre au Nord. L'intérieur offre un cercueil couvert d'une table de marbre. C'est dans ce tombeau que fut enseveli le corps sacré de la Mère de Dieu. Dans ce sépulcre, il y a une vingtaine de lampes que les religieux allument tous les jours lorsqu'ils vont dire la messe.

Vis-à-vis de ce sépulcre, à main gauche est l'autel des Jacobites, placé dans l'épaisseur du mur ; et de l'autre côté, à la droite, est une mosquée (enfoncement ou niche) pour les Mahométans, qui ont une grande vénération pour ce saint lieu.

A l'extrémité orientale de l'église est le maître-autel, qui appartient aux Grecs, avec un autre petit autel du côté de l'Évangile, selon leur usage. Au pied de celui-ci sont des sources d'eau vive qui sortent de la roche et rendent ce lieu fort humide. A l'autre extrémité de l'église est l'autel des Abyssins.

L'église n'a d'autre jour que celui qu'elle reçoit par la porte et par une petite fenêtre en forme de soupirail, qui perce la voûte au-dessus du maître-autel. (Tiré de la relation des *Lieux Saints*, de M. Doubdan).

Ce concours de tant de nations de croyances différentes à vénérer le souvenir de Marie n'est-il pas frappant, et ne prouve-t-il pas la haute dignité de la Vierge de Nazareth ?

dit que la bienheureuse Vierge Marie est morte dans la maison où elle a nourri le Sauveur des siècles.

Quoi qu'il en soit du moment et du lieu de la mort de la Sainte Vierge, l'opinion de tous les Pères de l'Église est qu'en prolongeant sur la terre l'exil de sa Sainte Mère, notre Seigneur a voulu laisser à l'Église naissante, en la personne de cette admirable Vierge, une mère pour l'élever, une gouvernante pour la conduire, une maîtresse pour l'instruire, un modèle pour la former, un soutien pour l'encourager et la fortifier au milieu des persécutions des Juifs et des Gentils.

Et en effet, de loin comme de près, les apôtres qui, au sortir du Cénacle après avoir reçu le Saint-Esprit, s'étaient séparés de Marie pour se disperser dans les différentes contrées du monde, cherchaient toujours à s'inspirer de ses conseils. Ainsi ils profitaient des rares moments qui s'écoulaient entre deux courses évangéliques pour se retremper, pour ainsi dire, auprès d'elle ; et c'est pendant ces visites qu'ils firent, de la Sainte Demeure de Nazareth, une chapelle où ils se plaisaient à célébrer les Saints Mystères (1).

---

(1) Quand le Christ, dit Canisius, fut monté au ciel d'où il était descendu pour nous sauver, la Sainte Vierge continua de vivre en compagnie des disciples, et principalement de celui que Jésus aimait. C'est alors que les Apôtres, voulant honorer dignement les sublimes mystères accomplis dans l'humble demeure de Nazareth, la consacrèrent au culte divin.

Dans son livre : *Des Lieux Saints*, au chapitre 16, le Vénérable Bède rapporte qu'à « l'endroit où eut lieu l'Annonciation, fut bâtie ensuite une magnifique église ; et il ajoute : « Une tradition constante affirme que cette maison où demeura la bienheureuse Vierge, après l'Ascension de Notre Seigneur, fut consacrée au culte divin par les Apôtres ».

Déjà malgré les terribles persécutions dirigées contre les premiers chrétiens, d'intrépides pèlerins, bravant la soupçonneuse surveillance des proconsuls de Rome, vont, au péril de leur vie, vénérer cette sainte Demeure. On cite, parmi les plus célèbres, Saint Denys l'Aréopagite, le converti de Saint Paul, qui eut le bonheur d'y trouver encore la Sainte Vierge dont il dit, en rendant compte dans ses écrits des impressions de sa visite : « *Elle était si belle, que si je n'avais su qu'il n'y a qu'un Dieu au Ciel et sur la terre, je l'aurais adorée comme une déesse !* »

Viennent ensuite Saint Alexandre de Cappadoce, Saint Firmillien de Césarée, Saint Nicolas de Myre et tant d'autres dont il est superflu de citer les noms.

Quelques années à peine après la mort de la Sainte Vierge, une révolte des Juifs, qui voulaient secouer le

---

Flavius Lucius Dexter confirme le fait de la consécration de cette sainte Maison par les Apôtres, dans son livre *Chronicum* qui, à l'année 42 de l'Incarnation, porte la mention suivante : « En cette année, Saint Jacques le Majeur assista avec plusieurs autres Apôtres à la consécration de la Sainte Maison de Nazareth, où la Très Sainte Vierge conçut le Verbe de Dieu ».

« Que les Apôtres, dit aussi Monseigneur Bartolini, p. 65, aient érigé cet autel, et que Saint Pierre, leur chef, y ait célébré le Saint Sacrifice, c'est une tradition dont il faut tenir grand compte dans ce pays où la tradition est la vie des habitants. Saint Mathieu (XXVIII) nous raconte que Jésus-Christ ressuscité apparut à ses Apôtres sur la montagne où il les avait convoqués. Cette montagne, d'après les Commentateurs, ne pouvait être que le Thabor. Du Thabor à Nazareth il n'y a que six milles (10 kilomètres) de distance. Après avoir vu la gloire de la résurrection du Christ, les Apôtres descendus à la ville, dans la Maison de la Sainte Vierge, auraient, par les mains de Saint Pierre, offert la Victime d'actions de grâces, au lieu même où avait commencé le salut du monde. »

joug de l'empereur Vespasien, amena les plus grands désastres en Palestine : Jérusalem et le Temple furent détruits par les soldats de Titus (70 ans après Jésus-Christ), et Nazareth saccagée quatre ans plus tard. Mais Dieu ne permit pas que la licence militaire profanât la demeure de la Sainte Famille : « *Les soldats ne pénétrèrent point dans le petit sentier qui conduisait à la Sainte Maison* » (1).

A partir de ce jour à jamais néfaste, la dévotion aux Saints Lieux ne put s'exercer qu'avec le plus grand mystère, car les plus atroces tourments atteignaient ceux qui trahissaient, par un acte quelconque, leur croyance à la religion du Christ. Aussi, bien que les pèlerinages à la Sainte Maison de Nazareth n'aient jamais été interrompus, ils devinrent plus rares et tellement circonspects, que les historiens chrétiens, trop occupés d'ailleurs à enregistrer les glorieux faits des nombreux martyrs, n'eurent garde de continuer la liste de ces pieux voyageurs.

Enfin les grandes persécutions se calmèrent. Le glorieux Constantin éteignit les derniers bûchers, et avec son avènement à l'Empire, s'ouvrit pour l'Église l'aurore du repos et de la paix.

---

(1) *Vincenzo Murri*, sacerdote. *Relazione storica delle prodigiose traslazioni della santa Casa di Nazarette* (traduit).

CHAPITRE II

La Sainte Maison depuis la construction de la Basilique de Sainte Hélène, jusqu'au pèlerinage de Saint Louis (307-1252).

Sommaire du récit : Sainte Hélène en Terre-Sainte. — Les statues d'Adonis, de Vénus et de Jupiter. — La Sainte Maison retrouvée. — L'autel des Apôtres. — Construction de la basilique. — Pèlerinages de Saint Cyriaque, de Saint Jérôme, de Saint Pétrone, de Saint Théodore, de Rusticienne, de Saint Anastase, de Saint Arculfe, de Saint Wibald, de Saint Adamnan, des frères Candide avec Gabrius, de Saint Jean Damascène, de Saint Jean Galybite et de caravanes nombreuses conduites par des officiers. — Arabes, Fatimites, Turcs. — Cruautés exercées contre les chrétiens. — Croisades. — Conquête des Saints Lieux. — Royaume chrétien de Jérusalem. — Jean Phocas. — Tancrède. — Sigefroy. — Saint François d'Assise. — Le Cardinal de Vitry. — Succès militaires des Infidèles.

Sommaire des notes : Lettres de Sainte Paule et de Sainte Eustoquie. — Nazareth nourrice du Seigneur. — Clicthovius. — Gumpemberg et Trombelli.

Ce fut alors que l'impératrice Hélène, mère du grand Constantin, se rendit en pèlerinage à la Terre-Sainte. « Elle visita d'abord la Crèche, puis le Calvaire et le Sépulcre où elle renversa les statues exécrées d'Adonis, de Vénus et de Jupiter » (1), et arriva enfin à Nazareth. « Elle ne vit, dans ce berceau de la Rédemption humaine, aucune

---

(1) Nicé. 1, 3 et 1, 9 — Eusèb. *In vit Const.* 42 et 45 — Sev. Sulp. *In hist. sac.*

trace de profanation ni de superstition. Guidée par les inspirations de l'espoir qui l'anime, elle retrouve, au milieu des ruines de la ville saccagée, la demeure sacrée de la Sainte Vierge, bien reconnaissable d'ailleurs à ses murs pauvres et nus, à son misérable mobilier, à sa mesquine garde-robe et surtout à une sorte d'inexplicable terreur qui, dans ce lieu, s'empare de l'âme du visiteur » (1).

Elle se décide à la laisser dans l'état où elle l'a trouvée, après y avoir seulement réparé l'autel sur lequel les saints Apôtres avaient offert le sacrifice divin. Mais pour satisfaire sa grande piété, elle ordonna à ses ministres de l'enfermer dans un temple somptueux, avec cette courte mais significative inscription dans le frontispice :

« *Hæc est ara, in quo primo jactum est humanæ salutis fundamentum.* »

La nouvelle d'un aussi grand événement se répandit bientôt partout, et des pays les plus éloignés, les fidèles accoururent pour vénérer la maison de la Reine des Anges (2). Parmi les pèlerins dont l'histoire a conservé les noms, nous remarquons : Saint Cyriaque, évêque d'Ancône, au IVme siècle ; Saint Jérôme, qui conduisit en pèlerinage d'illustres dames romaines, au nombre desquelles figurent Sainte Paule et Sainte Eustoquie (3),

---

(1) Vincenzo Murri, déjà cité.
(2) Gretser. *De sacris Peregrin*. Cap. VI. — Martorelli. *Teatro loretano*, T. II, p. 5.
(3) Parmi les lettres de Saint Jérôme, on trouve celle de Sainte Paule et de Sainte Eustoquie à une autre dame romaine nommée Marcelle, pour l'engager à venir les rejoindre à Bethléem : « Nous irons à Nazareth, lui disent-elles, et, suivant la signification du mot hébreu, nous verrons la fleur de la Galilée. » Saint Jérôme lui-même, en parlant des pèlerinages de Sainte Paule, rappelle le

et Saint Pétrone, qui prit les mesures de la sainte Maison pour en faire placer le dessin dans son église épiscopale de Bologne, au Vme siècle.

Le VIe siècle est marqué par les pèlerinages de Saint Théodore, archimandrite de Cappadoce, et de Rusticienne, illustre dame de Constantinople ; au VIIe, on voit Saint Anastase de Perse et Adamnan, abbé d'Irlande, Saint Arculfe, évêque des Gaules, et Saint Wibald, évêque d'Eichstad en Allemagne (1). Voici, au VIIIe siècle, les deux frères Candide avec Gabrius, qui eurent le bonheur de retrouver une robe de la Sainte Vierge ; Saint Jean Damascène (2), le plus enthousiaste peut-être des serviteurs de Marie, que, disait-il, *dix mille appellations d'honneur ne sauraient nommer dignement ;* au IXe, Saint Jean Galybite (3) ; en l'an 930, une caravane de cinquante Normands, et, dans ce même siècle, une troupe de sept mille pèlerins conduite par quelques officiers français.

Les Arabes, peuple commerçant, qui étaient alors maîtres du pays, toléraient les pèlerinages moyennant une légère rétribution ; et les Fatimites d'Egypte, conquérants de la Palestine au dixième siècle, ne traitèrent pas mal les pèlerins dans les premiers temps de leur domination ; mais les Turcs seldjoucides, s'étant emparés de la Syrie et de Jérusalem (1076-1092), massacrèrent indistinctement Fatimites et Chrétiens.

---

saint empressement qu'elle témoignait pour se rendre à Nazareth, « la nourrice du Seigneur. » S. Hieron. oper. tom. VI. par. II. *Epist.* XLIV, *alias* 17, p. 552, et *Epist.* XXXVI, *alias* 27, *ad Eustochiam, ibid.*, p. 677.

(1) Voyez Adamannus, Abbé, et Saint Wibald.
(2) Gretser. *De sacris Peregrin.*; cap. VI.
(3) Métaphraste et Surius. *Vie de Saint Jean Galybite.*

Un grand nombre de pèlerins périssaient chaque année par les mains de ces barbares. Le récit de leurs souffrances mit l'indignation et le désir de la vengeance au cœur de l'Europe. Le monde chrétien se précipita sur l'Asie contre les Turcs ; et pendant près de deux siècles, les Lieux Saints, pris, perdus, repris, furent sans cesse visités par la foule immense des croisés et par des pèlerins de toute catégorie.

Tant que dura le royaume chrétien de Jérusalem, la Sainte Maison de Nazareth fut comblée d'honneurs et de richesses, et les visites à Nazareth se multiplièrent; mais les efforts de l'Occident qui, à cinq reprises différentes, s'était levé en masse contre l'Orient, ne réussirent pas à délivrer la Palestine, ni même à garder les premières conquêtes ; et vers la fin du douzième siècle et le commencement du treizième, ce n'était plus sans s'exposer à de grands dangers qu'on pouvait entreprendre d'aller en Terre-Sainte.

C'est à cette époque que correspondent les pèlerinages de Jean Phocas (1) et du fameux Tancrède (2) (12ᵉ siècle), de Sigefroy, évêque de Mayence (13ᵉ siècle); que le Séraphique François d'Assise entreprit ce pèlerinage (1219) avec onze de ses disciples, parmi lesquels on cite Pierre de Catane, Barbaro, Sabattino, Léonard d'Assise et Illuminé de Rieti (3), et que le Cardinal de Vitry multiplia ses visites à Nazareth, où il célébra les Saints Mystères le jour même de l'Annonciation de l'année 1228 (4).

---

(1) Jean Phocas. *De locis sanctis.* (*Apud Bolland.* T. II, *mensis maii*, p. 3.)
(2) Guillaume de Tyr. *Hist. de Bello Sacro*, lib. ɪx.
(3) *Vie de Saint François d'Assise.* Librairie Plon, à Paris (p. 133).
(4) Jacques de Vitry. *Descript. Terræ Sanctæ.* — Gretser.

Tous ces pèlerinages attestent que la maison de la Sainte Vierge était toujours subsistante ; et c'est ce qui résulte en particulier d'ailleurs des paroles de Jean Phocas, du Cardinal de Vitry et de Thomas de Célano, le chroniqueur de Saint François.

Le premier de ces auteurs dit, en parlant de Nazareth, « *qu'on y voit l'antique demeure où l'Ange annonça à Marie la grande nouvelle* » (1). Le Cardinal de Vitry, qui fut patriarche de Jérusalem, dit qu'il a fait plusieurs fois le pèlerinage de Nazareth, et célébré les Saints Mystères dans la Maison où Marie a été saluée par l'Ange (2). Et le Chroniqueur de Saint François, Thomas de Célano, raconte que Saint François d'Assise se rendit à Nazareth, dans le but d'y vénérer la Sainte Maison : « Là, dit-il, il se jeta à genoux et se mit à arroser de larmes d'amour ce bienheureux sanctuaire que Jésus et Marie ont foulé de leurs pieds ».

Enfin, en 1252, le plus saint des rois de France, Louis IX, fit à la Sainte Maison de Nazareth une visite dont nous donnons une relation détaillée dans le chapitre suivant, d'après son historien le Sire de Joinville (3).

(1) D'après Bolland.
(2) Jacques de Vitry. *Descript. Terræ Sanctæ.* — Gretser.
(3) Clicthovius, Gumpemberg et Trombelli rapportent aussi, avec ses principales circonstances, la visite de Saint Louis au mont Thabor et à la Sainte Maison de Nazareth.

CHAPITRE III

LA SAINTE MAISON DEPUIS LE PÈLERINAGE DE SAINT LOUIS JUSQU'AU PÈLERINAGE DE SAINT THÉBALD (1252 A 1271).

SOMMAIRE DU RÉCIT : Cinquième et sixième croisade. — Saint Louis en Egypte. — Succès et revers. — Saint Louis à Nazareth. — Peintures murales représentant Saint Louis dans la Sainte Maison. — Les Sarrasins à Nazareth. — Destruction de la basilique de Sainte Hélène. — Lettre du pape Urbain IV. — Edouard d'Angleterre et sa sœur Béatrix. — Clément IV. — Nouveaux malheurs. — Bondockar à Jaffa, au château de Beaufort et à Antioche. — Saint Louis à Carthage. — Le roi de Naples et la flotte de Sicile. — Le prince Edouard et son frère Edmond. — Une phalange de mille guerriers choisis. — Délivrance de Nazareth. — Pèlerinage de Saint Thébald à la Sainte Maison. — Le pape Saint Grégoire X.

SOMMAIRE DES NOTES : Fleury. — Rohrbacher.

Depuis l'année 1215, la Judée était entièrement au pouvoir des Infidèles. Malgré les succès de Jean-de-Brienne (V⁰ croisade, 1218-1221); malgré les victoires de l'empereur Frédéric II sur le sultan Mélek-el-Hamel ou Mélédin (VI⁰ croisade, 1228-1229), la Palestine resta en grande partie au pouvoir des Musulmans.

Saint Louis, roi de France, conçut le projet de délivrer la Terre Sainte, et conduisit ses armées contre Almoadin, fils du Sultan Malek-Saleh, qui s'était concentré en Egypte (1248). On sait comme il échoua dans son entreprise, et qu'il dut rendre la ville de

Damiette, dont il s'était d'abord emparé, pour obtenir sa liberté et la permission d'aller, en pèlerin, visiter les Lieux Saints.

Il arriva le 25 mars de l'année 1252, jour de l'Annonciation, à Nazareth.

« De si loin comme il put voir la cité de Nazareth », dit son historien, le Sire de Joinville, Sénéchal de Champagne, qui l'avait accompagné en Orient, « il » descendit de dessus son cheval, s'agenouilla à terre » dévotement et adora Nostre-Seigneur. Dès aussitôt » qu'il vint au lieu où nostre Sire Jésus-Christ fut né, » icelui jour mesme jeûna en pain et en eau et cilice » vestit. Comme dévotement il fit chanter messe et » solennellement glorieuses vespres et matines, et » tout le service à chant et déchant, à ogre et à trèble, » de ce que peuvent témoigner ceux qui y furent, que » depuis que le fils de Dieu prist incarnation en sa » glorieuse mère, la benoiste Vierge Marie, oncques » si solennel service ne fut fait ni chanté. A l'autel » où l'Ange fit l'Annonciation à la Vierge Marie, fut » la messe chantée et y reçut moult dévotement son » Sauveur, et puis s'en retourna. »

La preuve de ce mémorable événement existe encore de nos jours dans la Sainte Maison de Lorète ; sur le mur d'Occident, près de la fenêtre de l'Ange, on peut voir, malgré les ravages du temps, disposées sur trois bandes, diverses peintures d'une origine fort ancienne, exécutées à Nazareth, puisqu'elles existaient déjà quand la Chapelle arriva en Dalmatie. Dans la seconde de ces bandes et à droite, on remarque une image de la Vierge assise, avec son Fils debout sur ses genoux. Saint Louis, portant un manteau de pourpre au-dessus de ses ornements royaux, est aussi debout, à côté du Saint Enfant. Il tient dans sa main gauche une verge en guise de sceptre, et dans sa main droite un fer, symbole de sa captivité et représentant ses chaînes, dont il semble faire hommage au divin Enfant, qui l'en a délivré.

Pendant les trente-six années qui suivirent la croisade de Saint Louis en Egypte, les chrétiens luttèrent, mais péniblement, pour conserver les faibles restes de leurs possessions dans la Palestine. Les Sarrasins s'avançaient toujours comme une marée envahissante. Ils menaçaient particulièrement les villes où s'étaient accomplis les mystères de la religion chrétienne, dont la possession, à cause des profits qu'ils retiraient de la rançon des pèlerins, était pour eux précieuse.

Nazareth tomba entre leurs mains l'an 1263, onze ans après le pèlerinage de Saint Louis. Dans l'ardeur de la lutte et l'enivrement de la conquête, ils renversèrent la basilique; mais, comme à Jérusalem et à Bethléem, fidèles à leurs principes de rapacité et de mercantilisme, ils conservèrent soigneusement la *Santa Casa,* et y mirent des gardes chargés d'en faire payer l'entrée aux chrétiens. Depuis cette époque, les rares pèlerins de Nazareth n'obtinrent la permission d'aller prier dans la Sainte Maison de la Vierge qu'au prix de fortes contributions; et le pape Urbain IV se fit l'écho de leurs plaintes auprès de Saint Louis, qu'il conjure de voler de nouveau à la défense des Lieux Saints, dans une lettre touchante où, tout en disant au saint Roi que les infidèles « ont détruit l'église de Nazareth et renversé sa noble structure » (1), il ne parle pas de la maison de la Sainte Vierge, abri-

---

(1) « Ejusdem structura nobili omnino destructa » Epist. Urbani IV ad. S. Ludov. Vide Raynaldi : Annales; Anno 1263, N° 7. — Fleury. *Hist. eccl.*, T. XVIII, liv. LXXXV, N° 19.

tée sous les voûtes de la basilique, laissant entendre par là qu'elle n'en a pas partagé le triste sort.

Nous croyons utile d'ajouter, pour répondre aux écrivains qui, prenant prétexte de cette lettre, ont insinué que la Sainte Maison fut détruite avec la basilique, que précisément les dernières expressions de la lettre d'Urbain IV résolvent la difficulté. Ces mots : « sa noble structure », ne peuvent évidemment s'appliquer à l'humble demeure de Marie, pauvre chapelle, tout à fait indépendante d'ailleurs de la somptueuse basilique, dont la ruine n'entraînait pas nécessairement la destruction de la modeste Maison de la Sainte Vierge.

Au surplus, nous rappellerons ici, avant d'en parler en détail, ainsi qu'on le verra un peu plus loin, que le prince Edouard, depuis roi d'Angleterre, avec sa sœur Béatrix, comtesse de Bretagne, et le saint archidiacre de Liège Théobald, qui fut plus tard le pape Grégoire X, sont allés à Nazareth en 1272, vingt ans après Saint Louis, dix ans environ après la destruction de la basilique, et y ont vénéré l'antique et auguste demeure de la Sainte Famille.

Ces pèlerinages, inaugurés, pour ainsi dire, par les Apôtres, continués pendant plus de douze siècles par une foule de saints personnages, par des milliers de guerriers de tous les pays et par les plus grands princes de l'Occident, ne permettent pas de douter de l'existence, en Orient, de la Sainte Maison, jusqu'à la chute de Ptolémaïs et à la conquête définitive de la Judée par les hordes des Sarrasins.

Clément IV, successeur d'Urbain IV, ne cessait d'exciter les princes d'Occident pour une nouvelle croisade. Pendant ce temps, Bondockar, sultan mameluk d'Egypte, continuait ses conquêtes en Palestine:

le 7 mars 1268, il prit Jaffa ou Joppé ; le château de Beaufort tomba également en son pouvoir le 15 avril suivant, et le 29 mai il s'empara sans combat d'Antioche, où il fit mourir dix-sept mille personnes et en emmena plus de cent mille en esclavage.

Cette nouvelle détermina Saint Louis, qui n'avait pas quitté la croix, à partir de nouveau pour la Terre-Sainte. Il s'embarqua à Aigues-Mortes pour Tunis, dont il espérait convertir le roi Mostanser, pour marcher de là contre Bondockar.

Débarqué sur les ruines de Carthage, il y mourut le 25 août 1270, au siège de Tunis, frappé de la peste, au moment où arrivaient, pour combattre à ses côtés, Charles d'Anjou, son frère, roi de Naples, avec la flotte sicilienne, et Edouard, fils aîné du roi d'Angleterre Henri III, avec Edmond, son frère, et une foule de nobles croisés pour la Terre-Sainte.

Les Anglais seulement continuèrent leur voyage pour l'Orient, mais ils durent passer l'hiver en Sicile, où ils arrivèrent, transportés par la flotte française, le 21 novembre 1270, et au printemps de l'année suivante, Edouard s'embarqua, avec mille hommes choisis, pour la Palestine. Enfin, le 9 mai 1271, cette petite troupe aborda à Saint-Jean-d'Acre.

Après s'être reposé un mois, Edouard se mit en campagne avec environ sept mille chrétiens, qui prirent Nazareth et tuèrent tous les infidèles qu'ils y trouvèrent. Il fit plusieurs courses pendant près d'un an et demi qu'il demeura dans Saint-Jean-d'Acre, mais sans grand effet. Depuis ce moment toutefois, la Sainte Maison de Nazareth fut rendue à la piété des fidèles, qui, pendant près de dix-neuf ans encore, purent librement aller prier dans le berceau de notre rédemption.

Edouard se trouvait encore en Palestine avec sa

sœur Béatrix, comtesse de Bretagne, lorsqu'il y vit arriver avec grande joie un personnage renommé par sa piété et sa prudence, Thébald ou Théobald, alors archidiacre de Liège, né à Plaisance, de la noble famille des Visconti, qui, entraîné par l'exemple de Saint Louis et des barons de France, avait pris aussi la croix. La présence de ce saint ranima tous les courages, apaisa beaucoup de différends parmi les chrétiens, et l'on se décidait à tenter un effort lorsque l'on apprit tout à coup que le saint Archidiacre de Liège venait d'être élu, le 1er septembre 1271, au trône de Saint Pierre, vacant depuis trois ans (1).

Le nouveau pape reçut l'acte de son élection à Ptolémaïs. Il y acquiesça le 27 octobre et prit le nom de Grégoire X.

(1) *Vita Gregor. X*, d'après l'abbé Rohrbacher. (*Histoire univers. de l'Eglise catholique*, t. X, p. 8.)

CHAPITRE IV

La maison de la Sainte Vierge depuis le pèlerinage de Saint Thébald jusqu'a la conquête définitive de la Palestine par les Infidèles (1271 a 1291).

Sommaire du récit : Sermon de Saint Grégoire X. — Triste état de la Terre-Sainte. — Divisions des Chrétiens. — Inutiles efforts des pontifes. — Le Sultan Kélaoun. — Le roi Henri de Chypre. — Les Hospitaliers et les Templiers. — Pisans. — Vénitiens. — Génois. — Chute et ruine de Tripoli. — Appel aux armes des Esclavons et des Vénètes. — Croisade générale. — Le Khan des Tartares. — Trahison de deux rois chrétiens. — Guerre fratricide à Ptolémaïs. — Investissement de la ville par l'armée de Malek-Al-Aschraf. — Les Templiers et Mathieu de Clermont. — Le dernier patriarche latin de Jérusalem, qui se noie. — Héroïsme des religieuses du monastère de Sainte-Claire. — Abandon de Tyr. — Soumission de Béryte. — Défense de Nazareth. — Massacre de la population. — Disparition du Sanctuaire de Marie !....

La nouvelle de l'élévation de Saint Thébald au Pontificat remplit d'espérance le cœur de tous les chrétiens d'Orient, à qui le nouveau pontife promit des secours. « Si je t'oublie, ô Jérusalem, s'écria-t-il avec le Psalmiste dans un sermon, avant de partir, que ma main droite soit mise en oubli, que ma langue s'attache à mon palais, si je ne te garde dans mon souvenir, si je ne mets pas Jérusalem au commencement de toutes mes joies ! »

Saint Grégoire X s'embarqua au milieu de l'hiver à Ptolémaïs, après une dernière visite au Berceau du Rédempteur dont, pour ainsi dire, l'héritage venait de lui échoir. Il fut sacré à Rome le 27 mars 1272.

Peu de temps après, Édouard lui-même, rappelé en Europe par le mauvais état de la santé de son père, qui mourut dans cette même année, quitta la Palestine, passa par Orviéto où le pape Saint Grégoire résidait avec sa cour, et lui représenta le triste état où il avait laissé la Terre-Sainte. Le Pontife Romain était bien, comme on l'a dit, le seul homme qui pensât sérieusement au salut des chrétiens de Syrie et de Palestine; mais ces chrétiens dégénérés étaient leurs propres ennemis. Au lieu de s'unir entre eux et avec les auxiliaires d'Occident, ils se divisèrent scandaleusement (1). Saint Grégoire mourut sans avoir pu organiser une croisade, et avait dû se contenter d'envoyer aux chrétiens de nombreux subsides, qui souvent n'arrivaient pas à leur destination. Innocent V, Adrien V et Jean XXI ne firent que passer sur le trône de Saint Pierre. Nicolas III, Martin IV et Honorius IV se consumèrent en efforts inutiles pour relever en Orient les affaires des chrétiens qui, dès l'avènement du pape Nicolas IV (1288-1292), prenaient la plus mauvaise tournure. En effet, Kélaoun, troisième Sultan d'Égypte depuis Bondockar, après avoir pris plusieurs châteaux qui défendaient les avenues de Tripoli, vint mettre le siège devant cette ville, et s'en empara après trente-cinq jours de combats, le 27 avril 1289, malgré les efforts de l'armée du roi Henri de Chypre, qu'il avait envoyée sous la conduite de son frère; malgré les prodiges de valeur des Hospitaliers et des Templiers, malgré les secours des Pisans et des Vénitiens accourus de Ptolémaïs pour prendre part à cette défense, et celui de l'amiral génois Benoît Zacharie, qui se trou-

(1) Michaud, *Croisades*, t. V, et Raynald, *ann.* 1279, d'après Rohrbacher.

vait en mission dans les eaux de Tripoli avec quelques navires.

La ville fut ruinée de fond en comble, et Kélaoun en bâtit une autre à quelque distance (1).

Cependant le nouveau pontife fit tout son possible pour procurer des secours à la Terre-Sainte et en conserver le peu qui restait aux chrétiens. Il fit partir vingt galères sous la conduite de l'évêque de Tripoli, qu'il avait chargé de prêcher la croisade en Esclavonie et en Vénétie, avec des sommes considérables pour son légat, le patriarche de Jérusalem à Ptolémaïs, en attendant la croisade générale, qui ne devait partir qu'à la Saint-Jean, sous la conduite du roi Édouard d'Angleterre. Ce qui donnait quelque espoir, c'est que le khan des Tartares Argoun promettait de seconder l'armée chrétienne contre les Sarrasins dès qu'elle serait arrivée en Syrie.

Mais tandis que le Souverain Pontife travaillait ainsi à la défense de la chrétienté contre les infidèles, deux rois chrétiens, Alphonse III et son frère Jacques, de Sicile, conspiraient avec ces mêmes infidèles. Les habitants de Ptolémaïs eux-mêmes, au lieu de se préparer à la défense de leur ville, employaient leur temps à se quereller ; il n'y avait pas une division en Europe et surtout en Italie qui ne se fît ressentir à Ptolémaïs. Les discordes des Guelfes et des Gibelins agitaient les esprits ; les rivalités de Venise et de Gênes y avaient fait couler des torrents de sang. Chaque nation avait des fortifications dans le quartier qu'elle habitait ; elles vivaient entre elles comme sur le pied de guerre, se surveillant l'une l'autre, plutôt qu'elles ne surveillaient les ennemis du dehors (2).

---

(1) Wilken. *Histoire des Croisades*, t. VII, p. 702-706.
(2) D'après Rohrbacher. *Hist. univers. de l'Église catholique.*

On paraissait ne pas voir les préparatifs d'une nouvelle expédition du Sultan Kélaoun dont la mort, arrivée sur ces entrefaites (11 novembre 1290), ne fit que retarder l'exécution, sans rien changer à l'état des affaires.

Malek-Al-Aschraf, son fils et son successeur, reprenant les projets de son père, partit du Caire pour la Palestine le 7 mars 1291. Dès le milieu du même mois, de nombreuses troupes de Sarrasins parurent dans les plaines de Ptolémaïs, et le 5 avril, la ville fut entièrement investie (1).

Malgré la défense héroïque des chrétiens ayant à leur tête Mathieu de Clermont, Maréchal de l'ordre des Templiers, Ptolémaïs succomba le 18 mai 1291. Le Maréchal des Templiers périt dans la mêlée. Le dernier patriarche latin de Jérusalem, Nicolas, refusant d'abandonner son peuple, on l'entraîna de force à une chaloupe pour gagner une galère qui était proche. Mais le bon Pasteur reçut tant de monde dans sa frêle embarcation, qu'elle coula à fond avec tous ceux qui la montaient. Nicolas a été le dernier patriarche de Jérusalem qui ait résidé dans le pays.

La fureur des Sarrasins fut telle qu'ils massacrèrent toutes les religieuses du fameux monastère des filles de Sainte Claire qui, pour conserver leur pureté, s'étaient coupé le nez et tailladé la figure. En quelques jours, ils réduisirent les places moins importantes ; les habitants de Tyr abandonnèrent la ville sans la défendre et se sauvèrent par mer. Ceux de Béryte se rendirent sans résistance. Nazareth fut défendue pied à pied par les Chevaliers du Temple, puis enfin perdue, et la population tout entière massacrée ou réduite à l'esclavage.

(1) Wilken. *Hist. des Croisades*, t. VII, p. 702-706.

Dès ce moment, les Lieux Saints demeurèrent exposés à la plus licencieuse profanation. Nazareth, désolée, ne retentit plus des mélodies douces et suaves qui sortaient autrefois des flancs de sa vieille basilique ; et ses rares habitants qui avaient échappé au massacre, éperdus, stupéfaits, se demandaient avec angoisse et en versant des larmes de sang ce qu'était devenue, dans cette effroyable tourmente, l'auguste et vénérée chambre de Marie, au seuil de laquelle, depuis treize siècles, les colères humaines tombaient impuissantes, et qui tout à coup venait de disparaître !...

La douleur du pape Nicolas fut immense. Il s'efforça d'organiser la croisade qui se préparait, mais sa mort, arrivée presque aussitôt (4 avril 1292), et la vacance prolongée du Saint-Siège l'empêchèrent d'aboutir. La Terre-Sainte fut définitivement perdue, et depuis lors elle gémit sous le joug honteux des infidèles.

CHAPITRE V

Nazareth, depuis le 1ᵉʳ pillage de la ville, en l'année 74 de J.-C., jusqu'à nos jours.

Sommaire du récit : Fleur de la Galilée. — Titus. — Le grand Constantin. — Sainte Hélène. — Zimiscès. — Les Sarrasins. — Tancrède. — Le féroce Bibars. — Un couvent de religieux. — Le Pacha de Séphet. — M. Doubdan et le Père Borelli. — Les quarante pèlerins de 1853. — M. l'abbé Azaïs. — Tolérance des Musulmans et des Turcs. — Religieux Franciscains. — Le Curé de Nazareth. — Les cloches. — L'église moderne de Nazareth. — L'atelier de l'époux de Marie. — La Table du Christ. Caractère physique des habitants de Nazareth. — Portrait des Nazaréennes.

Sommaire des notes : La chambre de la Sainte Vierge et les grottes. — Phocas et l'inscription de l'autel de Saint Pierre. — Beldelsel. — La chapelle de Nazareth bâtie sur l'emplacement de la chambre de la Sainte Vierge.

azareth, cette fleur de la Galilée, comme l'appelle Saint Jérôme, a eu la destinée fragile des fleurs, dit M. Azaïs : « Elle a eu, comme les fleurs, un éclat éphémère ; des jours d'orage qui l'ont abattue, et des périodes de beau temps pendant lesquelles elle s'est relevée ».

Saccagée en l'année 74 par les soldats de Titus, elle se refait sous le règne du grand empereur Constantin, et, par les soins de Sainte Hélène, un somptueux édifice recouvre l'humble demeure où s'est opéré le mystère de l'Annonciation.

Au dixième siècle, Zimiscès épargna la ville, parce que, disait-il, « la Vierge Marie y avait reçu l'annonce de la part de l'Ange ».

Ravagée par les Sarrasins, elle se relève encore, et commence à prospérer sous la paternelle administration de Tancrède; mais en 1263, le féroce Bibars chassa les chrétiens de Nazareth et renversa l'église de Sainte Hélène. La pauvre cité ruinée ne présenta plus qu'un amas de décombres ; et un pèlerin qui la visitait au milieu du quinzième siècle n'y rencontra qu'un prêtre et deux chrétiens.

Cependant des religieux ne tardèrent pas à se fixer autour du premier sanctuaire de la religion chrétienne, mutilé et réduit aux deux grottes seulement depuis la disparition de la chambre de la Sainte Vierge, et à s'y bâtir un petit couvent. En 1620, ils élevèrent une chapelle sur l'emplacement même de cette chambre ; mais en 1644, dit M. Doubdan qui a passé à Nazareth huit ans après (1652), le pacha de Séphet Ali-Aga, ennemi juré des chrétiens, tourmenta de telle sorte les pères de l'hospice qu'ils furent contraints de céder à la tyrannie et d'abandonner ces saints lieux. Ils ne furent pas plus tôt partis, que les infidèles renversèrent le couvent et le rendirent inhabitable.

« Toutefois, ajoute M. Doubdan, les anges tutélaires de ces lieux saints ne permirent pas à ces impies de toucher à la grotte ni à la chapelle, lesquelles ne reçurent aucun dommage. »

Les religieux qui étaient revenus, environ six semaines avant l'arrivée de M. Doubdan, n'avaient pu faire autre chose que de déblayer, avec des fatigues incroyables, les décombres du monastère, et de s'y loger, comme ils avaient pu, dans quatre où cinq cellules dont il ne restait que les quatre murs à demi rompus, qu'ils avaient couverts de branches d'arbres et de terre, pour s'y préserver des injures de l'air. Nazareth n'était encore, à cette époque, qu'un petit hameau presque ruiné et en partie désert.

Le père Borelli n'y trouva lui aussi, en 1668, qu'un pauvre et chétif village, composé de quarante maisons, avec une seule famille catholique perdue au milieu de quelques grecs schismatiques et des mahométans.

Aujourd'hui, au rapport de M. l'abbé Azaïs, l'un des quarante pèlerins de 1853, la population s'élève à 3,500 habitants, dont 1,100 catholiques appartenant aux rites latin et maronite, 1,200 grecs schismatiques et autant de musulmans. L'emplacement de la demeure de la Sainte-Famille est enfermé dans une belle église à trois nefs ; et une vaste agglomération de constructions en terrasse, d'une masse imposante, a remplacé le petit couvent qui abritait les religieux, gardiens de ces lieux, à l'époque du pèlerinage de M. Doubdan :

« On sent bien que c'est là, ajoute M. Azaïs, que réside l'influence qui domine aujourd'hui à Nazareth. Un minaret délabré annonce seul la présence du Mahométisme dans la ville de la Sainte-Famille. Mais il a dépouillé ici son vieux fanatisme, il sait se montrer tolérant. Tout est calme et riant dans cette heureuse cité ; tous les visages sont amis, tous les toits hospitaliers. Le Turc lui-même est bienveillant ; on dirait presque une ville française. »

« Il y a dix-sept religieux Franciscains dans le couvent, occupés à chanter les louanges du Sauveur et les gloires de Marie, au même lieu où le divin Enfant et sa mère vécurent pauvres et ignorés ; l'un d'eux porte le titre de curé de Nazareth et dirige le troupeau catholique. Il jouit d'une grande autorité morale au sein de la population entière, et les Mahométans eux-mêmes s'associent aux témoignages de respect des fidèles. »

« Les cloches, condamnées au silence par le fanatisme musulman sur les autres points de la Terre-

Sainte, font entendre à Nazareth leurs joyeuses volées ; leur religieuse voix invite les fidèles à saluer avec l'ange Marie pleine de grâce, et elles perpétuent ici le souvenir de l'Annonciation. »

« L'église, avec ses larges et hautes nefs dans lesquelles on voit quelques fragments de celle qui fut construite par les Croisés et détruite, en 1263, par le féroce Bibars, a un caractère monumental. Le maître-autel et le chœur se trouvent à un étage au-dessus de l'habitation de la Sainte-Famille, qui constitue, pour ainsi dire, une église souterraine à laquelle on descend par un bel et large escalier à double rampe de dix-sept marches, et qui se divise en trois parties bien distinctes. La première, qui est de restauration moderne, forme le vestibule de *la chapelle de l'Annonciation*, dont elle n'est séparée que par *deux marches*. C'est un parallélogramme de sept mètres de longueur sur deux mètres soixante-quinze de largeur, on l'appelle la *chapelle de l'Ange*. C'est cette partie qui a été miraculeusement transportée à Lorète, vers la fin du treizième siècle. Là s'élevait la maison de la Sainte Vierge ; les dimensions de la nouvelle chapelle ne correspondent plus à celles de la chambre de Marie.

» De la chapelle de l'Ange on descend par deux marches dans la chapelle de l'Annonciation. C'est ici la crypte creusée dans le rocher ; elle formait une dépendance de la maison de la Sainte Vierge, comme on le voit encore dans plusieurs maisons de Nazareth, adossées à la roche de la montagne. Une colonne de marbre indique le lieu où se tenait l'ange qui vint annoncer à Marie cette glorieuse nouvelle, et une autre s'élève à la même place où était l'auguste Vierge quand elle reçut le Messager des cieux. Une de ces colonnes est brisée à un demi-mètre du sol, et la partie supérieure reste suspendue, comme une énorme stalactite, à la voûte dans laquelle elle est encastrée. Au pied de l'autel, sur le marbre blanc du pavé, nous lisons cette inscription : *Verbum caro hic factum est* (1).

(1) Les différentes pièces occupées par la Sainte Famille ne formaient qu'une seule et même habitation; et l'on peut dire en toute vérité de cette demeure, prise dans son ensemble, que c'est là que le Verbe s'est fait chair.
Or, la chambre de la Vierge ayant été enlevée par les anges, les chrétiens de Nazareth fixèrent la tradition du grand mystère à la partie qui leur restait, c'est-à-dire à la grotte; et c'est ainsi qu'ils placèrent ce lieu l'inscription que les pèlerins y lisent encore, et qui a fait croire à plusieurs que c'est là qu'eut lieu l'Annonciation. (Note de M. l'abbé Grillot.)
La grotte était obscure; on n'y pouvait travailler. Le foyer, encore nécessaire à cette époque de l'année, puisqu'on sortait à peine de l'hiver, se trouvait dans la chambre du devant, qui était l'habitation spéciale de Marie : c'est là que cette chaste Vierge se tenait habituellement; c'est là que certainement elle reçut le Messager céleste. C'est la partie qui est aujourd'hui à Lorète.
Il n'y a donc aucune raison de croire que le mystère de l'Incarnation s'accomplit dans la grotte; et l'inscription qui s'y trouve, comme les colonnes qu'on y a dressées, ne prouve rien à cet égard, si ce n'est que la place occupée par l'habitation de la Sainte Vierge est restée longtemps vacante, et que les chrétiens de Nazareth, privés de cette portion de la demeure de la Sainte-Famille, se sont peu à peu habitués à considérer les deux grottes comme tout le lieu où s'est opéré le miracle de l'Annonciation.
D'ailleurs Phocas nous apprend qu'une inscription placée au-devant de l'autel érigé par Saint Pierre contre le mur méridional de la chambre de Marie rappelait que c'était en cet endroit précis que la Sainte Vierge avait reçu le message de l'Ange.
Cet autel, on le sait, a été transporté, lors des travaux de Clément VII, au milieu de la chapelle, à la place qu'il occupe actuellement.
Beldessel, qui écrivait en 1337, après avoir visité les Saints Lieux et plus particulièrement Nazareth, dit : « En cet endroit,

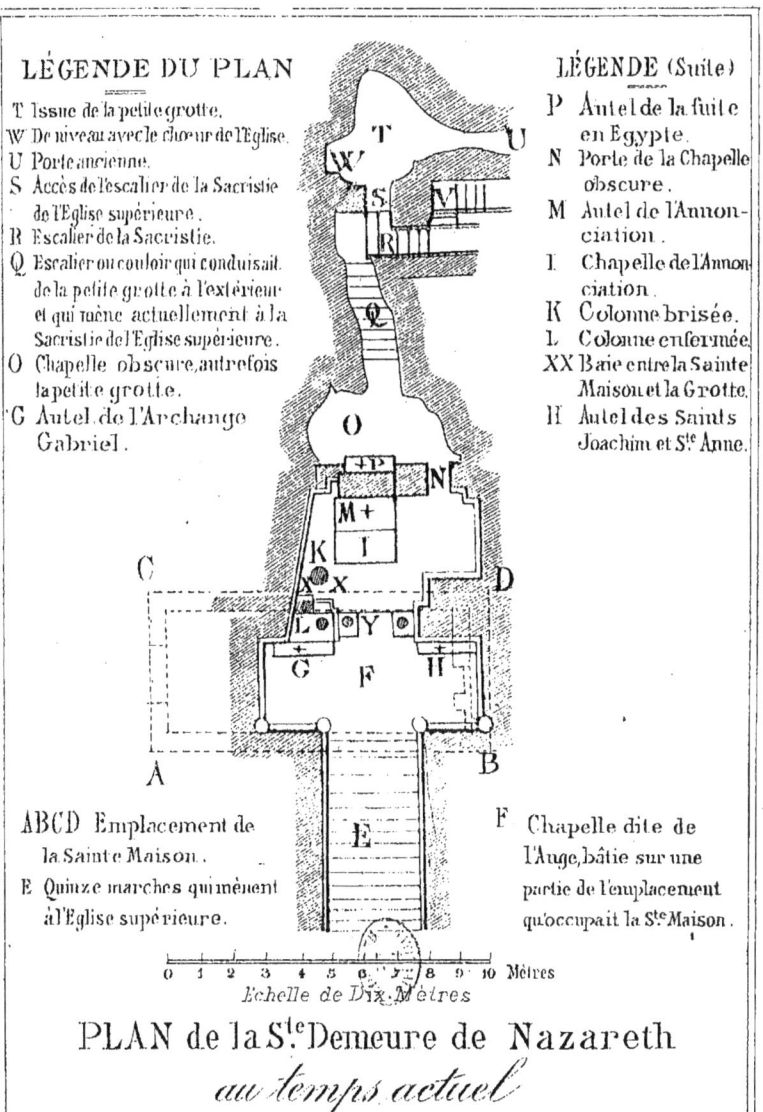

» Derrière cette chapelle, il en existe une autre, obscure et mystérieuse, dédiée à Saint Joseph, qui mesure douze pieds environ en diamètre, et quatre à six en élévation ».

Au-dessus de l'autel, M. Azaïs a remarqué un tableau moderne représentant la Sainte-Famille, d'une teinte chaude et vaporeuse de l'école catholique allemande qui reconnaît pour chef le suave et pieux Overbeeck.

Un escalier fort obscur conduit de cette chapelle à l'hospice situé au-dessus, habité par les religieux. (M. Doubdan.) C'était autrefois une issue de la petite grotte.

La chapelle de l'Ange a deux autels, consacrés l'un à l'archange Gabriel, l'autre à Saint Joachim et à Sainte Anne.

Dans la première grotte qui, d'après M. Doubdan, mesure 16 pieds de longueur, 5 pieds et demi de largeur du côté de l'Orient, 10 pieds à l'autre bout, parce que les murs sont de biais, et environ 9 à 10 pieds de haut, on voit, au bout oriental, l'autel de l'Annonciation, et à l'autre bout, tirant un peu vers le Midi, les deux colonnes dont nous avons parlé, et dont l'une est placée au milieu de la porte d'entrée, dont elle interdit ainsi le passage. Aussi, pour rétablir la

---

s'élevait jadis une grande et magnifique église, aujourd'hui presque entièrement détruite..... Cependant il reste une petite place encore recouverte et gardée avec le plus grand soin par les Sarrasins. On assure que c'est près d'un endroit marqué par une colonne de marbre que s'est accompli le mystère de la Conception divine ». On doit donc entendre par là que ce n'est pas à la place marquée par la colonne, mais près de cette place, c'est-à-dire au lieu où était la chambre de Marie, et dans cette chambre même qu'on vénère aujourd'hui à Lorète, que l'Ange parla à la Sainte Vierge.

communication entre la chapelle de l'Ange et cette première grotte, les chrétiens de Nazareth ont-ils ménagé une large arcade par où la grotte reçoit en même temps le jour de la fenêtre, qui est au-dessus de l'autel de Sainte Anne.

« La grotte est toute naturelle ; la roche nue est découverte presque partout, excepté les murs occidental et méridional, qui sont faits de pierre de taille, pour soutenir les bâtiments qui sont au-dessus (1). La voûte est nue aussi, naturelle et d'une pierre fort tendre ; ce qui fait conjurer que Sainte Hélène, par respect pour ce saint lieu, ne voulut pas y toucher. » (M. Doubdan.)

L'atelier de Saint Joseph a été transformé en humble oratoire ; une chapelle renferme ce bloc de pierre qui porte le nom de *Table du Christ* ; une église grecque dédiée à l'archange Gabriel a été bâtie à côté de la fontaine de Marie, et l'ancienne synagogue est devenue l'église des Arméniens.

La ville a toujours sa gracieuse ceinture verdoyante de nopals, de grenadiers, de figuiers, avec ses maisons blanches, en groupes irréguliers superposés en

---

(1) Il y a aujourd'hui quelque différence entre les dimensions de la Sainte Maison de Lorète et les dimensions de la chapelle bâtie, à Nazareth, sur l'emplacement qu'elle y occupait. La différence en largeur, peu sensible du reste, provient de ce que, en construisant la nouvelle chapelle, les chrétiens de Nazareth ont dû, dans un espace très limité, empiéter sur l'intérieur pour donner plus d'épaisseur aux murs, afin de les mettre en état de soutenir les constructions qu'ils ont élevées au-dessus. Mais on a réduit de moitié environ la longueur, pour mettre le plan de la nouvelle chapelle en harmonie avec celui des grottes, qu'on a aussi modifiées quelque peu, comme l'indique la figure placée au commencement de ce chapitre.

étages qui descendent vers le Midi, et viennent s'appuyer contre l'église de l'Annonciation. On peut dire que la Fleur de Nazareth a repoussé sur sa tige desséchée et repris ses couleurs.

M. Azaïs a été frappé du caractère de beauté remarquable que présentent les habitants. Les figures graves des hommes sont encadrées d'une longue barbe. Il y a dans leurs traits un mélange de douceur et de noblesse ; ils portent le costume des temps anciens. C'est une longue tunique qui tombe sur les pieds, légèrement fendue sur le devant et retenue au milieu du corps par une ceinture. Ainsi était vêtu le Sauveur.

« Les femmes à Nazareth, lisons-nous encore dans le *Pèlerinage en Terre-Sainte* par M. Azaïs, mais sous la plume d'un autre pèlerin dont nous regrettons de ne pas connaître le nom, sont plus belles qu'en aucun autre endroit de la Palestine. Ce n'est pas le type des vierges de Raphaël ; mais elles offrent un cachet frappant de noblesse et de grâce. C'est pour elles un charmant héritage que leur a laissé Marie, et elles disent naïvement qu'elles doivent leur beauté à la Vierge. Leur visage n'est point masqué par le hideux voile des Musulmanes, ni leur taille enveloppée dans le vaste *féredjé* des chrétiennes de Jérusalem. Leur robe courte et ouverte, aux couleurs vives et tendres, laisse voir de larges pantalons serrés à la cheville et de légères chaussures en maroquin rouge. Leurs bras nus, chargés jusqu'à l'épaule de bracelets en verre ou en argent, laissent flotter de longues manches serrées du haut, larges et pendantes du bas. Leur coiffure se compose d'un bourrelet d'où pendent de longues files de colonnades d'argent qui brillent au soleil, et d'une bande d'étoffe qui vient, en se déroulant, se rattacher à la ceinture. Leurs cheveux descendent en longues tresses et encadrent merveilleusement leurs visages d'un ovale pur. Ajoutez à ces tresses des pièces d'argent et des rubans ; donnez à leurs ongles le vif incarnat du henné ; à leurs lèvres et aux coins de leur bouche de légers tatouages d'un bleu foncé, voilà les Nazaréennes. Elles sont sveltes et ont de grands yeux noirs qui reluisent doucement sous des sourcils d'un arc irréprochable. Il y a dans leur profil, dans leur nez droit, dans cette physionomie épanouie, quelque chose de sévère à la fois et d'ingénu, qui allie admirablement la grâce à la dignité ».

LIVRE IV

LES TRANSLATIONS MIRACULEUSES DE LA SAINTE MAISON

CHAPITRE PREMIER

Première translation en Dalmatie

SOMMAIRE DU RÉCIT: Événement imprévu. — Surprise des habitants de Tersatz. — Nouvel étonnement. — Explication du prodige. — Le Gouverneur de la province. — Informations à Tersatz et à Nazareth. — Rapport des Commissaires.

SOMMAIRE DES NOTES : Quaresmius. — Spondanus. — Jean de Carthage et le très célèbre Baronius.

Quelques jours avant la chute de Saint-Jean d'Acre, un événement imprévu, étonnant et plein de promesses pour l'Eglise, apporta quelque consolation aux chrétiens d'Occident.

« Le 10 mai 1291, quelques habitants de la côte de l'Adriatique, en Dalmatie, aperçurent dans un lieu appelé Rauniza (autrefois Tarsia), entre Tersatz et Fiume (non loin de la vallée de Tolaz, à 45 degrés 20' de latitude septentrionale et 12 degrés 10' de longitude orientale du méridien de Paris), à un endroit où l'on n'avait jamais vu jusque-là ni maison, ni cabane, un édifice qui n'y était pas la veille, et qui était d'une structure inconnue dans le pays (1).

» Ce bâtiment était construit de petites pierres rouges et carrées, liées ensemble par du ciment ; son air d'antiquité, sa forme orientale, la singularité de sa structure étonnaient les spectateurs, qui furent bientôt plus étonnés encore lorsqu'ils remarquèrent qu'il se tenait debout sur la terre nue, sans aucun fondement.

» Si on pénétrait dans l'intérieur, la surprise augmentait encore : la chambre formait un carré long. Le plafond, surmonté d'un petit clocher, était de bois peint en couleur d'azur et divisé en plusieurs compartiments, parsemé çà et là d'étoiles dorées. Autour des murs et au-dessous des lambris, on remarquait plusieurs demi-cercles qui s'arrondissaient les uns près des autres, et paraissaient entremêlés de vases diversement variés dans leurs formes. Les murs épais environ d'une coudée, construits sans règle et sans niveau, ne suivaient pas exactement la ligne verticale. Ils étaient recouverts d'un enduit où l'on voyait en peinture les principaux mystères de la Rédemption. Une porte assez large, ouverte dans une des parties latérales, donnait entrée dans ce mystérieux séjour. A droite s'ouvrait une étroite et unique fenêtre. En face s'élevait un autel construit en pierres fortes et carrées, que dominait une croix grecque antique ornée d'un crucifix peint sur une toile collée au bois, où se lisait le titre de notre salut : *Jésus le Nazaréen, roi des Juifs*.

» Près de l'autel on apercevait une petite armoire destinée à recevoir les ustensiles nécessaires à un

---

(1) Angélita, Riéra, Tursellin et Martorelli citent à l'appui de leurs récits *les Annales de Tersatz*, de Fiume et de Récanati.

pauvre ménage ; elle renfermait quelques petits vases semblables à ceux dont se servent les mères pour donner la nourriture à leurs enfants.

» A gauche une espèce de cheminée ou de foyer surmonté d'une niche précieuse, soutenue par des colonnes ornées de cannelures et de volutes, et terminée par une voûte arrondie formée par cinq liens qui se joignaient et s'enchaînaient mutuellement. Là était placée une statue de cèdre représentant la Bienheureuse Vierge debout et portant l'Enfant Jésus dans ses bras. Les visages étaient peints d'une espèce de couleur semblable à l'argent, mais noircie par le temps et, sans doute, par la fumée des cierges brûlés devant ces saintes images. Une couronne de perles posée sur la tête de la Vierge relevait la noblesse de son front ; ses cheveux, partagés à la nazaréenne, flottaient sur son cou et sur ses épaules. Son corps était revêtu d'une robe dorée qui, soutenue par une large ceinture, tombait flottante jusqu'aux pieds, un manteau bleu recouvrait le dos ; l'une et l'autre étaient ciselés et formés du même bois que la statue elle-même.

» L'enfant Jésus, d'une taille plus grande que celle des enfants ordinaires, avec un visage où respirait une douce majesté, et qu'embellissait une chevelure partagée sur le front comme celle des Nazaréens, dont il portait l'habit et la ceinture, levait les premiers doigts de la main droite comme pour donner la bénédiction, et, de la main gauche, soutenait un globe, symbole de son pouvoir souverain sur l'univers (1). »

Les habitants de Tersatz ne revenaient pas de leur surprise ; mais leur étonnement n'eut plus de bornes,

---

(1) A.-B. Caillau. *Histoire critique et religieuse de Notre-Dame de Lorette.*

lorsque, le surlendemain de l'apparition de la mystérieuse chapelle sur leur territoire, ils virent le vénérable Pasteur de l'église de Saint-Georges, l'évêque Alexandre, natif de Modruzia, que chacun savait être retenu jusque-là dans son lit par une grave infirmité, arriver en courant, plein de vie et de santé, au nouveau sanctuaire, et, prosterné à genoux, contempler longuement avec amour l'image de sa bienfaitrice bien-aimée, comme il appelait la Sainte Vierge.

Il raconta à tout le monde que la nuit même, dans son lit de douleur, il avait ressenti le plus ardent désir d'aller contempler de ses yeux le prodige dont il vient d'apprendre la nouvelle. Dans ce moment, il se voue à Marie, dont on lui a dépeint la miraculeuse image. Soudain le ciel s'ouvre à ses yeux, la Très Sainte Vierge se montre au milieu des Anges qui l'environnent, et, d'une voix dont la douceur ravit intérieurement le cœur : « Mon fils, lui dit-elle, tu m'as appelée; me voici pour te donner un efficace secours et te dévoiler le secret dont tu souhaites la connaissance. Sache donc que la sainte demeure apportée récemment sur ce territoire est la maison même où j'ai pris naissance et reçu presque toute mon éducation. C'est là qu'à la nouvelle apportée par l'Archange Gabriel, j'ai conçu, par l'opération du Saint-Esprit, le divin Enfant; c'est là que le Verbe s'est fait chair ! Aussi, après mon trépas, les Apôtres ont-ils consacré ce toit illustré par de si hauts mystères et se sont-ils disputé l'honneur d'y célébrer l'auguste sacrifice. L'autel, transporté au même pays, est celui-là même que dressa l'Apôtre Saint Pierre. Le Crucifix que l'on y remarque y fut placé par les Apôtres. La statue de cèdre est mon image faite par la main de l'Evangéliste Saint Luc qui, guidé par l'attachement qu'il avait pour moi, a exprimé, par les ressources de l'art, la ressemblance de mes traits autant qu'il est possible à un mortel.

» Cette maison, aimée du Ciel, environnée pendant tant de siècles d'honneurs dans la Galilée, mais aujourd'hui privée d'hommages au milieu de la défaillance de la foi, a passé de Nazareth sur ces rivages. Ici point de doute ; l'auteur de ce grand événement est ce Dieu près duquel nulle parole n'est impossible. Du reste, afin que tu en sois toi-même le témoin et le prédicateur, reçois ta guérison. Ton retour subit à la santé, au milieu d'une si longue maladie, fera foi de ce prodige (1) ».

Qu'on juge avec quels transports de joie, les heureux Tersattais rendirent grâces au Ciel du Trésor dont il lui avait plu de les enrichir, et de la faveur inespérée accordée à leur bien-aimé pasteur.

Le gouverneur de la province Nicolò Frangipani, surnommé le Grand Baam, en reçut la nouvelle au cours d'une expédition militaire dirigée par Rodolphe de Hasbourg. Il obtint de l'empereur la permission d'aller s'assurer de la vérité d'un événement qui mettait en émoi toute sa province. Après avoir pris les plus minutieuses informations, interrogé tout le monde et vu par lui-même, il envoya à Nazareth une Commission de quatre membres, dont faisaient partie entre autres le pasteur Alexandre, Sigismond Orsich et Jean Gregoruzchi, également distingués par leur naissance et par leur honorabilité, à l'effet de s'assurer :

1° Si la maison de la Sainte Vierge à Nazareth, connue de toute la chrétienté depuis douze siècles, avait réellement disparu ;

(1) *Annales de Tersatz et de Fiume* (d'après Tursellin, Angélita, Riéra).

2° Si les fondements subsistaient encore ;

3° Si leurs dimensions et la nature de leurs matériaux se rapportaient aux murs de la maison arrivée à Tersatz (1) ».

Les commissaires se transportèrent à Nazareth. La Sainte Maison n'y était plus : les chrétiens de ce pauvre et dévasté pays leur en montrent en pleurant les fondements restés dans le sol : nulle différence entre leurs dimensions et celles du saint édifice arrivé en Dalmatie; conformité parfaite des pierres de ces fondements et des pierres de la Sainte Maison.

Ils rédigent par écrit leur témoignage, et, de retour dans leur patrie, le confirment par un serment solennel. Le tout fut consigné dans un acte public déposé dans les archives du gouverneur de Tersatz pour servir de monument à la postérité (2).

Le gouverneur confia la garde de la miraculeuse chapelle à un digne ecclésiastique nommé Jean de Grobmico (3) ; et ce pèlerinage devint bientôt si célèbre que Nicolas Frangipani, pensant que l'arrivée à Tersatz de la demeure de la Sainte Vierge était le prélude d'autres grands événements, fit construire autour du saint Edifice une muraille de solides planches, fixées sur de grosses poutres profondément enfoncées dans le sol, comme cela se pratiquait pour les maisons en bois, si communes dans cette région.

En même temps, et en considération de la grande renommée que ce sanctuaire avait aussitôt acquise, il

---

(1) *Riéra* — *Tursellin* (d'après Martorelli. T. 1ᵉʳ, p. 16 et 17 — 157 et 158).

(2) Ex. Arch. *Tersactum*.

(3) Ex. Arch. *Tersactum*.

l'enrichissait tous les jours de précieux dons, afin d'en augmenter l'éclat (1).

(1) Voici, parmi beaucoup d'autres, des témoignages de la translation de la Sainte Maison de Nazareth à Tersatz en Dalmatie :

QUARESMIUS dit : « C'est pour châtier les méchants et les impies, que Dieu permit la ruine du temple auguste et célèbre de l'Annonciation à Nazareth, et le transfert de la Sainte Maison de cette terre ingrate aux rivages des fidèles... »

SPONDANUS parle ainsi du miracle de la première translation : « Cette même année (1291), célèbre par la ruine complète et définitive de la Palestine, la Sainte Maison qui vit la Nativité de la Bienheureuse Vierge Marie et l'Incarnation de Jésus-Christ quitta la Syrie..
» La main des Anges l'arracha miraculeusement de ses fondements pour la transporter en Dalmatie, sur une colline située entre Tersacte et Fiume, près l'Adriatique.

« Ce sanctuaire, lisons-nous dans JEAN DE CARTHAGE, fut arraché par la main des Anges de ses anciens fondements, demeurés à Nazareth, et transféré aux pays chrétiens. Il fut d'abord transporté en Dalmatie, sur les côtes d'Illyrie, entre les deux petites villes de Tersactes et Fiume, avec ses quatre murailles intactes, son ciment et ses pierres disposées comme autrefois ».

Le très célèbre BARONIUS nous apprend que « Cette sainte Maison, où la Vierge reçut le Messager céleste lui annonçant l'Incarnation du Verbe, demeure intacte dans sa disposition d'autrefois. Bien plus, ajoute-t-il, par un miracle étonnant, dû au ministère des Anges, elle fut arrachée des mains des infidèles et transportée en Dalmatie d'abord, puis en Italie, sur le territoire de Lorète, ancienne province du Picenum. » (Extraits de la *Vérité des diverses translations de la Sainte Maison de Lorète prouvée par la Tradition*, par P.-J.-C. de LLEVANERAS, O. M. C.)

CHAPITRE II

Arrivée de la Sainte Maison dans les Marches, en Italie ; autres successives translations (10 décembre 1294).

Sommaire du récit : Stupeur et désolation. — Une lumière étrange sur la mer Adriatique. — La Sainte Maison dans une forêt de lauriers. — Saint Nicolas. — L'ermite Paul della Selva. — Les Esclavons passent la mer. — Une église à Tersatz. — Inscriptions commémoratives. — Grand mouvement en Italie. — Le roi de Naples. — Nous l'avons trouvée dans les champs ! — Vols et homicides. — La Sainte Maison se déplace. — Deux frères ennemis. — Nouveau prodige. — Les écoliers.

Sommaire des notes : Les arbres s'inclinent. — Notices biographiques. — La relation de Pierre de Macerata. — Léopardi et le rapport des envoyés de 1296. — La tradition et les miraculeuses translations de la Maison de la Sainte Vierge.

Le 10 décembre 1294, trois jours avant l'abdication du pape Saint Célestin V, après trois ans sept mois de séjour à Tersatz, la mystérieuse chapelle disparut inopinément de Tersatz, et des bergers qui veillaient à la garde de leurs troupeaux sur le territoire de Récanati, dans les Marches d'Ancône, en Italie, aperçurent, dans cette même nuit, une lumière étrange qui, venant du large, au-dessus de la mer Adriatique, descendit au milieu d'une forêt de lauriers située à un mille environ du rivage.

Ils s'approchent et découvrent, dans un lieu jusque-là désert, une maison environnée d'une splendeur céleste...

La nouvelle de ce prodige se répandit bientôt de tous côtés ; et les Dalmates, accourus comme beaucoup d'autres, n'eurent pas de peine à reconnaître le précieux trésor qu'ils avaient perdu. D'ailleurs deux révélations, l'une accordée à Saint Nicolas de Tolentino, religieux de l'ordre des Servites, l'autre à un pieux ermite Paul della Selva, qui vivait solitaire près de Récanati, font connaître que la maison miraculeuse, arrivée dans la forêt de lauriers, est la Sainte Maison de Nazareth, qui, après s'être arrêtée quelque temps à Tersatz, vient s'établir dans le territoire de Récanati, pour offrir à la chrétienté un refuge assuré dans les besoins les plus pressants (1).

Mais rien ne saurait rendre la stupeur et la désolation de toute l'Esclavonie et particulièrement des Tersattais, qui pleurent encore, après six siècles, leur irréparable malheur. Aussi les voit-on, même de nos jours, venir en foule à Lorète, se traîner à genoux devant la Sainte Maison et demander en pleurant à la Vierge Marie de retourner à Tersatz !...

Pour transmettre à la postérité le souvenir de ces événements, autant que pour donner quelque adoucissement à la douleur de ses populations consternées, le gouvernement fit bâtir, au lieu même qu'avait occupé la Sainte Maison, et sur le même plan, une petite église dans l'intérieur de laquelle il fit graver cette inscription :

« *Hic est locus in quo olim fuit sanctissima Domus*

---

(1) Arpé, *Pantheon Augustinianum. Elogium S. Nicolai*, et les autres auteurs déjà cités,

Beatæ Virginis de Laureto, quæ nunc in Recineti partibus colitur (1). »

Et afin que la connaissance en arrivât même aux voyageurs qui, passant par ces lieux, ne visiteraient pas la chapelle, il fit mettre sur le chemin qui, du pied de la colline, conduit à Tersatz, cette autre inscription en langue italienne :

« *La Santa Casa della Beata Vergine venne à Tersatto l'anno 1291, alli 10 di Maggio, e si partì alli 10 Dicembre 1294* (2). »

Tandis que la disparition de la Sainte Maison du pays des Dalmates était un juste sujet d'affliction et de regrets parmi les Tersattais, son arrivée dans les parages de la Marche remplissait de joie et d'espérance le cœur des habitants de Récanati et de toute l'Italie. Les provinces entières se dépeuplaient pour aller visiter la Sainte Chapelle. Les princes et les manants s'y trouvaient mêlés et confondus dans un même sentiment de vénération.

Charles II d'Anjou, dit le Boiteux, roi de Naples, successeur de Charles d'Anjou et petit-fils de Saint Louis, engagé dès l'année 1285 dans une guerre furieuse contre Jacques I*er*, fils de Pierre III, roi d'Aragon, qui lui disputait la possession de la Sicile, ne put, comme il le désirait, se transporter à Récanati pour y constater par lui-même la vérité des prodiges opérés par la mystérieuse chapelle, dont la renommée faisait connaître au loin la merveilleuse apparition et les nombreux miracles qui s'y opéraient.

Nous devons à cette circonstance la relation émouvante et détaillée du prodige de la translation de la

(1) Tursellin (d'après Martorelli, p. 164).
(2) Murri, *Dissert.* cap. 2, n° 8 ; et les autres auteurs déjà cités.

Sainte Maison à Récanati, par un personnage du temps et du lieu, déjà mentionné dans ce récit, l'ermite Paul della Selva, qui avait sa cellule non loin de là, sur la colline de Montorso.

En effet, aussitôt que les traités de Tarascon et d'Anagni (1295) lui eurent rendu la paix et sa liberté (il était prisonnier de guerre de Jacques Ier), Charles II demanda l'histoire de ce singulier événement à Paul della Selva, et voici en quels termes le pieux ermite le raconte au roi de Naples, dans sa lettre datée du 8 juin 1297 :

« Au nom de Dieu, ainsi-soit-il. Roi, pour satisfaire à votre pieuse curiosité, qui m'a confié la narration du grand miracle de la translation faite par les Anges de la Maison de la Sainte Vierge, apportée sur les rivages de l'Italie, dans la province d'Ancône, au territoire de Récanati, entre les fleuves d'Aspio ou Mosciou et Potentia, voici comment la chose est arrivée, ainsi que je l'ai souvent entendu raconter par des hommes dignes de foi et originaires de Récanati, savoir : François Pétri, chanoine de cette ville, et Uguccione, ecclésiastique exemplaire, de même que par les jurisconsultes distingués Cisco de Cischis et François Percivallius de Récanati, qui, tous, avec plusieurs concitoyens, vivaient du temps du miracle, dont j'ai lu également avec attention la narration dans les registres publics.

« L'an de l'Incarnation du Seigneur 1294, le samedi 10 décembre, lorsque tout était dans le silence, et que la nuit était au milieu de sa route, une lumière sortie du ciel vint frapper les regards de plusieurs habitants des rivages de la mer Adriatique, et une divine harmonie, réveillant la paresse des plus endormis, les tira du sommeil pour leur faire contempler une merveille supérieure à toutes les forces de la nature. Ils virent donc et contemplèrent à loisir une maison environnée d'une splendeur céleste, soutenue sur les mains des Anges et transportée à travers les airs. Les paysans et les bergers s'arrêtèrent stupéfaits à la vue d'une si grande merveille, et tombèrent à genoux en adoration dans l'attente du terme et de la fin où aboutirait ce prodige.

» Cependant cette Sainte Maison, portée par les Anges, fut placée au milieu d'un grand bois, et les arbres eux-mêmes s'inclinèrent comme pour témoigner leur allégresse (1).

» On dit que ce lieu était autrefois un temple dédié à quelque fausse divinité et entouré d'une forêt de lauriers, ce qui lui fit donner le nom de Loreto, qu'il a conservé depuis (2).

» A peine le matin était arrivé, que les paysans se hâtèrent d'aller à Récanati, pour raconter ce qui s'était passé, et tout le peuple s'empressa d'accourir au bois de lauriers, pour s'assurer de la vérité de cette narration. Parmi les nobles et le peuple, plusieurs res-

---

(1) Ces arbres ne se sont plus relevés : Trois siècles après, on en voyait encore quelques-uns, conservés à dessein, lors du défrichement de la forêt, en souvenir et en témoignage de ce miracle. Les derniers tombèrent sous la hache des paysans, dont ils gênaient les cultures, vers l'époque de l'arrivée du P. Riéra à Lorète. Des habitants du pays lui ont maintes fois affirmé, pour l'avoir vu de leurs yeux, que leurs troncs séculaires étaient restés penchés vers la mer et les rivages de la Dalmatie, malgré l'influence des vents dominants, qui auraient dû les rejeter du côté opposé. (Milochau, *Nazareth et Lorète*, 1865.) Ce fait est d'ailleurs de tradition, aujourd'hui même, dans toutes les familles, à Lorète et à Récanati.

(2) D'autres croient que Lorète vient de Lauretta, vertueuse dame de Récanati, à qui appartenait la forêt de lauriers.

taient muets d'étonnement ; plusieurs ne pouvaient se résoudre à croire au miracle. Les mieux disposés pleuraient de joie en disant avec le prophète : « Nous l'avons trouvée dans les champs »; et encore : « Il n'a pas traité ainsi toutes les nations. » Ils honorèrent cette petite et sainte Maison, et, pénétrant dans l'intérieur avec dévotion, ils rendirent hommage à la statue de bois de la divine Vierge Marie qui tenait son fils entre ses bras.

» De retour à Récanati, ils remplirent la cité d'une sainte joie ; le peuple quittait souvent la ville pour aller vénérer la Sainte Chapelle. C'était un concours perpétuel de fidèles qui se croisaient sur la route.

» Cependant la bienheureuse Vierge Marie multipliait les prodiges et les miracles. Le bruit d'une si grande merveille s'étendit dans les contrées lointaines comme dans les provinces voisines, et tous accouraient à la forêt des lauriers, qui se remplit bientôt de différentes habitations en bois, pour servir de refuge aux pèlerins.

» Tandis que ces événements se passaient, le lion infernal, qui tourne sans cesse, cherchant quelque proie à dévorer, suscita des brigands dont les mains impies souillaient le bois sacré par des vols et des homicides, de sorte que la dévotion de plusieurs se refroidit par la crainte des malfaiteurs.

» Au bout de huit mois, le premier miracle fut confirmé par un second prodige. La Sainte Maison quitta la forêt et fut placée par le ministère des Anges au milieu d'une colline appartenant à deux nobles frères, les comtes Etienne et Siméon Rainaldi de Antiquis, de Récanati.

» Cependant la dévotion des fidèles croissait, et la petite sainte demeure s'enrichissait par de grands dons et de nombreuses offrandes. Les nobles et pieux frères en étaient les dépositaires ; mais bientôt ils cédèrent à l'avarice, s'appliquèrent les présents et laissèrent pervertir leur jugement jusqu'à venir à de scandaleuses discussions pour savoir qui des deux l'emporterait sur l'autre.

» Alors la Sainte Maison se retira, quatre mois après son arrivée, de la colline des deux frères (1) et, par un troisième miracle, fut portée par les Anges dans un nouveau site distant à peu près d'un jet de pierre, au milieu de la voie publique qui conduit de Récanati au rivage de la mer ; et c'est là que je la vois encore aujourd'hui, et que je contemple de mes yeux les grâces continuelles qu'elle accorde à ceux qui viennent y faire leurs prières.

» Néanmoins, quoique les prodiges célestes démontrassent que ce toit modeste était le séjour de la Mère de Dieu, le lieu où le Verbe s'est fait chair, pour découvrir plus clairement la vérité, les habitants de Récanati tinrent une assemblée générale à laquelle se rendirent les principaux seigneurs de la province, et il fut décidé qu'on enverrait seize hommes, les plus illustres, pour examiner si les mesures de la sainte Maison étaient conformes, soit aux vestiges restés à Tersatz, soit aux fondements demeurés à Nazareth, où elle fut primitivement bâtie et où elle subsista durant de longues années.

» Le décret fut exécuté, et parmi les seize députés de Récanati, on comptait : pour le quartier Sainte-Marie, Politus, fils du comte Mathieu de Polites ; pour le quar-

---

(1) Voir aussi Tursellino, *Lauret. histor*. Cette dernière translation a eu lieu, d'après la tradition et les archives de Récanati, la veille du 10 décembre 1295.

tier Saint-Flavien, Machio jeune, comte Mathieu, fils du comte Siméon Rainaldi de Antiquis; pour le quartier Saint-Ange, le célèbre docteur en droit Cicottus, fils de Monaldutius des Monaldutiens.

» Ces personnages distingués, accompagnés de leurs collègues, allèrent, virent, revinrent et déclarèrent qu'ils avaient trouvé partout une entière conformité, tant à l'égard des mesures que par rapport aux témoins dont ils avaient recueilli sur les lieux les dépositions.

» Recevez, Prince, cette courte narration en témoignage de la réalité du sanctuaire miraculeux et de mon respectueux dévouement envers Votre Majesté ; et, afin que vous ayez l'assurance que vos aumônes ont été fidèlement remises, je vous atteste avoir reçu les offrandes, dont vous recevrez la récompense dans le ciel.

» Au nom du Père et du Fils et du Saint-Esprit. Ainsi soit-il. Près de la Sainte-Demeure, l'an du Sauveur 1297, le 8 juin. Paul, serviteur de Jésus-Christ. »

Au-dessous on lit ces mots :

« Les Prieurs du Peuple de la Cité de Récanati, à tous faisons connaître que tous les faits ci-dessus racontés sont véritables et conformes à nos annales et à nos archives publiques.

» En témoignage et en foi de quoi, nous avons ordonné que cette pièce serait scellée de notre cachet, et souscrite par notre notaire public, établi par l'autorité impériale, et maître des Actes, le 12 juin de la Circoncision de notre Seigneur Jésus-Christ 1297. *Signé* : François Jacobi, Maître des Actes. »

Cette lettre, copiée en 1674, par un notaire impérial, Dominique Biscia, d'après l'original écrit sur parchemin, et qui se conservait alors dans la famille des Antici, avec le sceau de la ville de Récanati, est textuellement rapportée par Martorelli, dans son *Histoire de Loreto*, t. Iᵉʳ, p. 500.

Le P. Riéra atteste que, de son temps (seizième siècle), on voyait encore de vieux exemplaires d'une relation des merveilleuses translations de la Sainte Maison, écrite par l'Évêque de Macerata auquel était alors soumise la ville de Récanati, pour être mise entre les mains des enfants de toutes les écoles de la province. C'est d'après cette première relation que Georges Toloméi, prévôt de Téramo en Abruzze, d'abord gardien de la Sainte Maison, et depuis Évêque de Récanati, composa, en 1460, une nouvelle relation du miracle pour être lue dans les écoles. Il la fit aussi graver en gros caractères dans plusieurs tableaux, afin qu'elle pût être lue dans l'église par les pèlerins (1).

(1) Martorelli, p. 505. — Caillau, p. 11 et 45.

Trois historiens, que l'on peut appeler les Pères de l'histoire de Lorète, ont compulsé, examiné et étudié avec une patience héroïque tous les documents relatifs au prodige de la translation : ce sont Angélita, le P. Riéra et le P. Tursellino.

JÉRÔME ANGÉLITA, d'une famille noble de Récanati, avait succédé à son père dans la charge de secrétaire de la ville et de gardien des Archives. La première pensée d'écrire l'histoire de la Sainte Maison lui vint à la vue des mémoires officiels apportés à Récanati par des habitants de Tersatz, d'une probité au-dessus de tout soupçon (ce sont ses propres paroles).

Cette relation parut tellement importante aux magistrats de Récanati, qu'ils crurent devoir la transmettre, avec un rapport à l'appui, au pape régnant Léon X.

L'Angélita ne rapporta rien dans son histoire qu'il n'eût trouvé dans les documents officiels authentiques conservés aux archives de Tersatz et de Récanati. Il adressa vers l'an 1525 son livre, précédé d'une épître dédicatoire à Clément VII, qui le fit déposer dans la bibliothèque vaticane, où Martorelli l'a retrouvé en 1730. Il en était resté des copies faites dans le temps, à Récanati et à Lorète. Riéra et Tursellino l'avaient sous les yeux, en composant les leurs.

L'Angélita était un homme d'une probité antique, savant d'ailleurs et habile, dans un des siècles les plus lettrés de l'Italie. Les critiques les plus sévères ne l'ont jamais pris en défaut. Il écrivait pour ses compatriotes, qui pouvaient, à l'aide de la tradition toujours vivante et des archives, ouvertes à tous, contrôler chacune de ses paroles. Trente-cinq ans après l'Angélita, le P. Riéra composait une nouvelle histoire de Lorète (1560).

— « Raphaël Riéra, espagnol, religieux non moins distingué par sa piété que par sa science, entré des premiers dans la compagnie naissante, après de longues années consacrées à de pieux travaux, s'endormit dans le Seigneur, à Lorète, en 1582. » (Note des registres de la Société de Jésus, au nom de Riéra, d'après Milochau.)

Son ouvrage resta manuscrit dans les archives de la Pénitencerie de la Sainte Maison, jusqu'en 1735, époque à laquelle il fut imprimé par Martorelli, avec l'autorisation du P. Tomburini, général de l'Ordre.

Riéra avait demandé (c'est lui qui nous en assure) au Vicaire Général de Tersatz et de Fiume, et en avait reçu des copies authentiques, des documents conservés dans les archives de ces deux villes concernant le séjour que la Sainte Maison y avait fait. C'est là et dans des traditions certaines qu'il a puisé les éléments de son histoire.

— Tursellino est célèbre. Connu par d'importants travaux littéraires, il écrivit, trente ans après Riéra, une nouvelle histoire de la Sainte Maison. Il dit lui-même, dans sa préface, qu'il a recherché avec le plus grand soin tous les documents qui la concernent à Lorète même, à Récanati et à Rome.

L'histoire de Tursellino fut approuvée par le Cardinal Gallo, Évêque d'Osimo, Protecteur et Gouverneur de Lorète, « parce qu'elle était parfaitement conforme aux traditions antiques et aux archives de la Sainte-Maison. » (1597).

— Procédant à la manière des historiens antiques, Angélita, Riéra et Tursellino se sont le plus souvent contentés d'indiquer d'une manière générale les sources auxquelles ils ont puisé. Ils n'ont pas laissé toutefois de déroger de temps à autre à cette règle, lorsqu'il s'agissait de pièces d'une importance particulière. Angélita a vu le diplôme, *carie et vetustate confectum*, par lequel Benoît XII accorde des indulgences à l'autel de l'église de Sainte-Anne. — Il a vu les tablettes, rongées par le temps, sur lesquelles était écrite la relation de Pierre de Macerata.

Riéra a vu cette même relation conservée jusqu'à son temps.— Bernard Léopardi lui a dit avoir tenu entre ses mains le rapport des envoyés de 1296 ; rapport donné par le secrétaire de la ville à son grand-père ou à son aïeul.

Tursellino mentionne ce rapport comme existant de son temps; il analyse la relation du Téréman ; il donne l'inscription du calice de Pie II, etc., etc. Il s'appuie toujours, dit-il avec une sorte d'insistance, sur les documents conservés en Illyrie et à Récanati, et aussi sur l'autorité des historiens, des souverains pontifes. (Tiré de Milochau.)

—

De nombreux écrivains ont affirmé, en outre, la miraculeuse seconde translation de la Sainte Maison, du rivage illyrien au territoire de Récanati. Nous nous contenterons de rapporter le témoignage des plus connus, d'après la savante relation du P. de Llevaneras :

RIÉRA et PHILIPPE MONTANUS: « Beaucoup d'habitants de l'Illyrie, ne pouvant se résigner à l'absence de la Très Sainte Vierge de leur pays, quittèrent leurs demeures et leurs familles pour venir s'établir sur les collines qui avoisinent la Sainte Maison...... Dans les années suivantes, d'autres pèlerins de la même nation, ainsi que plusieurs Albanais et Croates, vinrent se joindre aux premiers venus et formèrent peu à peu en cet endroit une nombreuse colonie. Ils habitaient dans de pauvres cabanes ou chaumières comme des voyageurs sous la tente, sans chef propre et sans lois particulières, mais soumis en tout aux autorités de Récanati, dont le territoire renfermait les collines de Lorète. »

—

COLVENERIUS : « Le quatrième jour des Ides de décembre, jour à jamais mémorable, la Bienheureuse Vierge Marie, mère de Dieu, apportant à l'Italie la paix et le salut, choisit la région du Picé-

rum pour le siège de sa sainte Maison........................
La très sainte Maison, partie des rivages de Dalmatie, traversa donc l'Adriatique sur une largeur d'environ cent mille pas, et vint s'établir en Picénum, au milieu d'une forêt confinant au territoire de Récanati. »

Gumpemberg : « Après trois ans six mois de séjour à Tersacte, la Sainte Maison, déjà célèbre, vénérée dans tout le pays avoisinant, quitta la Dalmatie, au grand regret des habitants de cette contrée. L'an du Seigneur 1294, le dixième jour de décembre, pendant l'octave de l'Immaculée Conception, elle se transporta sur les côtes d'Italie, dans le territoire de Récanati, au milieu d'une forêt sauvage et inhospitalière..... L'Archange transporta ensuite le saint dépôt de la sombre forêt sur une colline sûre et découverte... De là enfin, au milieu d'un chemin public. C'est là encore qu'on la voit aujourd'hui, plus célèbre par les miracles qui s'y opèrent que par la noblesse de son origine. »

Le Bienheureux Canisius : « Le sanctuaire qu'on appelle aujourd'hui la Sainte Maison de Lorète n'est autre que la demeure elle-même de la Sainte Vierge, quand elle vivait avec ses parents à Nazareth en Galilée..... »

César Lambertinus : « ..... Par un miracle sans précédent, la glorieuse demeure de la Sainte Vierge fut transportée de Nazareth, son premier siège, en deux endroits différents. Elle s'arrêta enfin à Lorète, et c'est là qu'on la voit encore, centre de miracles innombrables. J'atteste avoir vu, de mes propres yeux, des faits regardés par tous comme miraculeux et en avoir lu un plus grand nombre consignés dans les archives publiques. »

Nous en passons, et des meilleurs, comme Adrichon, Natal Alexandre, Graveson, Léon X, Le Vénérable Bède, Anselme de Pologne, etc., etc.

CHAPITRE III

Une page de l'histoire des Papes, qui explique le silence de l'Église sur ce fait mémorable de l'arrivée de la Sainte Maison a Tersatz, puis a Récanati.

—

Sommaire du récit : Mort du pape Nicolas IV. — Divisions parmi les Cardinaux. — Les Orsini et les Colonna. — Long interrègne. — Charles-le-Boiteux à Pérouse. — Un ermite qui devient pape et qui bientôt regrette sa solitude. — Mauvaise administration et désordres dans l'Église. — Émeute à Naples. — Consistoire du 13 décembre 1294. — Élection de Boniface VIII. — Disparition de Saint Célestin. — Soucis du nouveau Pontife. — Message des Administrateurs de la ville de Récanati.

Sommaire des notes : Un parchemin conservé dans la famille des Antici, Martorelli et Caillau.

On se demandera, sans doute, comment des événements aussi prodigieux que ceux que nous venons de raconter, arrivés dans les États mêmes de l'Église, et qui ont eu un si grand retentissement dans le monde entier, paraissent n'avoir pas eu le moindre écho au palais du Vatican, dont on ne voit nulle part jusqu'ici, dans l'histoire, l'intervention décisive et le sentiment irrécusable qui seuls peuvent consacrer la vérité d'un miracle.

Cela aurait, en effet, lieu de surprendre, si l'on ne se rappelait la longue et douloureuse période des malheurs qui, durant les années 1291, 1292, 1293, 1294 et une partie de l'année 1295, ont affligé l'Église et la Papauté, et les ont souvent empêchées de donner à tous les détails de cette vaste administration des affaires du catholicisme une attention immédiate et effective.

On sait, en effet, que l'envahissement complet des Lieux Saints par les Infidèles, en l'année 1291, et l'inutilité des efforts du pape Nicolas IV, pour organiser une croisade, empoisonnèrent les derniers jours du Pontife, qui mourut le 4 avril 1292.

A ce moment les divisions des Cardinaux, causées par la rivalité des deux puissantes familles romaines les Ursins ou Orsini et les Colonna, retardèrent pendant *vingt-sept* mois, c'est-à-dire jusqu'au 5 juillet 1294, l'élection de son successeur.

Cependant les chrétiens attendaient avec impatience; Charles-le-Boiteux, fils de Charles d'Anjou et neveu de Saint Louis, alors roi de Naples, étant venu à Pérouse où avait lieu une nouvelle réunion de cardinaux, pressa l'élection d'un nouveau Pape. On ne s'entendit pas davantage et on arriva ainsi au mois de juin 1294. Enfin le 5 juillet suivant, un humble et saint ermite, qui vivait solitaire sur le mont Majella, près de Sulmone, appelé Pierre Morone ou de Mouron, fut élu pape sous le nom de Célestin V.

« Pierre Morone était un saint, mais n'avait pas l'expérience des hommes : enfermé dans une cellule qu'il s'était fait construire dans l'intérieur de son palais, à Naples, où le retenait presque captif Charles-le-Boiteux, et confiant dans ceux qui administraient l'Église en son nom, il ne voyait pas que le désordre se répandait partout...

» Tous les vrais amis de l'Église gémissaient d'un pareil état de choses. A la fin, leurs plaintes parvinrent jusqu'aux oreilles du pape. Le saint homme, qui n'avait accepté le fardeau du pontificat que par dévouement à l'Église et soumission à la volonté de Dieu, accueillit volontiers les avis qui lui étaient donnés... Il n'avait jamais cessé de regretter sa chère solitude du mont Majella; il s'ouvrit de son désir d'y retourner à quelques amis; le bruit s'en étant répandu, le peuple de Naples enfonça les portes de son palais, et il fut forcé de paraître pour apaiser cette foule qui ne savait supplier que la menace à la bouche et les armes à la main. Mais son dessein d'abdiquer devint irrévocable, et, dans le consistoire qu'il tint le 13 décembre de la même année (trois jours après l'arrivée de la Sainte Maison à Récanati), il remit solennellement les Clefs de Saint Pierre au sacré Collège des Cardinaux (1). »

Dix jours après (24 décembre 1294) le Sacré Collège élut pape le cardinal Benoît Gaëtan, qui prit le nom de Boniface VIII.

Malgré son âge et les rigueurs de l'hiver, pressé de jouir de sa pleine et entière indépendance en quittant les Etats du roi de Naples, Boniface se rendit à Rome, où il fut sacré solennellement le 16 janvier 1295.

Les soucis des nombreuses formalités de son couronnement, les inquiétudes que lui donna aussitôt la disparition de saint Célestin, ses démarches pour pacifier le roi de Naples et le roi d'Aragon, le roi d'Angleterre et l'empereur d'Allemagne, la république de Gênes et celle de Venise, en vue d'établir en Europe une paix générale dont il espérait profiter pour réunir toutes les forces chrétiennes, afin de les retourner contre les Musulmans, absorbèrent entièrement la première année de son pontificat. C'est dans ces entrefaites qu'il reçut le message que les administrateurs de Récanati

(1) D'après J. Chantrel, *Histoire des Papes* (Gillet, libraire, Paris).

lui envoyèrent par le noble Alexandre de Servannis, le 9 septembre 1295, pour « lui rapporter comment la Sainte Maison vient d'être miraculeusement transportée, de la place qu'elle occupait dans la forêt de lauriers, sur la colline des illustres seigneurs Siméon et Etienne Rinaldi de Antiquis, et la division qui s'était élevée entre eux, et pour lui demander la grâce que la dite colline et ses terrains soient réunis à la commune de Récanati, afin qu'elle puisse y élever une église pour la commodité du peuple dévôt, qui vient tous les jours visiter le nouveau sanctuaire (1). »

Cette affaire demandait un sérieux examen, et nous avons dit quelles étaient alors les graves préoccupations du pontife. Aussi la réponse de Boniface au message des administrateurs de Récanati éprouva quelque retard ; et, pendant cet intervalle, la Sainte Maison quittait la colline des frères Antiquis.

Le message n'avait donc plus d'objet. Mais le Souverain Pontife ne perdit plus de vue le prodige de Récanati, et, dès le commencement de l'année suivante 1296, le miraculeux petit Edifice fut, de la part du grand Pape, comme on le verra dans le chapitre suivant, l'objet de son attention toute spéciale et de mesures particulières destinées à bien en préciser l'origine, pour mieux en établir l'identité. Ici se place naturellement l'histoire de la grande enquête dont il est fait une simple mention dans la narration de Paul della Selva ; nous allons donc la rapporter avec tous ses détails.

---

(1) Martorelli a publié dans le *Teatro Loretano*, t. II, p. 49, en 1733, l'acte authentique de ce fait, d'après un parchemin conservé dans la famille des Antici. Cet acte est rapporté en entier par Caillau, *Hist. de N.-D. de Lorète*, p. 30.

LIVRE V

REVUE ET DISCUSSION CRITIQUE
Des faits sur lesquels repose la preuve de l'identité du sanctuaire de N.-D. de Lorète
ET DE LA DEMEURE DE LA SAINTE VIERGE A NAZARETH

CHAPITRE PREMIER

LES ENQUÊTES OFFICIELLES

SOMMAIRE DU RÉCIT : Grand émoi de l'autorité civile et de l'autorité religieuse. — Mesures ordonnées par le Saint-Siège. — Travaux entrepris autour de la Sainte Maison. — Une grande assemblée populaire. — La commission des Seize. — Chez les Dalmates. — Au Saint-Sépulcre. — A Nazareth. — Reconnaissance opérée sur les fondements de la Sainte Maison. — Retour et rapport de la Commission. — Le Procès-verbal. — Allégresse publique. — Les historiens de Lorète et les archives de Récanati. — Monseigneur Mislin. — Les Camériers secrets du pape Clément VII. — Les pierres des fondations à Nazareth et Jean de Sienne. — Décoration extérieure de la Sainte Maison. — La Coupole de la Basilique. — Conclusion.

LA Sainte Maison venait d'accomplir sa quatrième translation. La renommée de ses prodiges et des miracles qui s'y opéraient chaque jour prit des proportions inouïes. L'autorité civile et l'autorité religieuse s'émurent: le Pape ordonna à l'Evêque de Récanati de veiller avec soin à la conservation de la Sainte Maison, et de ne rien négliger pour constater la réalité des merveilleux événements dont la mystérieuse chapelle était l'objet.

Monseigneur Frédéric de Nicolò de Giovanni, alors évêque du diocèse, fit connaître la volonté du Saint-Père aux administrateurs de Récanati. Il fut décidé entre eux que pour donner quelque solidité à ce saint et faible édifice qui, placé sans fondement sur un sol inégal, dans un lieu exposé à de violents tourbillons et à des pluies torrentielles, pouvait s'écrouler d'un jour à l'autre, on le revêtirait de fortes murailles, et, pour la commodité des pèlerins, on construirait tout autour des galeries avec cellules. Les travaux commencèrent immédiatement.

Une assemblée des principaux seigneurs de la province, convoqués en même temps par l'Évêque, désigna en outre seize notables dont les annales du pays ont conservé les noms, à l'effet de visiter les lieux où le saint Edifice avait précédemment séjourné, pour s'assurer de son identité.

Les députés partent vers le milieu de l'année 1296. Ils se rendent d'abord à Tersatz. Le gouverneur Frangipani leur montre la petite église qu'il a fait bâtir sur l'emplacement occupé, il y a un peu plus d'un an, par la Sainte Maison dont la disparition coïncide exactement avec son arrivée sur le territoire de Récanati, dans la forêt de lauriers, et il fait, de la Sainte Chapelle, dont le peuple de Dalmatie pleure la perte, et des reliques qui s'y trouvaient, une description qui se rapporte exactement à la chapelle et aux reliques vénérées à Lorète.

Témoins attendris de la religieuse douleur de toute

cette population, au souvenir du trésor qu'elle a perdu, les députés pleins d'un saint enthousiasme s'embarquent pour la Terre-Sainte.

Ils vont d'abord à Jérusalem prier et pleurer sur le Saint Sépulcre ; puis à Nazareth où ils cherchent en vain la maison de la Sainte Vierge : les habitants du pays leur en montrent les fondements restés dans le sol, mais l'édifice n'y est plus !...

Les députés notent avec soin tout ce que la tradition peut leur apprendre sur la maison de la Sainte Vierge. Ils s'assurent que les dimensions des fondements restés à Nazareth sont exactement les mêmes que celles de la Chapelle de Lorète ; ils constatent la parfaite similitude des matériaux de ces fondations et de ceux qui font la matière des murailles de leur mystérieux Sanctuaire.

Le récit détaillé de leur mission, qu'ils affirment tous par un serment solennel, est accueilli à Récanati avec les transports d'une joie indéfinissable, et consigné tout au long dans un procès-verbal déposé solennellement dans les archives de la ville.

« De nombreuses copies de ce procès-verbal sont, en outre, répandues dans le public et se conservent précieusement dans un grand nombre de familles. Les premiers historiens de Lorète, Angélita entre autres, Riéra et Tursellin avaient ces actes entre les mains, et les présentaient comme des preuves irrécusables de la vérité des merveilleuses pérégrinations de la Sainte Demeure (1). »

Bien d'autres personnes sont allées dans le même but à Nazareth (Monseigneur Mislin, *les Lieux Saints*) et ont rendu les mêmes témoignages.

(1) Grillot, d'après Gosselin, Riéra, Angélita et Tursellin.

Enfin le pape Clément VII (1523-1534 députa trois de ses camériers d'abord à Lorète, puis en Dalmatie, enfin à Nazareth, avec mission d'examiner soigneusement les lieux et de consulter les traditions des peuples.

Les larmes des Dalmates, les aveux des Orientaux, la similitude des pierres dont deux furent apportées de Nazareth par l'un des trois camériers, Jean de Sienne, tout concourut à confirmer ce prodige.

Après cette constatation solennelle, Clément VII s'occupa de réaliser le plan conçu par Léon X (1513-1521) pour la décoration extérieure de la Santa Casa, et il fit en même temps élever la coupole de la Basilique (1).

Les rationalistes refuseraient-ils de croire à une action surnaturelle, si un beau matin ils pouvaient contempler sur les Buttes Montmartre, à Paris, l'Arc de triomphe de l'Etoile dont, la veille, ils auraient crayonné la silhouette majestueuse à l'entrée de l'avenue de la Grande-Armée?

Certainement non, à moins de vouloir nier l'évidence, à moins d'abdiquer tout droit à être tenus pour des hommes sensés, sérieux et intelligents ! Eh bien ! le miracle de la translation à Lorète de la demeure de la Sainte Vierge de Nazareth est encore moins discutable.

Que peut-on imaginer de plus positif, de plus concluant, de plus manifeste, en effet, en faveur de la parfaite authenticité du Sanctuaire de Lorète que la triple et officielle enquête opérée, à trois époques différentes, par les Commissaires de Tersatz en 1291, par ceux de Récanati en 1296 et par les confidents de Clément VII deux cents ans environ plus tard ; que le

---

(1) Abbé Grillot. *La Sainte Maison de Lorète.*

fait de ses trois translations successives sur le territoire restreint de la même commune, et sous l'œil non seulement de la population locale, qu'on pourrait croire intéressée, facile à circonvenir, mais d'une multitude de pèlerins étrangers qui, dans l'espace de douze à quatorze mois à peine, l'ont vénérée en trois endroits différents ; sous le regard méfiant, jaloux et hostile des habitants des contrées voisines qui n'auraient pas manqué de démasquer la supercherie si elle avait pu, non pas se produire, mais être même soupçonnée!!!...

Tout nouvel argument à ce sujet nous paraît donc superflu. Mais notre travail serait incomplet si nous négligions de mettre en lumière toutes les pièces de cet édifice de vérité que nous avons entrepris, non d'édifier, mais de rajeunir pour qu'il soit mieux vu, pour qu'il soit regardé avec plus d'amour, avec plus de plaisir !

Nous consacrerons donc les chapitres suivants à l'exposé des autres preuves qui viennent s'enchaîner comme d'elles-mêmes dans notre cadre et qui le complètent à la manière de ces détails qui, sans rien ajouter à la vérité d'un paysage, en font valoir l'ensemble et le mettent mieux en relief.

CHAPITRE II

Les Matériaux de la Sainte Maison a Lorète.

—

Sommaire du récit : Monseigneur Bartolini, secrétaire de la Congrégation des Rites, à Nazareth. — Les pierres blanches et les pierres rouges. — Les ciments. — Une analyse chimique des plus concluantes. — Le charbon et les cendres employés comme mortier. — Une charpente en bois de cèdre. — Pieuses mais originales reliques. — Peintures murales. — Vases de singulière structure. — Les pierres de l'autel. — Riéra. — Tursellin. — Joachim Farrarese. — Le naturaliste Saussure. — Martorelli· — Des pierres coupées de veines brillantes et rougeâtres qu'on peut confondre avec la brique, qui ressemblent absolument aux pierres des murailles de la Sainte Maison de Lorète.

On trouve deux espèces de pierres dans les montagnes qui entourent Nazareth, dit Monseigneur Bartolini, secrétaire de la Congrégation des Rites, qui a visité Nazareth en 1855, l'une blanche et douce, qui est employée pour les voûtes et les constructions provisoires ; l'autre, rougeâtre et dure, sert à construire les murs principaux des maisons.

Monseigneur Bartolini avait apporté de Nazareth un échantillon de chacune de ces deux pierres ; muni des autorisations nécessaires, il a pris au dépôt des saintes reliques un échantillon de la pierre rouge dont sont formées les murailles de la Sainte Maison, et un morceau de la pierre tendre qui se trouve à l'intérieur de l'armoire pratiquée dans la paroi orientale de la *Santa Casa*.

De retour à Rome, il soumit ces fragments à un savant chimiste, professeur à l'Université romaine, qui ne savait rien du voyage du Prélat ni de l'origine de ces pierres.

Le professeur, après les avoir comparés deux à deux, y reconnut d'abord les mêmes caractères physiques ; puis il passa à l'analyse chimique de chaque échantillon.

« Cette analyse, dit-il, m'a donné ce résultat, que toutes ces pierres sont de même nature, composées de carbonate de chaux, de carbonate de magnésie et d'argile ferrugineuse. S'il y a quelque différence pour quelques-uns de ces échantillons, dans la proportion relative des éléments qui les composent, cette différence n'en change nullement la nature et dépend de conditions tout à fait accessoires. »

Monseigneur Bartolini avait aussi apporté des morceaux de ciment antique pris aux substructions inférieures de la grotte de Nazareth. Il les envoya, avec un morceau de ciment enlevé aux murailles de la Sainte Maison, au même professeur pour être également soumis à l'analyse.

Le résultat de cette nouvelle opération fut que ces deux morceaux étaient composés des mêmes éléments, c'est-à-dire de sulfate de chaux formant pâte avec du charbon végétal en poudre ; et c'est précisément le ciment employé, de temps immémorial et de nos jours encore, par les Orientaux, ciment qui diffère essentiellement de celui dont on se sert en Italie où, jamais nulle part, à aucune époque, on n'a employé un ciment composé de plâtre et de cendres ou de charbon pulvérisé.

Le témoignage de ces pierres et de ces matériaux étrangers à l'Italie est encore confirmé par l'inspection des bois qui sont entrés dans la construction du pieux édifice. Toutes les poutres et les solives sont en cèdre, bois entièrement étranger en Italie et très commun au contraire en Palestine.

Enfin toutes les pieuses reliques apportées avec la *Santa Casa*; les peintures murales, les vases, les pierres de l'autel nous offrent le même cachet d'authenticité, la même origine orientale (1).

Ce sentiment, qui se dégage d'ailleurs de l'esprit de tout pèlerin qui visite la Sainte Maison de Lorète, a été celui de tous les historiens qui ont écrit sur ce sujet, Riéra, Tursellin, Joachim Ferrarèse, le naturaliste Saussure, Martorelli et tant d'autres ; des trois confidents envoyés par le pape Clément VII pour visiter les fondements restés à Nazareth, et qui en rapportèrent deux pierres de la nature de celles dont sont construites les maisons dans ces pays : ces pierres, dit l'historien contemporain Tursellin, imitent la brique par leur forme naturelle, mais elles sont entrecoupées de veines brillantes et rougeâtres, et sont absolument semblables à celles des matériaux de la Maison de Lorète.

(1) Monseigneur Bartolini, d'après Grillot.

CHAPITRE III

Orientaux, Dalmates, Picénois

Sommaire du récit : Le souvenir de la Sainte Maison à Nazareth. — La Sainte Maison a disparu ; elle s'est envolée ! Orphelins, ils ne veulent pas être consolés. — Thomas de Novare et la Sainte Chapelle. — Des troupes de pèlerins qui traversent l'Adriatique. — Revenez, revenez à nous, ô Marie ! César Renzoli. — L'Hymne des Dalmates. — Une image de la Sainte Vierge par Saint Luc. — Le Gourverneur Frangipani. — Grégoire XIII. — Innocent XII. — Clément XI. — Le Collège Illyrien. — Les continuelles démonstrations des Dalmates. — La garde d'honneur de la Sainte Maison. — Des témoins muets plus éloquents que les historiens et les poètes, qui parlent un langage que les sourds mêmes entendent. — Des vers en vieux français.

Sommaire des notes : Le rhythme de l'hymne des Dalmates et le *Dies iræ*, le *Lauda Sion* et le *Stabat Mater*.

Tous les pèlerins qui sont allés à Nazareth après l'année 1291 n'y ont plus retrouvé la Chambre de la Sainte Vierge. Tous ont rapporté qu'il suffisait d'éveiller dans l'esprit des habitants de ce pays le souvenir de la Sainte Maison, pour faire couler leurs larmes et provoquer invariablement la même explosion de douloureux regrets : « La Sainte Maison, hélas ! a disparu ; elle s'est envolée sans doute vers quelque région lointaine, ne laissant ici que des fondements, que la terre a gardés pour nous rappeler éternellement le trésor que nous avons perdu, que nous ne savions pas défendre contre le contact profanateur des Infidèles !... »

Cette douleur était si sincère, elle se transmettait d'une génération à l'autre avec une intensité telle que, pareils à ces orphelins qui ne veulent pas être consolés, ils n'ont pas cherché, durant le long espace de près de quatre siècles, à y apporter la moindre diversion, laissant à découvert, comme une blessure toujours fraîche, toujours vive, les traces de ces murailles chéries qu'ils ne cessaient de pleurer.

Espéraient-ils peut-être que, touchée de leurs larmes et exauçant enfin le vœu secret de leur cœur, Marie viendrait, par un nouveau miracle, remettre sa Sainte Maison à sa place première ! Qui le sait ? Assurément personne ne pourrait affirmer qu'il n'en fût pas ainsi.

Quoi qu'il en soit, on sait qu'en 1523, les envoyés de Clément VII retrouvèrent les fondements de la Sainte Maison dans l'état où les avaient vus les commissaires de Tersatz en 1292 et les députés de Récanati en 1296 ; et que ce ne fut qu'en 1620 que Thomas de Novare, gardien des Lieux Saints, fit élever une chapelle sur l'emplacement de la Santa Casa. Rappelons à ce propos qu'avant de procéder à ce travail, Thomas de Novare, en vérifia de nouveau les dimensions et, dit-il dans un acte légalisé, « à notre grande joie à tous, nous avons véritablement trouvé que la place de la maison de Lorète cadre entièrement avec la place qu'elle occupait à Nazareth. »

Les regrets des Dalmates n'ont pas été moins vifs, après que la Sainte Maison a quitté leurs parages, et leur douleur n'en est pas moins inconsolable.

« J'ai vu, en l'année 1559, écrivait le P. Riéra, plus

de trois cents pèlerins de cette nation avec leurs femmes et leurs enfants arriver à Lorète, portant des flambeaux allumés, s'arrêter d'abord à la grande porte où ils se prosternèrent pour implorer le secours de Dieu et de sa sainte Mère ; puis, tous à genoux, rangés par leurs prêtres qu'ils avaient amenés avec eux, ils entrèrent ainsi dans le temple en criant d'une seule voix : « *Revenez, revenez à nous, ô Marie ! Revenez à nous, Marie ! Marie ! Marie !* » Leur douleur était si vive, leur prière si fervente, que je cherchais à leur imposer silence, craignant que de si ardentes supplications ne fussent exaucées, et que la Sainte Chapelle ne fût enlevée à l'Italie pour aller en Dalmatie reprendre son ancienne position. »

« Depuis que la maison de Nazareth a quitté Tersatz, lisons-nous encore dans le livre 1er de l'*Histoire de Loreto*, par Tursellin, la trois centième année a commencé son cours, et cependant le souvenir du bien que ces peuples ont perdu ne les fait pas moins gémir que si la blessure était encore toute fraîche... Tous les ans, on les voit traverser par troupes la Mer Adriatique, et venir à Lorète, autant pour déplorer leur veuvage, que pour vénérer le berceau de Marie. Toujours dans leur bouche sont ces paroles solennelles : *Revenez à nous, Marie, revenez !* Et ce langage est une démonstration évidente que leur regret sera éternel, puisque l'espace de trois cents ans n'a pu commencer à l'adoucir ! »

Un siècle plus tard, César Renzoli attestait le même fait : « Non, dit-il, je ne les ai jamais vus, sans verser des larmes, lever les bras au ciel et crier à haute voix : *Retournez à nous, ô notre belle Maîtresse !|Retournez-nous, ô Marie ! avec votre Maison* ! » (1).

---

(1) D'après Grillot.

Aujourd'hui encore, dit M. l'abbé Grillot, si vous pénétrez dans leurs temples, vous les entendez chanter cet hymne, écho six fois séculaire de leurs joies et de leurs douleurs :

> Huc cum domo advenisti,
> Ut qua, pia Mater Christi,
> Dispensares gratiam (1).
>
> Nazarethum tibi ortus,
> Sed Tersactum primum portus
> Petenti hanc patriam.
>
> Ædem quidem hinc tulisti ;
> Attamen hic permansisti,
> Regina clementiæ.
>
> Nobis inde gratulamur
> Digni quod hic habeamur
> Maternæ præsentiæ.

En voici la traduction ; « Ici vous êtes venue avec votre demeure, pieuse Mère du Christ, pour dispenser la grâce.

» Nazareth fut votre berceau, Tersatz votre premier port, quand vous cherchiez une nouvelle patrie.

» Cette demeure, vous l'avez emportée ; mais pourtant vous êtes restée avec nous, ô Reine de clémence !

» Nous nous félicitons d'avoir été jugés dignes de conserver ici votre présence maternelle. »

« C'est en vain que pour consoler leur douleur, continue à dire M. l'abbé Grillot, Urbain VIII leur envoya une image de la Sainte Vierge peinte par Saint Luc sur

---

(1) Le seul rhythme de ces vers serait une preuve de l'antiquité de la tradition qu'ils rappellent. C'est une mesure écartée depuis le XIIIe siècle des hymnes de l'Eglise, et qu'on ne trouve que dans quelques-uns de ses chants datant de cette époque : le *Dies iræ*, le *Lauda Sion* et le *Stabat Mater*. (Abbé Grillot.)

une tablette de cèdre, pour être exposée dans la petite chapelle que leur gouverneur Nicolas Frangipani a fait élever à la place occupée par la Sainte Maison ; que Grégoire XIII a autorisé l'érection d'un autel privilégié quotidien, faveur rare à cette époque ; qu'Innocent XII attacha une indulgence plénière au 10 mai, jour anniversaire de la première translation ; que Clément XI octroya aux peuples de la Dalmatie le droit de célébrer cette fête avec une messe propre et un office particulier...

» C'est dans ce même but que Grégoire XIII fit élever en face du palais apostolique, à côté de la basilique qui renferme le cher objet de leurs regrets, ce monument, fermé seulement depuis 1869, et appelé le Collège Illyrien, parce qu'il était destiné à l'éducation de trente-six jeunes gens de cette nation, qui de là devaient retourner dans leur patrie afin d'y maintenir la religion catholique ! »

Mais toutes ces faveurs, tous ces souvenirs leur rappellent, plutôt qu'ils ne leur font oublier, le bien qu'ils ont perdu ; et les pèlerins qui vont à Lorète à l'époque des grandes fêtes de la Sainte Vierge, sont encore témoins des touchantes démonstrations des Dalmates, qui ne cessent de venir supplier leur bonne Mère de retourner chez eux.

Nous avons vu les transports joyeux des habitants de Récanati, l'enthousiasme immense de toutes les populations des Marches, et l'empressement des pèlerins de toute l'Italie et d'ailleurs, à la nouvelle des translations successives de la mystérieuse Maison, à l'annonce des premiers prodiges opérés par le contact des saintes murailles.

Mais la majestueuse basilique dans laquelle ses heureux possesseurs l'ont enfermée ; les superbes monuments qu'ils ont bâtis autour et qui semblent lu faire une garde d'honneur; les épaisses murailles qu'ils ont élevées pour la défendre contre toute déprédation, et les immenses trésors accumulés autour de la pieuse relique par la reconnaissance des milliers de pèlerins de tous pays disent mieux que l'éloquente voix de ses historiens, mieux que la parole inspirée de ses poètes, dans un langage universel et que les sourds mêmes entendent, combien est profonde l'admiration pour le noble sanctuaire, dans le cœur de tous ceux qui ont eu le bonheur de le visiter, et avec quelle conviction ils le regardent comme le vrai berceau de la Reine des Anges, comme la glorieuse demeure de cette Trinité sainte de la terre : Jésus, Marie, Joseph.

L'histoire de la translation a été racontée, en effet, dans toutes les langues, en prose et en vers ; et l'on ne compte plus les auteurs français qui ont écrit sur Lorète. C'est à ces sources diverses que nous puiserons une bonne partie des éléments de notre modeste ouvrage.

Voici, en attendant, à titre de curiosité littéraire, quelques vers, en vieux français, détachés d'un livre dédié en 1604 au roi de France Henri IV, par son auteur, le P. Louis Richeome :

> Mère glorieuse
> Du Fils roy des roys,
> Mère gracieuse,
> Escoutés ma voix.
>
> Oyez ma prière,
> Oyez mes soupirs ;
> Dressez la carrière
> De tous mes désirs.
>
> Ma voix gémissante
> Vous dict mes langueurs,

Ma prière instante
Requiert vos faveurs.

Au ciel je soupire
Par vœux larmoyants :
Le ciel je désire,
Terre des vivants.

Impétrez moi grâce
De toujours marcher
Des saincts en la trace
Sans Dieu offenser ;

De marcher sur terre
Comme pèlerin,
De prendre à grand'erre
Du ciel le chemin ;

De voir la chambrette
Du grand Dieu logis,
Vostre maisonnette
En fin paradis.

CHAPITRE IV

PRODIGES QUI ONT MARQUÉ LES PREMIÈRES ANNÉES DU SÉJOUR DE LA SAINTE MAISON A LORÈTE.

SOMMAIRE DU RÉCIT : Des murailles qui se repoussent. — Une maison sans fondements sur un sol inégal et incliné. — Une clarté resplendissante enveloppe le mystérieux sanctuaire. — Paul della Selva et les assemblées populaires. — La foule attend le prodige annoncé. — La veillée des Dames. — La fête de la Nativité de la Vierge devenue la solennité principale de Notre-Dame de Lorète à la place de la fête de l'Annonciation. — Spectacle extraordinaire entre le ciel et la terre. — Le village de Monte-Filattrano. — Des feux éclatants en plein jour qui ne brûlent pas. — Une comète dans une église. — Un vieux crucifix qui ne veut pas déménager.

Nous avons dit ailleurs que dans les premiers jours de l'année 1296, pour se conformer au désir du pape Boniface VIII, l'évêque Monseigneur Frédéric de Nicolò de Giovanni et les Administrateurs de Récanati, en vue de consolider les saintes murailles, dont la fragilité faisait craindre que le pieux édifice ne s'écroulât d'un jour à l'autre, leur firent donner l'appui de murs solides.

« Or, dit le P. Riéra, le bruit public se propagea dans la province d'Ancône, comme un grand miracle, qu'au moment même où l'ouvrage venait d'être terminé, on trouva les nouvelles murailles tellement séparées des anciennes, qu'un petit enfant pouvait y passer facilement avec un flambeau à la main, pour montrer à la foule, quand l'occasion s'en présentait, la vérité de cet écartement. Ce prodige frappa vivement les esprits, d'autant plus que l'on savait avec exactitude qu'auparavant elles étaient si étroitement unies qu'il n'y avait pas entre les deux l'épaisseur d'un cheveu. Quelle que soit la cause de ce phénomène, la vérité du fait est au-dessus de toute controverse, car aujourd'hui encore (1580) vivent plusieurs personnes qui ont contemplé de leurs yeux cet admirable spectacle. »

Et en effet, lorsque sous Clément VII (1523-1534) on démolit les murs élevés en 1300 par Monseigneur Frédéric Nicolò pour construire le revêtement de marbre que l'on admire aujourd'hui, on constata que ces murs n'adhéraient pas à la Sainte Maison, et qu'ils étaient miraculeusement écartés d'environ cinquante centimètres. Tout le peuple put même s'assurer alors que les saintes murailles posaient sans fondement sur un sol inégal, poudreux et incliné comme devait l'être, à cette place, celui du chemin qui conduisait de Récanati à la mer, sur lequel les Anges avaient, ainsi que le rapportait la tradition, déposé le mystérieux édifice.

Miracles des Flammes.

Un prodige encore plus surprenant qui, chaque année, s'est renouvelé jusqu'au pontificat de Paul III (1534-1549), est rapporté par tous les historiens de Lorète jusqu'au P. Riéra.

Celui-ci dit que, de son temps, il y avait à peine une vingtaine d'années que le prodige avait cessé ; mais il lui avait été raconté souvent par plusieurs habitants de

Récanati, qui lui affirmaient l'avoir vu plusieurs fois de leurs propres yeux.

L'ermite Paul della Selva, qui a écrit en 1297, pour Charles II, roi de Naples, ce récit émouvant des translations de la Sainte Maison, s'était rapproché de la sainte chapelle qu'il voyait ainsi de l'intérieur de sa cellule. Une nuit qu'il était en prière, le visage tourné, selon son habitude, vers la demeure de Marie, il vit une flamme très brillante descendre du ciel sur le pieux Sanctuaire et l'envelopper d'une clarté resplendissante.

Se méfiant de ses sens, il ne parla à personne de ce qu'il avait vu ; mais l'année suivante et plusieurs autres après, le même prodige s'étant renouvelé à la même heure et le même jour (3 heures du matin, le 8 septembre), il jugea qu'il ne pourrait se taire plus longtemps sans manquer à sa conscience, et il alla tout raconter à l'Evêque et aux principaux seigneurs de la contrée. En même temps il l'annonçait dans les assemblées du peuple ; et bientôt, dans toute l'Italie, il ne fut plus question que du nouveau miracle dont la Sainte Maison de Lorète était l'objet.

Aussi l'année suivante, à la veille de la fête de la Nativité de la Sainte Vierge, une multitude de pèlerins et toutes les populations voisines accoururent à Lorète, pour contempler une si solennelle manifestation de la sollicitude céleste pour la gloire de l'auguste Vierge de Nazareth.

La pieuse attente de cette foule anxieuse, mais recueillie, ne fut point déçue : tout à coup, une clameur semblable au bruit des grandes eaux de l'Océan venant battre tumultueusement les falaises du rivage s'élève de cette multitude qui, à l'heure attendue, a vu descendre sur la Sainte Maison de la Mère de Dieu une lumière céleste dont l'éclat, pareil à celui des plus brillantes flammes, l'éblouit et la remplit d'un saint enthousiasme.

Le même fait s'est reproduit pendant un très grand nombre d'années, et toujours sous les yeux de milliers de spectateurs. « Aussi est-ce de là, dit le P. Caillau, qu'est née cette disposition des fidèles à célébrer particulièrement à Lorète la fête de la naissance de Marie ; de là l'usage dès longtemps consacré de laisser les femmes passer la nuit dans la sainte basilique, pour y assister en quelque sorte au bienheureux enfantement de Sainte Anne ; de là le grand changement opéré dans la liturgie de cette église, où la fête de l'Annonciation, autrefois solennité principale, a fait place à celle de la Nativité, qui tient aujourd'hui le premier rang. »

Le miracle, quelque temps interrompu, se renouvela l'année même de la mort du pontife Paul III, en 1550.

Il se reproduisit avec plus d'éclat encore l'année 1554. Des feux semblables à des étoiles montaient de la coupole dans les airs, se rendaient au-dessus de l'antique église consacrée à la Sainte Vierge, au village voisin de Monte-Filattrano ; là, restant quelque temps suspendus et s'agitant en cadence, ils revenaient à leur point de départ, au-dessus de la Maison de Marie.

Ce spectacle, donné par le Ciel à la Terre, se prolongeait pendant la plus grande partie de la nuit ; commencé deux heures après le coucher du soleil, il ne cessait qu'à son lever. Le bruit en fut bientôt répandu dans tout le pays. Les populations entières des villages environnants accoururent pour en être témoins. Il avait cela de singulier que, toujours visibles pour ceux qui les regardaient d'une distance convenable, ces flammes s'évanouissaient aux yeux de ceux qui se rendaient sur le lieu même où elles étaient arrêtées ; mais tous les voyaient passer au-dessus de leurs têtes et se rendre de l'une à l'autre église.

L'année suivante, ces mêmes flammes apparaissent de nouveau, mais cette fois avec des circonstances plus extraordinaires encore.

Un religieux de la Société de Jésus prêchant selon l'usage dans la basilique, vers le milieu du jour, des feux éclatants descendent de la coupole sur la Sainte Maison, puis s'étendent, se dilatent, se répandent sur toute la foule qui écoutait la parole de Dieu, et l'enveloppent comme d'un nuage de lumière. En même temps un sentiment d'ineffable consolation remplit les âmes ; c'est à peine s'il y a place à l'étonnement ; tout entiers à la grâce qui leur est faite, les cœurs se fondent d'amour et de piété. Le P. Riéra était présent. Il se prosterna sur le pavé de la basilique, se sentit inondé d'une joie céleste, et passa plusieurs jours dans des transports d'amour de Dieu et d'une tendre dévotion pour Marie. Il lisait, dit-il sur le visage de ceux qui l'entouraient, dans leurs regards, dans tous leurs gestes l'expression de ces sentiments dont il était rempli lui-même.

Deux années après, en 1557, pendant qu'un autre religieux prêchait dans la chapelle du chœur des chanoines, et que les pénitenciers entendaient les confessions des pèlerins, une flamme en forme de comète se détache du haut de la coupole, descend sur la Sainte Maison et reste un instant suspendue sur sa voûte. Bientôt elle se dirige vers le lieu de la prédication, puis tournant à gauche, elle vient dans cette partie de l'église où sont les confessionnaux des pénitenciers, et se balance sur la tête des pénitents et des confesseurs. Enfin elle rentre dans la Sainte Maison, s'arrête un moment devant l'antique crucifix, puis remonte lentement dans les airs (1).

Vers le même temps, les habitants de Récanati, éloignés de cinq milles du mystérieux Sanctuaire et ne pouvant y prier aussi souvent et aussi longtemps qu'ils le désiraient, voulurent posséder dans leur ville un objet qui eût appartenu à la Sainte Maison. Ils transportèrent en grande pompe et placèrent dans une chapelle, richement ornée pour le recevoir, le vieux crucifix venu d'Orient avec elle. Le lendemain matin, lorsqu'ils vinrent pour le vénérer, ils s'aperçurent avec surprise qu'il avait disparu. On le retrouva à sa place dans la Sainte Maison, au-dessus de l'autel des Apôtres. Ce prodige, renouvelé à diverses reprises, les obligea de renoncer à leur dessein.

(1) D'après Milochau.

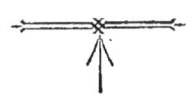

CHAPITRE V

Conditions extraordinaires d'existence de la Sainte Maison

—

Sommaire du récit : Effets visibles, dans la nature, des convulsions de notre planète. — Les tremblements de terre à Lorète. — La Sainte Maison protégée d'une manière évidente par une main toute-puissante. — Des fouilles curieuses et fort instructives. — Constatations publiques. — Un nouveau Saint Thomas, convaincu et content. — Concordance entre la tradition, les inscriptions et l'état des lieux. — Architectes. — Maîtres-maçons. — Prélats. — Prêtres. — Nobles et Dames. — Relation affirmée par serment par les architectes, approuvée par les évêques et visée par les notaires, que la Sainte Maison se tient debout, bien que n'ayant ni fondements, ni appui d'aucune sorte.

Il n'est peut-être pas un pouce du sol de l'Italie qui, depuis que la Sainte Maison a été assise sur la colline de Lorète, n'ait plus d'une fois éprouvé les convulsions étranges d'un tremblement de terre durant lesquelles les plus solides constructions tremblent et s'ébrèchent, si elles ne s'écroulent totalement, comme si la nature voulait alors rappeler aux hommes la fragilité de tout ce qui sort de leurs mains et leur propre fragilité.

Tous les monuments élevés autour de la Santa Casa portent la trace des spasmes de notre planète. Seul, le mystérieux Sanctuaire demeure aussi intact qu'au premier jour de son apparition sur le territoire de

Récanati. Et cependant, ainsi que le prouvent les constatations solennellement faites en 1751, quand on restaura le pavé qui avait été construit en 1672, constatations consignées dans un procès-verbal déposé entre les mains des gardiens de la Sainte Maison, aucun fondement ne fixe au sol ses faibles murailles, aucun appui ne les soutient si ce n'est l'appui d'une Volonté toute-puissante qui manifeste ainsi la sainteté de ce pieux asile, et le glorieux honneur qui lui fut départi d'abriter sous son toit l'Enfant-Dieu et son auguste Mère.

Voici quelques extraits des principaux passages de ce procès-verbal, traduits à peu près littéralement de l'original italien.

« Les travaux de restauration du pavé construit en 1672, et dès l'année dernière (1750) reconnu usé à cause du nombreux concours des fidèles qui visitent souvent la Sainte Maison, ont commencé le 14 avril de la courante année 1751, par l'enlèvement des pierres qui tenaient de plus près aux saintes murailles, en présence de Monseigneur Bacchettoni, notre évêque, de Monseigneur Stella, gouverneur, et de plusieurs religieux et séculiers, qui tous ont constaté que les saintes murailles étaient posées sans aucun fondement sur une terre friable et meuble, tellement légère qu'il a été facile de faire sous les murs, avec les mains seulement, des trous par lesquels on a pu introduire le bras jusqu'au côté opposé.

» Dans la soirée du 15 on pratiqua de nouvelles cavités sous les saintes murailles, particulièrement aux angles, en présence des mêmes prélats, prêtres et séculiers. Puis on ouvrit, sous les côtés du Septentrion et du Midi, deux larges tranchées par où l'on put voir que ces murs n'avaient aucun contact avec le mur qui soutient le revêtement de marbre, mais qu'ils en étaient écartés d'au moins deux bons pans, de manière qu'à plusieurs reprises on put y introduire des torches allumées.

» Il y avait parmi les assistants un père Jésuite, que le Pénitencier flamand P. François Macqué, qui l'avait amené, dit être un Père Bollandiste, lequel, en voyant les saintes murailles sans fondements, insinua qu'elles pouvaient être plombées et retenues par des barres de fer assujetties aux murs qui soutiennent les marbres et la voûte. L'ouvrier fit aussitôt apporter une échelle qu'il posa sous une petite ouverture pratiquée dans la voûte sur le mur du Septentrion. Il y fit monter le P. Jésuite qui, à la faveur de la lumière d'une torche introduite dans la tranchée du bas, put voir qu'il n'y avait ni barre de fer ni aucun autre appui.

» Ayant donc constaté que tout concordait avec la tradition ancienne, et particulièrement avec l'inscription mise par ordre de Clément VIII, on décida d'en permettre l'accès au peuple, afin de convaincre par l'évidence les incrédules qui mettent encore en doute la non existence des fondements.

» On ferma donc les cavités avec des planches, et tout fut suspendu jusqu'au 22, jour qui, après plusieurs conférences, fut fixé par le Gouverneur, dès le lendemain matin 16, pour être consacré à l'admission du public.

» On écrivit en conséquence à tous les évêques de notre *Marche* en les priant d'amener autant d'architectes et de maîtres-maçons qu'ils trouveraient.

» Dans la matinée du 21 on vit arriver trois architectes et quatre maîtres-maçons, et dans la soirée, les évêques d'Ascoli, de Macerata et notre évêque de Récanati ; puis, le jour suivant, l'archevêque de Fermo, l'évêque de Jési, le gouverneur d'Ancône et Monseigneur Ferrerio, avec une foule nombreuse de nobles et de dames.

....
....

« Le 22, vers la vingtième heure, on ouvrit la porte de la Sainte Maison qui regarde le Midi, gardée par une forte haie de soldats, et l'on en permit l'accès à tous ceux qui voulurent visiter les murailles jusqu'à la vingt-troisième heure. Puis vinrent les ecclésiastiques réguliers, les séculiers et enfin les nobles. Il était une heure et demie de la nuit lorsque les Prélats suivis de plusieurs ecclésiastiques et de nobles étrangers, au nombre d'une cinquantaine environ, allèrent à leur tour voir l'état des saintes murailles et entendre le rapport qui leur en fut fait par les architectes et les maîtres-maçons.

» Tout cela dura jusqu'à quatre heures de la nuit. Le jour suivant, les architectes et les maîtres-maçons en écrivirent une relation qu'ils affirmèrent par serment et qui, approuvée de même par les évêques dont les notaires légalisèrent les signatures, fut déposée dans les archives du sanctuaire. En voici la teneur, conforme à la première copie envoyée à Rome, à la S. Congrégation.

« Les saintes murailles reposent, à la distance de deux et quelques pouces des murs qui soutiennent le revêtement de marbre, tant du côté du Septentrion que des autres côtés, sans aucun fondement, sur un sol meuble et raviné comme celui d'un chemin. Sous le côté du Couchant, la terre est mêlée avec quelques morceaux de tuffeau naturel.

» Nous avons reconnu que la Sainte Maison est construite, non en briques de terre cuite, mais avec des pierres naturelles aussi tendres que notre tuf, auquel elles ressemblent, si ce n'est par leur couleur qui est d'un rouge très foncé.

....
....

» La reconnaissance terminée, les Évêques et les Prélats, ne se lassaient pas de baiser, à genoux, avec une tendre dévotion, les Saintes Murailles.

» Pour la satisfaction du peuple, les excavations furent laissées ouvertes et accessibles à tous pendant huit jours encore ; et beaucoup d'étrangers de toute condition ont pu, pendant ce temps, s'assurer de cette vérité que la Sainte Maison se tient seule debout, bien que n'ayant ni fondements ni appui d'aucune sorte. »

CHAPITRE VI

Indéfectibilité des murs de la Sainte Maison et des autres matériaux qui en font partie

---

Sommaire du récit : Contraste inexplicable. — Un principe de vie qui neutralise l'action du temps. — Un miracle permanent. — Le marbre garde l'empreinte des genoux des pèlerins. — Un Christ de bronze dont on a mangé la tête. — La pierre, le bois demeurent intacts. — Si chacun en prenait, il n'y en aurait pas pour trois jours !... — Les défenses de l'Eglise. — Transgressions rigoureusement et miraculeusement punies. — Mahomet II et ses Turcs. — Sélim II à Notre-Dame de Lorète. — Le duc d'Urbain, les loups, une nuée mystérieuse. — Une épée à l'entrée de la Sainte Chapelle. — Des murailles qui se défendent. — Mésaventure d'un architecte. — Panique générale. — Dévoûment de Ventura Perini. — Tribulations d'un évêque. — Une relique qui porte malheur. — Railleries d'un officier français.

Un contraste, inexplicable par les seules lumières de la raison humaine, impressionne vivement tous les pèlerins de Lorète. Tandis qu'autour de la Sainte Maison, tout ce qui n'est pas elle vieillit, s'use, se détruit, le vénéré sanctuaire se conserve intact, comme si les matériaux avaient en eux un principe de vie qui neutralise l'action du temps et les affranchit des lois auxquelles toute chose créée est assujettie.

C'est ainsi que la pierre, le marbre et le bronze de la basilique présentent les signes d'une destruction lente mais certaine, que les genoux des fidèles ont creusé un double et profond sillon dans le marbre extérieur du revêtement, et que leurs baisers ont à demi dévoré la tête du Christ de bronze de la porte septentrionale, alors que les pierres des saintes Murailles qu'aucun mortier, qu'aucun enduit ne protège, et qui chaque jour reçoivent les baisers ardents et le contact incessant de milliers de pèlerins demeurent intactes ; alors qu'une poutre de la charpente du toit primitif, encastrée dans le pavé, au niveau du sol et piétinée sans cesse par le flot mouvant et toujours renouvelé des visiteurs, est en aussi bon état qu'au premier jour; alors que les têtes des solives restées dans les murs, que les saintes reliques, que tout ce qui enfin est venu d'Orient avec le vénéré Sanctuaire ne présente pas la moindre trace d'altération.

N'y a-t-il pas là un miracle permanent, d'une palpable évidence, qui prouve bien que ce saint édifice n'est pas une contrefaçon quelconque de la demeure de la Sainte Vierge, qui atteste le soin que Dieu prend de sa conservation ?

Mais la protection divine ne s'exerce pas seulement d'une manière pour ainsi dire invisible; elle s'est souvent affirmée par des actes éclatants de rigueur sur des personnes qui avaient osé attenter à l'intégrité des Saintes Murailles.

Quoique défendu contre l'action du temps par une sollicitude céleste, le vénéré Sanctuaire pouvait, en effet, disparaître insensiblement par les pieux larcins d'une dévotion indiscrète ; car chacun sait quel est le prix pour les vrais croyants de la moindre parcelle d'un objet auquel ils attachent un religieux souvenir, ou auquel ils attribuent une vertu miraculeuse.

Or, comme l'a dit Montaigne, un des nombreux et

pieux pèlerins français de la Sainte Maison, dans son *Voyage en Italie* (1580-1581), « s'il était permis d'en emporter (de ces murs), il n'y en aurait pas pour trois jours. »

Aussi l'Église a-t-elle défendu sous peine d'excommunication non-seulement de prendre quoi que ce soit de la Sainte Chapelle, mais de gratter même les pierres de ses murs ou le ciment qui les lie. Cependant, ignorant sans doute cette sévère prohibition, ou poussés plutôt par l'espoir des grâces que la possession d'une de ces reliques leur assurerait, quelques pèlerins se sont plus d'une fois approprié des fragments de pierre ou de ciment qu'ils avaient réussi à dérober à la Santa Casa.

Mais au lieu des faveurs qu'ils en espéraient, des tourments, des maladies, ou des malheurs épouvantables les ont aussitôt atteints, et ils n'ont pu en être délivrés qu'en rendant à la Sainte Maison l'objet que par une indiscrète piété ils lui avaient soustrait.

Voici quelques exemples choisis, entre beaucoup d'autres, parmi ceux qui ont eu le public pour témoin, ou dont la vérité est attestée par des actes authentiques et par conséquent indéniables.

I

En 1471, sous le pontificat de Sixte IV, les Turcs, guidés par Mahomet II, se jetèrent sur l'Italie, s'emparèrent d'Otrante et saccagèrent toutes les côtes de la mer Adriatique. Déjà ils étaient arrivés au port de Récanati, et se dirigeaient vers la Sainte Chapelle, pour en piller les trésors ; mais saisis d'une frayeur soudaine, ils se retirèrent bientôt en désordre, confessant hautement que ce lieu était défendu par une protection particulière du Ciel.

Le même prodige se renouvela quelque temps après, lorsque Sélim II, petit-fils de Mahomet, voulut monter au divin Sanctuaire pour le dépouiller. Des esclaves chrétiens, arrachés plus tard à la servitude, attestèrent que plusieurs fois les Musulmans avaient fait force de rames pour s'approcher de Lorète, mais que toujours ils avaient été repoussés par une force secrète et invisible (1).

II

Dépouillé de ses domaines par Léon X (1513-1521), contre qui il s'était révolté, le duc d'Urbin y était entré en armes ; et, pour se venger de l'outrage qu'il prétendait avoir reçu, il s'était jeté dans la Marche avec une armée composée de bandes indisciplinées, écume de toutes les nations. Les richesses de la Santa Casa tentèrent la convoitise de ces hommes ; ils formèrent entre eux le dessein de la piller. Le duc d'Urbin, qui n'avait point, comme eux, dépouillé tout sentiment de piété, s'efforça de les détourner de leur criminel projet ; avis, prières, menaces, tout fut inutile.

Contraint de suivre ceux qu'il aurait dû conduire, le duc se proposait au moins de modérer leur fureur. Le corps de son armée s'était mis en marche, quand tout à coup l'avant-garde se replie en désordre : une

---

(1) Tursellin, *Hist. Lauret.* Lib. II, cap. IV et XIX. (*Traduction de M. Grillot.*)

bande de loups furieux s'était jetée sur elle et avait dévoré plusieurs de ses hommes ; les autres protestent qu'une puissance divine protège le Sanctuaire. Néanmoins, le reste de la troupe, sans se déconcerter, continue à s'avancer, bien décidé, quoi qu'il arrive, à poursuivre jusqu'au bout son entreprise.

Mais à peine apparaît dans le lointain le dôme de la basilique, qu'un tremblement subit s'empare des profanateurs ; une nuée mystérieuse environnant l'édifice redouble leur effroi ; et, subitement changés, ces hommes, qui étaient venus pour profaner et ravir, tombent à genoux devant l'auguste Sanctuaire, demandant à grands cris pardon de leur audacieux attentat ; puis ils se dépouillent de ce qu'ils ont de plus précieux, et l'offrent en hommage à Marie.

Ravi de ce changement inattendu, qui épargne à sa conscience un crime et à sa mémoire un opprobre ineffaçable, le duc d'Urbin détache son épée et la suspend à l'entrée de la Sainte Chapelle ; en même temps il fait vœu d'évacuer le territoire de la Marche d'Ancône, qui fut ainsi délivré de la dévastation et du pillage (1).

III

Le fait que nous allons raconter remonte au pontificat du pape Clément VII (1523-1534), et signala l'ouverture des travaux du revêtement de marbre dont Jules II et Léon X avaient préparé en grande partie les matériaux.

(1) Tursellin, d'après M. Grillot.

La mise à exécution des plans de Bramante, définitivement approuvés et arrêtés par le Saint-Père, exigeait que l'unique porte de la Sainte Maison, trop mal placée et insuffisante d'ailleurs, fût murée et qu'on en ouvrît à sa place trois autres, pour faciliter l'accès et la circulation du vénéré Sanctuaire. Tout le monde reconnaissait la nécessité de cette modification ; mais chacun se demandait qui oserait porter la main sur ces saintes murailles. Aucun ouvrier ne voulut, au moment donné, frapper les premiers coups. La foule stationnait, anxieuse et morne autour du saint édifice, ne présageant rien de bon d'une entreprise considérée presque comme une profanation, malgré l'approbation du Saint-Père et la sainteté du but à atteindre. Il fallait pourtant se décider.

Pour encourager ses ouvriers, l'architecte en chef Nerucci prend un marteau et frappe ; mais il ne relève pas le bras pour donner un second coup ; pâle et tremblant, il chancelle et s'affaisse.....

Durant toute la journée, il reste entre la vie et la mort. Désespérée, sa femme court se jeter aux pieds de Marie qui, touchée sans doute de ses larmes, accueille sa prière et rend la santé à son imprudent époux.

Informé de ce qui arrive, Clément VII écrit : « Ne craignez pas de percer les murailles du Sanctuaire auguste ; elles se laisseront ouvrir, lorsqu'on s'approchera d'elles armé de la prière, du jeûne et de respect pour Marie. »

L'architecte refuse obstinément de recommencer l'épreuve. Le temps se passe ; cependant les excitations du Pape devenant plus pressantes, plus formelles, un clerc de la Sainte Chapelle, nommé Ventura Perini, offre de se dévouer. Il demande seulement trois jours pour se préparer par la prière et un jeûne rigoureux à cette entreprise qui peut lui devenir fatale.

Le troisième jour, il se rend à la Sainte Chapelle, où une foule nombreuse, émue, l'attend déjà. Il fléchit le genou, baise longuement les saintes Murailles, adresse une fervente prière à Marie ; puis il prend le marteau, lève le bras et s'écrie : « Pardonnez, ô Sainte Maison de la Vierge ; ce n'est pas moi qui vous perce ; c'est Clément, Vicaire de Jésus-Christ, dans son zèle pour votre embellissement ! » Il frappe un coup, suivi d'un second et de beaucoup d'autres, sans se troubler ni pâlir. Un immense soupir de soulagement sort de toutes les poitrines haletantes ; les ouvriers s'enhardissent ; ils se mettent à l'œuvre avec une pieuse diligence. On entoure le courageux Perini ; on le félicite, on le loue, et depuis ce moment les travaux de construction du précieux reliquaire se continuent sans obstacle.

Dieu avait clairement manifesté avec quelle jalouse sollicitude il veille à l'intégrité de la demeure de sa sainte Mère, et il était aisé de prévoir que si, à la prière de son Vicaire, il avait laissé s'accomplir un acte qui, en réalité, n'était pas une déprédation, mais bien une manifestation d'amour inspirée par la pensée d'augmenter la splendeur du vénéré Sanctuaire, il serait inexorable pour les spoliateurs, quels qu'en fussent l'autorité et le caractère. C'est ce qui résulte du fait suivant.

IV

Un évêque de Coïmbre, en Portugal, Monseigneur Jean Suarez, comte d'Algagnil, se rendant, en novembre 1561, dans le Tyrol autrichien pour assister au célèbre Concile œcuménique de Trente, alla faire d'abord un pèlerinage à Notre-Dame de Lorète, avec la pensée d'y prendre une pierre de la SainteMaison, pour la déposer, comme une relique, dans une chapelle qu'il avait l'intention d'édifier dans son diocèse sur le modèle et les plans de celle de Lorète.

Le Cardinal Protecteur, à qui il la demanda, lui opposa un refus formel, catégorique, basé sur les prohibitions édictées par le Saint-Siège. Rebuté également par le Gouverneur de Lorète, il s'adressa au Saint-Père lui-même, et fut si pressant que Pie IV, vaincu par ses instances, lui accorda par un bref l'autorisation qu'il sollicitait.

Mais personne ne voulut se faire le complice d'un acte considéré par tous comme un outrage à la Sainte Maison et qui ne resterait pas impuni. Alors François Stella, chapelain de l'Évêque, resté à Lorète pour exécuter le projet de son maître, qui déjà s'était mis en route pour Trente, arracha lui-même, non sans peine, une pierre au milieu des murmures des témoins attristés de cette scène, qui ne lui épargnèrent ni les remontrances ni les alarmants pronostics ; mais inquiet et comme repentant de sa grande hardiesse, le chapelain retarda son départ de huit jours, et pendant ce temps, il ne cessa d'implorer la miséricordieuse pitié de la Sainte Vierge.

Enfin il part le premier jour de décembre. Dans son voyage, semé d'accidents de toutes sortes, il faillit perdre vingt fois la vie ; ses chevaux s'abattent ; il tombe dans des précipices ; il s'égare dans des forêts ; plus d'une fois il fut sur le point de se noyer dans les torrents débordés.

Arrivé à Trente, il raconte tout à son maître qui, ne comprenant pas tous ces avertissements du Ciel, se dispose à envoyer en Portugal la précieuse pierre.

Déjà elle est renfermée dans une boite d'argent, lorsque une fièvre violente, accompagnée de douleurs intolérables au côté, saisit le prélat. Les meilleurs médecins, mandés en toute hâte, déclarent que la maladie n'a rien d'humain et qu'ils sont impuissants à la guérir. Deux saintes Communautés, aux prières desquelles on a recommandé le malade, répondent uniformément, sans savoir ce qui s'est passé, que l'évêque n'a pas de guérison à attendre s'il ne rend à Lorète ce qu'il lui a pris.

Ouvrant alors les yeux, il ordonne à son chapelain de partir sur le champ et de rapporter la pieuse relique à la Sainte Maison. François Stella n'est pas plus tôt sur le chemin de Lorète, que le malade éprouve un léger soulagement. Le mieux s'accentue à mesure que son messager s'approche davantage du vénéré Sanctuaire, et l'évêque se sent complètement guéri à l'heure même où la pierre était remise à sa place.

Pour perpétuer le souvenir de ce miracle, le Gouverneur de la ville fit entourer cette pierre d'une lame de fer qui se voit encore dans le mur du Septentrion. De son côté, Monseigneur Jean Suarez écrivit au Gouverneur la lettre suivante, dont une copie authentique fut déposée dans la petite armoire de la Sainte Maison, où nous l'avons vue, et l'original, envoyé à Rome, se conserve dans la bibliothèque du Vatican.

Voici cette lettre :

« Dieu et sa sainte Mère m'ont fait entendre par des signes certains que je devais envoyer à Lorète la pierre que j'en avais emportée ; car, par la permission divine, une maladie étrange est venu abattre ma santé jusqu'alors robuste, et j'ai connu clairement, par l'avis de personnes pieuses et agréables à Dieu, que c'était là l'unique cause de mon mal. Alors je me hâtai de demander à Dieu et à sa sainte Mère le pardon et la paix, et j'ordonnai que la pierre fût rapportée à sa même place par le même François Stella, d'Arezzo, mon aumônier, qui l'en avait tirée. Je vous prie et vous conjure de recevoir la pierre avec la chaux qui l'environne, et de la réintégrer dans son lieu avec la dévotion et la solennité convenables. Je vous demande aussi de vouloir bien garder les petits coffres d'argent qui renferment la pierre et la chaux en témoignage de ce miracle, et pour en conserver éternellement la mémoire à la postérité. Vous m'obligerez aussi beaucoup de rendre un compte exact de ce qui s'est passé au Cardinal Protecteur et à Sa Sainteté, afin qu'à l'avenir Elle confirme les censures ecclésiastiques contre les violateurs de la Sainte Maison, pour empêcher d'en rien enlever. Votre Seigneurie voudra bien aussi, avec les bons prêtres du Sanctuaire de Marie, présenter à la bienheureuse Vierge d'humbles prières, afin qu'elle daigne me pardonner mon erreur ou ma faute.

« Trente, le 8 avril 1562. »

V

Tursellin rapporte encore qu'en 1585, le clergé et la population de Lorète allèrent processionnellement recevoir aux portes de la ville une pierre que, vingt ans auparavant, un habitant de Palerme avait soustraite à la Sainte Maison, et qu'il renvoyait au Gouverneur de Lorète par l'entremise du Cardinal Protecteur, dans l'espoir d'être délivré d'une cruelle infirmité, commencée le jour même de son larcin.

Pendant vingt ans, en effet, cet homme, ne se doutant pas de la cause de son mal, avait inutilement épuisé tous les remèdes : l'art se déclarait impuissant à le guérir. Un jour, en pensant avec découragement à l'inutilité de la possession de cette pierre, dans laquelle il avait espéré trouver mille faveurs, par une sorte d'inspiration du Ciel, qui le trouvait peut-être suffisamment puni, il constata que son infirmité devenait chaque année plus aiguë à l'approche du jour où il avait dérobé cette relique.

Un digne ecclésiastique, auquel il fit connaître ces circonstances, n'hésita pas à lui déclarer que ce larcin était la cause de son mal, et il se chargea volontiers de faire parvenir la pierre à sa destination.

Tursellin affirme qu'à l'heure même où elle fut remise à sa place, à la vue de tout le peuple, le malade recouvra entièrement sa santé.

VI

Nous finirons ce que nous avions à dire sur cette matière par le récit du fait suivant, que nous trouvons avec beaucoup d'autres dans une *Histoire de la Sainte Maison*, imprimée en italien en 1784, sous le nom de Gaudenti, dont les écrits ont une grande réputation de sincérité.

Le héros est un officier français dont Gaudenti tait le nom par respect, dit-il, pour sa famille. Cet officier, se trouvant à Lorète, reçut un jour un petit paquet contenant des fragments de pierres et de ciment, avec prière de le remettre sans retard aux gardiens de la Sainte Maison.

Souriant du message, l'officier se mit à plaisanter sur la simplicité de la personne qui le lui envoyait. « Prenez-y garde, lui dit un habitant de Lorète qui se trouvait présent, ces sortes de choses sont ordinairement très sérieuses, et je vous conseille fort de ne pas différer l'exécution de ce message. » Ce conseil ne servit qu'à détourner sur le personnage lorétain les railleries de l'officier qui, après avoir bien ri de la crédulité de son interlocuteur, ajouta : « Enfin, tranquillisez-vous, je m'en occuperai... quand je n'aurai rien de mieux à faire. »

Mais quelques instants s'étaient à peine écoulés que, saisi d'une fièvre des plus violentes, l'officier dut être transporté chez lui où bientôt son état devint désespéré. On lui administra les derniers sacrements.

Abandonné des médecins, il tourne toutes ses pensées vers Dieu, et se souvient, alors seulement, de la commission dont on l'avait chargé. Il fait venir le curé de la paroisse, D. Etienne Belli, à qui il remet ces reliques auxquelles il commence à attribuer son mal.

Aussitôt en paix avec sa conscience, son état physique s'améliore progressivement, et dès le lendemain matin il peut aller, complètement guéri, dans la Sainte Maison pour faire amende honorable à la Sainte Vierge, dont il reconnaît la puissance et la bénignité, et la remercier de sa miséricordieuse bonté à son égard.

CHAPITRE VII

MOUVEMENT RELIGIEUX DONT LE SANCTUAIRE DE LORÈTE EST, DEPUIS SIX SIÈCLES ENVIRON, LA CAUSE ET LE BUT.

SOMMAIRE DU RÉCIT : La dévotion appelle la Grâce d'où procède la Foi, qui est la boussole de l'esprit, le phare dont les feux éclairent les profondeurs mêmes des Cieux. — La Sainte Vierge, source de grâces, est partout une bonne Mère : pourquoi la cherche-t-on particulièrement à Lorète ? — Quiconque ira au lieu où Marie est née et a été élevée, non-seulement sera purifié, mais deviendra un vase d'honneur. » — Les pèlerins de Lorète. — Un curieux et instructif calcul. — Les Souverains Pontifes. — Les Saints. — Les empereurs. — Les rois. — Les reines. — Les princes et les princesses. — Les guerriers et les savants. — Les visions prophétiques de Saint François d'Assise. — De Saint Nicolas de Tolentino et de Saint Joseph de Copertino.

SOMMAIRE DES NOTES : Ce qu'on a trouvé dans les archives de la ville de Fermo.

Il n'y a pas, croyons-nous, un seul coin du monde où ont pénétré les lumières du christianisme, qui ne possède un oratoire dédié à la gloire de Marie. Partout elle entend la prière fervente de l'infirme qui lui demande la santé, le gémissement plaintif du pauvre qui manque de pain, le cri de détresse du malheureux menacé de perdre la vie !

Cependant on ne se fait pas une exacte idée du nombre prodigieux de pèlerins de toutes les conditions et de tous les pays qui, depuis le XIII⁰ siècle jusqu'à nos jours, sont allés plier le genou dans l'auguste sanctuaire de Lorète, et puiser à pleines mains les grâces que Marie aime à y dispenser. Des statistiques consciencieusement établies le fixent entre cent cinquante et deux cents millions environ ; mais il est aisé de déterminer, d'une manière assez approchée, pour notre temps, le chiffre des pieux visiteurs de la Santa Casa, en prenant pour point de départ le nombre des communions qui s'y font dans une année.

Les Pères Capucins, chargés de préparer les hosties, assurent qu'à chacune des époques où l'affluence est la plus considérable, ce qui arrive aux grandes fêtes de la Vierge, c'est-à-dire en décembre, en mai et en septembre, il s'en consomme plus de cinquante mille.

« Au mois de septembre 1780, je voulus avoir le chiffre précis, dit Gaudenti, il était de soixante-trois mille. » *(Storia della Santa Casa*, page 202).

» Les communions peuvent se faire à tous les autels, lisons-nous dans l'ouvrage si intéressant de l'abbé Grillot imprimé en 1874, mais elles se font plus généralement à celui du Très Saint Sacrement, où elles sont en moyenne de sept mille tous les quinze jours, dans les temps ordinaires. »

En ne prenant donc que cent cinquante mille pour les trois mois de décembre, de mai et de septembre, et autant seulement pour le reste de l'année ; nous arrivons au chiffre de trois cent mille pour un an ; et en admettant que chaque pèlerin communie deux fois, ce qui, nous le savons par expérience, est la moyenne ordinaire, il reste cent cinquante mille comme chiffre approximatif des pèlerins qui, chaque année, se rendent à Lorète.

Pourquoi donc, quittant leurs lointains foyers, et

délaissant, pour ainsi dire, leurs propres sanctuaires, des milliers de chrétiens s'acheminent-ils chaque année vers cette petite chapelle qui, en apparence, n'a de remarquable que la pauvreté de ses murs ? Ah ! c'est que, éclairés par la grâce dont leur dévotion pour Marie les a rendus dignes, ils croient fermement que la Sainte Maison de Lorète a le privilège insigne d'avoir été le berceau de la Reine des célestes légions ; que dans son auguste enceinte a germé le principe de la rédemption humaine ; que ses murs enfin ont été les témoins des longues et saintes extases de la Mère de Dieu, et de son Assomption au royaume des Anges et des Saints !

Or une croyance universelle est certainement la manifestation d'une vérité positive ; et celle qui a pour objet le Sanctuaire de Lorète, partagée par l'Eglise, confessée par un grand nombre de saints, professée par la plupart des souverains de tous les siècles, acceptée par les savants et les philosophes les plus illustres de toutes les nations, sort du domaine des probabilités, parce qu'elle a tous les caractères de la certitude historique.

Et en effet, entre Boniface VIII, sous qui eut lieu la quatrième translation et qui ordonna la grande enquête dont nous avons rappelé plus loin le résultat, et notre très auguste, très sympathique Léon XIII, qui occupe en ce moment la Chaire de Saint Pierre, soixante-quatre Souverains Pontifes ont porté la Tiare. Beaucoup d'entre eux, empêchés par leur âge ou le malheur des temps, n'ont pu aller à Lorète ; mais tous ont professé une particulière vénération pour la Santa Casa ; quarante-six l'ont enrichie de privilèges ou de précieux dons, et, parmi ceux-ci, quinze sont allés y célébrer les Saints Mystères.

Voici, dans l'ordre chronologique, les noms de ces derniers :

Urbain V (1362-1370) est un Français. C'est le premier pontife qui ait visité la Sainte Maison. Son pèlerinage eut lieu l'an 1367.

Nicolas V (1447-1453) s'est rendu à Lorète la deuxième année de son pontificat en 1448.

Pie II (1458-1464) fit le pèlerinage de Notre-Dame de Lorète en 1459, et il y obtint sa guérison d'une fort grave maladie, comme nous le dirons en détail dans un autre chapitre.

Paul II (1464-1471) y fut guéri miraculeusement de la peste ; et la Sainte Vierge lui révéla, en cette même occasion, son élévation prochaine au Pontificat. (Il n'était alors que Cardinal.)

Sixte IV (1471-1484) a proclamé, en outre, dans une bulle, la puissance de la Vierge de Lorète et sa reconnaissance personnelle.

Jules II (1503-1513) alla en 1508 à Notre-Dame de Lorète, au retour du siège de la Mirandole où il ne dut d'échapper à la mort qu'à la protection de la Sainte Vierge.

Clément VII (1523-1534) fit procéder à une troisième enquête sur le prodige de la translation; puis, sur le rapport très explicite et fort concluant qui lui fut présenté à ce sujet, alla faire à Lorète un pèlerinage solennel, commença la décoration extérieure de la Sainte Maison et fit élever la coupole de la Basilique.

Paul III (1534-1549) eut la gloire d'admirer le premier le merveilleux revêtement de marbre, qui fut achevé sous son pontificat.

Clément VIII (1592-1605) a fait deux voyages à Lorète et, dans l'intervalle, fit graver sur une planche de marbre scellée dans le côté oriental du revêtement de la Sainte Maison, une inscription où se trouve résumée l'histoire du prodige de la translation.

Urbain VIII (1623-1644) eut une dévotion spéciale pour Notre-Dame de Lorète, à qui il attribuait la sécurité de l'Eglise à cette époque si troublée.

Pie VI (1775-1799) est allé vénérer la Sainte Maison; il enrichit la basilique de mosaïques superbes.

Pie VII (1800-1823), au retour de France, est allé remercier Notre-Dame de Lorète de sa liberté reconquise, et lui a fait don du magnifique calice dont il s'était servi pour célébrer la messe sur l'autel de Saint Pierre et sur lequel était écrit le miracle de sa délivrance.

Pie VIII (1828-1831) fit d'abord le pèlerinage de Lorète, il envoya ensuite un calice d'or du poids de cinq livres portant cette inscription : « A la bienheureuse Vierge Marie, mère de Dieu, Pie VIII offre ce calice en reconnaissance des bienfaits signalés qu'il a reçus de la Sainte Maison de Lorète, la première année de son Pontificat (1828). »

Grégoire XVI (1832-1846) arriva à Lorète le 11 septembre 1841. L'émotion du vieux pontife, en entrant dans le Sanctuaire de Notre-Dame de Lorète, fut si profonde, qu'il ne put retenir ses larmes.

Pie IX (1846-1878) avait, dans sa jeunesse, fait un pèlerinage à Lorète et y avait obtenu la guérison d'une grave infirmité. Devenu Pape, il y retourna avec un immense cortège de Cardinaux, de Prélats et de gardes nobles.

— Parmi les Saints qui, dans leurs pèlerinages à Notre-Dame de Lorète, ont solennellement reconnu l'authenticité de la Sainte Maison, nous nommerons :

Saint Nicolas de Tolentino, contemporain de la translation de Tersatz à Récanati, à qui elle fut révélée quelques années auparavant ; révélation qu'il fit aussitôt connaître au prieur du couvent de Fermo où lui-même résidait ;

Saint François de Borgia,
Saint François de Paule,
Saint Ignace de Loyola,
Saint François Xavier,
Saint Charles Borromée, qui en fit plusieurs et le dernier en 1579 ;
Saint François de Sales, qui y est allé une première fois en 1591, puis une deuxième fois ;
Saint Louis de Gonzague,
Saint Stanislas de Kotska,
Saint Joseph de Copertino, ravi en extase devant l'autel de Marie ;
Sainte Brigitte, à qui Dieu fit connaître dans une révélation que « quiconque ira au lieu où Marie est née et a été élevée, non-seulement sera purifié, mais deviendra un vase d'honneur » ;
Saint Bernardin de Sienne,
Saint Diégo d'Ascala,
Saint Jean Capistran,
Saint Gaëtan, Instituteur de l'ordre des Théatins ;
Saint André Avellin,
Saint Camille de Lelli,
Saint Philippe de Néri,
Saint Fidèle de Sigmaringen, premier martyr de la Propagation de la Foi ;
Le Bienheureux Benoît Labre, qui alla à Lorète en 1782 pour la onzième et dernière fois ;
Saint François Caracciolo,
Saint Alphonse de Liguori,
Et tant d'autres qu'il serait trop long de rappeler.

— La Sainte Maison de Lorète a été visitée par quatre Empereurs :

Jean Paléologue, Empereur de Constantinople en 1406 ;
Charles IV, Empereur d'Allemagne, avec sa famille ;
Frédéric III ;
Charles-Quint ;
— Par huit à dix rois :
Alphonse II, roi de Naples ;
... Trois rois de Pologne ;
Jacques III, roi d'Angleterre ;
... Le roi de Turin ;
Ferdinand VI et Charles IV, rois d'Espagne ;
Ferdinand II, roi des Deux-Siciles ;
— Par douze à quinze reines :
Charlotte, Reine de Chypre et Jérusalem, quand elle fut bannie par Charles de Luzignan, son frère ;
La Reine de Danemark ;
Marie-Anne d'Espagne ;
Catherine de Bosnie ;
Les deux Jeanne d'Aragon, reines de Naples ;
Catherine de Suède et Alexandra-Christine, du même pays ;
Deux reines de Hongrie ;
L'épouse de Jacques III, roi d'Angleterre ;
L'épouse de Charles IV, roi d'Espagne ;
Marie-Louise, reine d'Etrurie, en 1815 ;
— Et un nombre infini de princes et de princesses dont les plus connus sont :
Don Juan d'Autriche, qui offrit à Marie, par qui il avait vaincu les Turcs à Lépante, 117 casques et des drapeaux, tandis que les dix mille esclaves qu'il avait délivrés et qui l'accompagnaient, présentèrent à leur bienfaitrice leurs fers brisés dont on a fait toutes les balustrades des chapelles de la basilique ;
Marie-Adélaïde et Marie-Victoire, tante de Louis XVI ;

Jeanne d'Autriche, fille de Charles V ;
La duchesse de Parme,
L'Infante d'Espagne,
L'Infante Marguerite de Savoie,
La duchesse de Lorraine,
La duchesse de Brandebourg,
L'Électeur de Cologne,
Le Duc de Bavière,
Le Duc de Saxe,
Le Duc de Savoie,
L'Archiduc Léopold,
Les Ducs de Mantoue, de Modène et d'Urbin ;
La Duchesse de Lucques,
Marie-Thérèse-Joséphine, Reine de Sardaigne, avec les Princesses Marie-Anne, Caroline, Pie et Marie-Christine Caroline, ses filles ;
Marie-Isabelle d'Espagne, Reine des Deux-Siciles ;
La Princesse d'Anhalt Coten, fille du Roi de Prusse;
S. A. R. Augusta-Amélie de Bavière avec son fils le Prince Maximilien, duc de Leuchtemberg ;
LL. AA. RR. Marie-Thérèse, duchesse d'Angoulême, et Louise-Marie, duchesse de Berry ;
La princesse Marie-Thérèse Czetwertinska in Nariskin,
Et tant d'autres personnages de sang royal dont l'énumération nous paraît superflue.
— Enfin on y a vu :
François de Lorraine, Duc de Guise, en 1550, qui fit don à la Madone d'un tableau d'argent, où il est représenté armé de pied en cap ;
Anne de Joyeuse, Amiral de France sous Henri III, qui vint passer huit jours à Lorète, y communia trois fois, et y laissa quatre mille écus romains (20,000 fr.) ; il envoya plus tard deux lampes d'argent ;

Le Cardinal de Joyeuse, frère du précédent, qui fit à la Sainte Maison un legs de six mille écus romains pour que trois Chapelains français fussent chargés de célébrer à perpétuité la messe à Lorète, selon ses intentions, qu'il ne fit pas connaître ;

Le Tasse, célèbre poète italien, auteur de *La Jérusalem délivrée*, qui a fait, en l'honneur de N.-D. de Lorète, le plus beau cantique qui soit sorti de la plume d'un poète.

Voici les deux premières strophes de ce chant d'après la traduction de l'auteur de Lorète et Castelfidardo.

« Vierge, c'est donc ici que la troupe angélique
Déposa ta demeure en traversant les mers,
Des murs de Nazareth jusqu'à l'Adriatique,
Voyage merveilleux accompli dans les airs.

» O montagne trois fois sacrée,
Par un tel dépôt honorée !
Béni le jour qui l'apporta !
Tremblant, je m'incline et je pleure
Devant cette pauvre demeure
Où le grand miracle éclata,
Où l'Ange apparut à Marie,
Où le Sauveur cacha sa vie
Jusqu'au grand jour du Golgotha !

» Et de la Dalmatie aux bords lointains du Tage,
Des mers de l'Orient aux rivages du Nord,
Voici de siècle en siècle, un long pèlerinage
Des malades guéris triomphant de la mort :

» Foule grossissante qui prie
Devant ton autel, ô Marie !
Chacun t'accable de présents :
Les pauvres t'offrent leurs souffrances,
Les affligés leurs espérances,
Les poètes leurs plus beaux chants;

> Les Souverains comme les Mages,
> Viennent t'y rendre leurs hommages,
> Portant l'or, la myrrhe et l'encens. »

L'Espagnol Cervantès (1560) célèbre écrivain, auteur de *Don Quichotte* ;

L'auteur des *Essais*, Michel de Montaigne (1581), qui y a fait ses Pâques avec sa femme et sa fille, et a fait don à la Vierge d'un tableau avec quatre personnages en argent dont l'un représente la Sainte Vierge, et les trois autres sa femme, sa fille et lui-même ;

Le philosophe Descartes (1624), qui est allé à Lorète pour y supplier la Sainte Vierge de l'inspirer en vue du nouveau système philosophique qu'il élaborait, afin qu'il n'eût pas à induire les hommes dans l'erreur ;

Le fondateur de l'Eglise et du séminaire de Saint-Sulpice à Paris, Ollier, qui fit, tout jeune encore (1620), le pèlerinage de Lorète, où il obtint la guérison instantanée de la cécité presque complète dont il était atteint, et les grâces spirituelles qui en firent un homme nouveau ;

Le deuxième supérieur du séminaire de Saint-Sulpice, M. de Bretonvilliers, qui doit à Notre-Dame de Lorète la guérison d'une longue et opiniâtre maladie, obtenue par l'efficacité de quelques gouttes d'eau qu'on lui fit boire dans la tasse qui a servi à l'enfant Jésus, gardée avec d'autres dans la Sainte Maison.

Le savant Hollandais Erasme, ne pouvant aller à Lorète, a composé en l'honneur de Marie, pour ce sanctuaire, un discours et une messe qu'approuva l'Evêque de Besançon.

Le célèbre philologue flamand Juste-Lipse envoya à Notre-Dame de Lorète la plume d'or dont il s'était servi pour écrire la plupart de ses savants ouvrages, accompagnée du distique suivant :

*Fauste, Virgo parens, calami, quæso, accipe votum,
Terrena ut linquens verba, superna ferat.*

(Vierge Marie, agréez mon vœu : et que cette plume qui vous est consacrée, dédaignant la terre, n'écrive plus désormais que les choses du Ciel.)

La plume en or et le distique brodé sur une étoffe de soie blanche étaient renfermés dans un riche encadrement, surmonté de ces mots : « Offrande de Juste-Lipse. »

Nous ne voulons pas clore ce chapitre sans rapporter le prophétique témoignage qu'ont rendu à la Sainte Maison de Lorète trois saints illustres.

Le premier, que Renan lui-même, dans son admiration, appelle « le seul parfait chrétien après Jésus-Christ », et dont la grande figure a éclairé et dominé tout le moyen-âge, est Saint François d'Assise. Une tradition incontestée dit que, se trouvant un jour au Couvent de Sirolo qu'il avait lui-même fondé en l'an 1215, c'est-à-dire quatre-vingts ans environ avant l'apparition de l'auguste Sanctuaire, le célèbre thaumaturge se tourna tout à coup vers la colline de Lorète, alors entourée de forêts, solitaire et déserte et traversée seulement par le chemin qui conduisait de Récanati au rivage de l'Adriatique. Après un moment de contemplation, entraîné par un transport prophétique, il la salua comme un lieu préféré du Ciel qui, avant la fin de son siècle, par un prodige des plus surprenants, deviendrait le siège d'un des plus grands sanctuaires alors vénérés dans le monde, faisant allusion ainsi au miracle de la translation de la Sainte Maison de Nazareth.

Le second, Saint Nicolas de Tolentino, est une des gloires de l'ordre de Saint Augustin. Tous les jours et plusieurs fois par jour, le Saint allait à une des fenêtres du couvent de Fermo, où il résidait, laquelle donnait sur la mer Adriatique.

Là, je ne sais quelle vision céleste ravissait son âme ; il se prosternait, et sa prière devenait une véritable extase. Un jour, le Prieur le surprit dans cette contemplation et lui en demanda la raison : « Mon père, répondit le saint religieux, j'attends de ce côté (et il montra le rivage opposé de la mer) un trésor d'un prix inestimable. » Quelques années après la Sainte Maison apparaissait, et il avait le bonheur d'y aller saluer son Auguste Reine (1).

Le troisième, Saint Joseph de Copertino, que la vue seule de la Sainte Maison suffisait à jeter dans de délicieux ravissements, ayant aperçu, du haut de la colline d'Osimo où il était allé visiter le couvent des Pères Conventuels, la colline de Lorète qui se dressait en face, à une distance de dix milles environ, fut aussitôt ravi en extase et, transporté sur le sommet d'un arbre très élevé d'où l'on pouvait voir le majestueux Sanctuaire, il y demeura comme à genoux et absorbé dans une profonde contemplation.

Descendu enfin à terre, il dit à un frère qui l'accompagnait, qu'il avait vu une légion d'esprits bienheureux dont les uns montaient de la Sainte Maison au Ciel, en portant à Dieu les supplications des fidèles, et les autres descendaient du Ciel dans la Sainte Maison en reportant à ces mêmes fidèles les grâces qu'ils en avaient obtenues.

---

(1) Cette vision, garantie par des témoignages authentiques, fut enregistrée dans les actes publics. Elle est rapportée par P. Octave Falconi de l'Oratoire, d'une famille noble de Fermo. Il en trouva le récit dans les archives de la ville, et en adressa, vers le milieu du 17e siècle, une copie aux cardinaux Pallotta et Azzolini.

L'histoire de ce fait est représentée dans un tableau peint à l'huile que l'on voit encore dans la chapelle des Saints Augustin et Dominique de la basilique de Lorète (1).

(1) Nous avons emprunté la matière de ce chapitre à *La Sainte Maison de Lorète*, de François Grillot, et à la *Relazione storica delle prodigiose translazioni della Santa Casa*, de l'italien Murri.

CHAPITRE VIII

Miracles accomplis dans le Sanctuaire de Lorète

Sommaire du récit : Les lois de la nature en opposition avec les conditions d'existence de la Sainte Maison. — Les miracles sont-ils possibles ? — La peste et les villes d'Italie. — Paris et Lyon. — Les ex-voto, preuves matérielles des miracles, monnaie de la reconnaissance publique. — Guérisons miraculeuses rapportées par Michel de Montaigne, par le Seigneur de Villamont; celles de M. Ollier et de M. de Bretonvilliers ; des papes Pie II et Paul II. — Le miracle de Jules II ; la guérison du marquis de Bade, de Christine de Danemark, d'un pacha turc ; les grâces obtenues par Atimis, par Pierre Terrennatici, par la dame Longa, par Jean Thomas de Parme, Pierre Romain de Faënza, Anna Bassi de Verceil, Mathieu Bernardino de Sardaigne, d'Erasme de Cracovie, du marquis de Burgaw, de divers naufragés, etc., etc. — Sanctuaires de France, sur le modèle de celui de Lorète, érigés par la reconnaissance pour des grâces dues à Notre-Dame de Lorète. — Allez à la Sainte Maison, si vous êtes encore incrédule, votre démon familier n'osera vous y suivre ; et, rendu à la liberté, votre esprit s'ouvrira à la lumière, à la vérité !.....

La nature a des lois qui s'exécutent en tout temps avec la fatalité inéluctable des forces matérielles, inconscientes, et nul n'échappe à leur action avec les seules ressources de l'humanité. Ainsi un corps pesant ne peut, par lui-même, se maintenir dans l'espace ; la matière est incapable de changer de place, si elle n'est sollicitée par une force supérieure et contraire à la pesanteur ; toute chose créée est soumise à l'action dévorante du temps ; on ne guérit pas instantanément d'un mal qui a atteint profondément les organes essentiels de la vie, etc.

Tout effet contraire à ces lois a, par conséquent, une cause surnaturelle qui ne peut émaner que de l'être dont tout dépend, la nature aussi bien que ses lois ; à qui rien n'est impossible, et qui, dans certaines circonstances, dans l'intérêt supérieur de la Vérité et du Bien éternels auxquels tous les hommes sont conviés, fait fléchir ces lois pour affirmer sa toute-puissance et rappeler en même temps à ses créatures, par ces effets surnaturels d'une bonté infinie, que le but de leur existence est de glorifier leur Créateur.

Les miracles sont donc non-seulement possibles, et le nombre en est grand, mais nécessaires même, car ils ont à la fois un but et un résultat également dignes de l'Être suprême : le but est le salut des hommes ; le résultat, la gloire de l'Auteur de toutes choses.

Or, rien ne rehausse plus la propre gloire de Dieu que la gloire de Marie, car la Sainte Vierge est à la fois sa créature, son Épouse et sa Mère. Ainsi s'explique la jalouse sollicitude du Créateur pour toutes les choses que le contact de cette Fleur de Nazareth a sanctifiées ; ainsi s'expliquent aussi les trésors qu'une tendre dévotion pour la Sainte Vierge peut en faire jaillir.

Mais le fait constaté sur le premier revêtement de la Sainte Maison de Lorète ; le fait permanent de l'existence de ses murailles contre les lois de la statistique ; celui de l'intacte conservation de leurs matériaux malgré toutes les forces qui tendent à désagréger la matière ; enfin les prodigieuses et incessantes faveurs distribuées aux personnes pieuses qui vénèrent cette maison comme la véritable antique demeure de Jésus, de Marie et de Joseph, sont donc autant de certificats d'origine, signés de Dieu même, qui prouvent que le Sanctuaire de Lorète est bien la véritable ancienne demeure de la Sainte Vierge. S'il en était autrement ; si ce noble Sanctuaire n'était qu'une imitation de la Maison de la Sainte Vierge à Nazareth; s'il n'y avait que l'apparence et non la matière même des murailles entre lesquelles le Verbe s'est fait chair, Dieu, qui est la Vérité même, ne pourrait se prêter à une supercherie dont sa toute-puissance et sa gloire n'ont nul besoin.

Nous avons déjà longuement parlé, dans le cours de cet ouvrage, des faits prodigieux auxquels nous faisons allusion dans les lignes qui précèdent ; il nous reste à raconter, non pas toutes, notre vie n'y suffirait pas, allât-elle aux limites les plus reculées de la longévité humaine, mais quelques-unes seulement des plus touchantes et positives faveurs dont la Sainte Maison de Lorète a été jusqu'à ce jour la source intarissable. Après quoi, la démonstration que nous avons annoncée au début de cet ouvrage sera, nous l'espérons du moins, pour toute personne intelligente et de bonne foi, décisive et complète.

I

On sait combien eurent à souffrir de la peste, dans les 15me, 16me et 17me siècles, les populations de l'Occident et principalement celles de l'Italie et de la France. A ces époques d'affolement général, le Sanctuaire de Notre-Dame de Lorète était le phare de salut de tous ceux que le fléau menaçait, et les riches dons qui avaient en grande partie formé le trésor de la Sainte Maison, estimé à la fin du 18me siècle à plusieurs millions d'écus romains, étaient la preuve du nombre prodigieux de miraculeuses grâces que la Vierge n'avait cessé d'accorder à la piété des fidèles.

On ne trouve plus dans le trésor de la Santa Casa les ex-voto des villes, preuves matérielles du miracle et monnaie de la reconnaissance pour des grâces obtenues dans ces moments de calamité publique, la plus grande partie de ses richesses ayant disparu pendant les guerres de 1797 dont l'Italie fut le théâtre et auxquelles le pape Pie VI se trouva malheureusement mêlé ; mais on peut encore en lire la nomenclature dans l'inventaire général déposé aux archives du Sanctuaire.

Ainsi l'on y verrait, par exemple, que la plupart des villes considérables d'Italie avaient envoyé à Notre-Dame de Lorète, qu'elles constituaient ainsi pour leur gardienne, le plan de la cité avec son territoire gravé sur des planches d'argent.

Une couronne d'or était le gage de la reconnaissance des habitants de Récanati, que la Sainte Vierge avait miraculeusement délivrés des ravages d'une peste terrible, en l'année 1496.

Ceux de Spoleto, de Bolsena et de beaucoup d'autres villes offrirent à leur libératrice des couronnes d'argent, qu'elles lui envoyèrent par des députations spéciales.

La ville d'Udine lui fit don d'un remarquable tableau portant cette inscription : « A la très glorieuse Vierge de Lorète pour la délivrance de la ville d'Udine et de son territoire, arrachés aux horreurs de la peste, l'an du salut 1556 ».

Palerme fit frapper une grande médaille en argent, du poids de neuf livres, à l'effigie de la Vierge assise sur la Sainte Maison, avec cette inscription : « L'heureuse cité de Palerme, métropole de la Sicile, délivrée de la peste, a fait à la bienheureuse Vierge Marie, sa libératrice, cette offrande, l'an du salut 1577 », et l'envoya solennellement à Notre-Dame de Lorète.

Venise dut à la Sainte Madone d'être préservée du fléau qui décimait les populations environnantes, et témoigna sa reconnaissance par le don d'une lampe d'or du poids de trente-sept livres.

Plusieurs de nos villes de France ont aussi éprouvé les effets de la protection de Notre-Dame de Lorète. Nous n'en citerons que deux pour ne pas trop allonger ce chapitre.

On aurait pu voir dans le trésor de la Sainte Chapelle, avant 1797, un magnifique calice de vermeil qu'une députation de Lyonnais, en témoignage de la reconnaissance de tous leurs concitoyens, était allée déposer aux pieds de la Sainte Vierge, qui avait préservé leur ville des ravages d'une effroyable peste ; et un magnifique navire toutes voiles déployées, ex-voto de la ville de Paris que, sous le Pontificat de Grégoire XIII, pendant les guerres civiles de la Réforme, ses magistrats, échevins, députés, docteurs de la Sorbonne, ministres du culte, etc., assemblés dans la cathédrale, avaient solennellement promis, avec d'autres dons, au nom de tout le peuple, à Notre-Dame de Lorète, si leur ville échappait aux horreurs d'un long siège dont la menaçait une forte armée d'hérétiques.

Mais tous ces riches témoignages d'une reconnaissance pour ainsi dire anonyme impressionnent moins tendrement le cœur des visiteurs que les simples ex-voto des particuliers, à la vue desquels l'esprit se représente tout un drame intime, mystérieux, né des combats d'une créature aux prises avec les douleurs physiques qui martellent son corps, ou avec les angoisses morales amenées tout à coup par la soudaine perspective d'une éminente catastrophe : drame avec ses péripéties de résistances opiniâtres, tantôt patientes, tantôt désordonnées ; avec ses longs découragements coupés d'espérances cent fois déçues, cent fois ravivées ; avec ses subites épouvantes, pendant lesquelles on vit cent jours en une seconde ; avec ses ardentes invocations à la Mère consolatrice des affligés, accompagnées de promesses renouvelées mille fois, et se terminant enfin par un secours providentiel de la Mère des divines grâces, par les ineffables joies de la délivrance pendant lesquelles toutes les cordes du cœur vibrent aux transports de l'âme, qui chante le cantique de ses actions de grâces à la Reine de tous les saints.

Telles sont les impressions que l'on éprouve en pensant à la jambe d'argent du cardinal Bandini ; aux deux anges d'argent offerts par le duc d'Epernon en reconnaissance de sa guérison miraculeuse, obtenue de la Sainte Vierge de Lorète à la suite d'une chute de son cheval qui l'avait précipité du haut d'une roche dans un abîme ; à la statue équestre, également d'argent, de Ferdinand de Gonzague, qui était aussi tombé de cheval sur la grille d'une église ; à la statue d'argent posée sur un oreiller de même métal, donnée par le grand Condé que la Sainte Vierge de Lorète avait arraché à une maladie mortelle ; au navire d'argent avec tous ses agrès que Ferdinand de Médicis, grand duc de Toscane, avait déposé aux pieds de la Sainte Vierge pour la délivrance de ses galères, arrachées au fléau de la peste en 1593 : impressions qui revêtent un caractère de douce mélancolie, de profonde pitié, quand on parcourt surtout cette longue liste de cœurs d'or et d'argent, de colliers de perles et de corail, de pendants d'oreilles et de bagues, de croix et de broches, humbles cadeaux du pauvre dont ils étaient peut-être toute la parure, tout le luxe ; expression matérielle de mille douleurs apaisées, de mille espoirs réalisés ; monument précieux d'une foi vive et d'une piété humble et cachée comme les mérites et vertus de leurs donateurs.

II

En vue d'intéresser davantage nos lecteurs, nous tâcherons d'animer un peu plus nôtre récit, en racontant, avec tous leurs détails, les guérisons miraculeuses dont il nous reste à parler pour compléter ce chapitre.

A tout seigneur tout honneur : nous laisserons donc d'abord la parole à M. de Montaigne, qui se trouvait à Lorète en 1581, avec les témoins et le héros du fait qu'il rapporte dans son Journal de voyage en Italie par la Suisse et l'Allemagne (1580-1581).

» Ce lieu (Notre-Dame de Lorète), écrit Montaigne, est plein d'infinis miracles. Il y en a plusieurs et fort récens de ce qui est mésavenu à ceux qui, par dévotion, avaient emporté quelque chose de ce bastiment, voire par la permission du Pape. Un petit lopin de brique qui en avait été osté, lors du Concile de Trente, y a été rapporté. Enfin, pour dire un mot de l'expérience de ce lieu où je me plus fort, il y avait en mesme temps là Michel Marteau, seigneur de la Chapelle, Parisien, jeune homme très riche avec grand train. Je me fis fort particulièrement et curieusement réciter, et à lui et à aucuns de sa suite, l'évènement de la guérison d'une jambe qu'il disait avoir eue de ce lieu; il n'est possible de mieus n'y plus exactement former l'effaict d'un miracle. Tous les chirurgiens de Paris et d'Italie s'y étaient faillis. Il y avait dépensé plus de trois mille escus. Son genou enflé, inutile et très doulureux, il y avait plus de trois ans, estait plus mal, plus rouge, enflammé et enflé jusques à lui donner la fièvre ; en ce même instant tous les autres médicamans et secours abandonnés, il y avait plusieurs jours ; tout-à-coup il songe qu'il est guéri et lui semble voir un esclair ; il s'éveille, crie qu'il est guéri, apèle ses gens, se lève, se promène, ce qu'il n'avait fait oncques depuis son mal ; son genou désenflé, la pau flétrie tout autour du genou, et comme morte, lui alla toujours depuis en amendant, sans nul autre sorte d'aide. Et lors il était en cet état d'entière guérison. »

III

Le récit qu'on va lire est encore d'un pèlerin français, le Seigneur de Villamont, gentilhomme de Bretagne, qui a été témoin oculaire du fait qu'il raconte. Nous l'avons emprunté à l'intéressante histoire: *La Sainte Maison de Lorète*, de M. l'abbé Grillot, avec la plupart de ceux qui vont figurer dans ce chapitre, et qu'on retrouve d'ailleurs dans la sévère chronique des historiens de Lorète, Tursellin, Riéra et autres.

« C'est une maxime générale, dit M. de Villamont après avoir décrit la Santa Casa, qu'il faut se donner garde de prendre aucune chose qui soit en cette saincte Chapelle, si on ne veut tomber en grande maladie. Et pour exemple je dirai ce qu'il arriva sur cela, du temps que M. le marquis de Villars y estait. Une pauvre religieuse de la cité de Pesaro prit par dévotion des cendres de la cheminée de la Sainte Maison, lesquelles mettant en son mouchoir, s'en retourna bien joyeuse en son couvent ; où, sitôt qu'elle y fust arrivée, fut saisie d'une maladie qui lui continua jusqu'à ce qu'elle eust fait restitution des dictes cendres. Mais le miracle dont je vais parler est bien plus admirable, qui est d'un médecin de Lyon nommé Pierre de l'Estain, qui étant détenu d'une grosse maladie, sans que la science lui en pût apporter remède ou guérison, eut recours aux prières de la bénoîte Vierge, à laquelle s'étant voué, avec promesse de n'entrer en sa saincte Maison, sinon après avoir été confessé, reçut guérison de sa maladie. Ce qui l'occasionna s'acheminer vers Lorette pour accomplir son vœu, de sorte qu'en faisant son oraison, en un moment devint aveugle, qui causa qu'il se ressouvint alors de sa promesse qu'il n'avait accomplie, priant ceux de sa compagnie de le mener dehors pour s'aller confesser. Ce qu'ayant fait avec repentance, retourna faire son oraison en la chapelle, où il recouvra la vue. »

IV

Nous avons dit un mot, dans le chapitre précédent, des guérisons miraculeuses du jeune M. Ollier et de M. de Bretonvilliers, successivement supérieurs du séminaire de Saint-Sulpice, à Paris. Voici comment le compagnon de voyage de M. de Bretonvilliers raconte la faveur dont celui-ci fut redevable à Notre-Dame de Lorète :

« Lorsqu'on nous eut avertis qu'on allait bientôt découvrir le dôme sous lequel est cette Sainte Maison, que M. de Bretonvilliers appelait le Paradis terrestre, il est impossible de se représenter les tressaillements de joie qu'il éprouva. Nous descendîmes aussitôt de carosse, et il alla à grands pas jusqu'à l'endroit où l'on faisait cette découverte. Sitôt qu'il y fut arrivé, tombant à deux genoux au milieu du chemin, et s'inclinant très profondément, il salua le saint lieu par un *Ave Maria* ; puis, regardant amoureusement le dôme, il commença un *Te Deum*, que nous continuâmes jusqu'à la fin, en disant l'un après l'autre un verset.

» M. de Bretonvilliers souffrait des pesanteurs de tête et des faiblesses de cœur presque continuelles ; il ressentait tous les soirs quelques atteintes de fièvre ; il mangeait très peu, ne dormait presque point, et avait l'extérieur et toutes les marques d'une personne mourante. Tous ceux qui le voyaient jugeaient que sa vie tenait à très peu de chose, et nous-même ne pouvions nous empêcher de former ce jugement,

» Un soir que l'on sortait la petite tasse qui a servi à l'Enfant Jésus, et où les fidèles se plaisent à faire mettre de l'eau pour l'emporter ensuite, le sacristain, à la prière d'une personne de piété, versa dans la sainte tasse une fiole pleine d'eau, et, l'ayant remise un moment après dans la fiole, il en resta dans la tasse quelques gouttes qu'il présenta à boire à M. de Bretonvilliers. A peine eut-il bu cette eau et remis la tasse au custode, qu'il se sentit comme animé d'une nouvelle vie et rendu à un état de santé parfaite. Ce fut ce changement si sensible et si prompt qui lui fit ouvrir les yeux sur ce qu'il venait de faire. Sa surprise à cette vue fut extraordinaire, et il était tout confus d'avoir bu dans un vase qui avait servi à Jésus et qui était consacré par l'attouchement de ses lèvres. »

V

Le Pape Pie II se rendait à Ancône en l'année 1464. Il fut surpris, en chemin, d'une fièvre ardente, accompagnée d'une toux violente et opiniâtre, qui l'obligea à s'arrêter. Il allait mourir. Cependant il aperçoit de loin le dôme de Lorète : s'adressant à la Sainte Vierge, il lui offre par vœu un calice d'or. A peine le vœu est-il prononcé que la fièvre se calme, la toux s'apaise et les forces lui reviennent. Impatient d'exécuter sa promesse, il se met aussitôt en route, bien que la convalescence n'ait fait encore que commencer. Plus il approche de Lorète, plus son état s'améliore. Entré dans la chapelle, il s'agenouille devant la sainte image, et se lève plein de santé et de vigueur.

VI

Parmi les cardinaux qui accompagnaient Pie II à Lorète, se trouvait Barbo Pierre, qui fut depuis Paul II. Atteint de la peste qui sévissait alors dans la Marche d'Ancône, et craignant pour sa vie, il se souvint de la faveur accordée au souverain Pontife, et voulut recourir à la même protection. Il se fait transporter à Lorète, s'enferme sans témoins dans la Chapelle, et là, prosterné la face contre terre, il supplie Marie de l'assister. Au milieu de sa prière, un doux et mystérieux sommeil s'empare de lui, la Sainte Vierge lui apparaît, lui annonce la fin de son mal et son élévation prochaine au souverain pontificat.

Le cardinal se réveille parfaitement guéri, et sort du sanctuaire au milieu de la stupéfaction générale. Dans sa reconnaissance, il fait aussitôt appeler le gouverneur de l'église de Lorète, et lui donne l'ordre d'acheter, en son nom et à ses frais, les matériaux nécessaires pour construire un temple magnifique à la place de l'ancien. Bientôt il continua comme pape ce qu'il avait commencé comme cardinal. C'est lui qui fit jeter les fondements de la basilique qui, de nos jours encore, abrite la Sainte Maison.

VII

Le pape Jules II dut aussi à la Sainte Vierge de Lorète d'échapper à une mort désastreuse. Se rendant à Bologne pour faire rentrer sous son autorité cette ville révoltée, il voulut passer par Lorète, où il implora la faveur de la mère de Dieu pour l'heureuse issue de son expédition.

Après avoir soumis Bologne, repris Faënza, Forli, Ravenne et plusieurs autres villes qui s'étaient aussi révoltées, il entre en Lombardie et s'arrête sous les murs de Mirandole pour en faire le siège.

Un jour il se trouvait au milieu de ses généraux assemblés en conseil. Tout à coup un boulet dirigé contre la tente pontificale brise et renverse tout, sans que le pape ni aucun de ses généraux reçut la moindre atteinte. Jules II, au premier bruit, s'était recommandé à la Vierge de Lorète. Aussi ne put-il méconnaître la main qui l'avait sauvé ; dès que Mirandole eut cédé à ses armes victorieuses, il revint à Lorète pour rendre à sa protectrice de solennelles actions de grâces.

Le boulet, recueilli par ses ordres, fut suspendu à la voûte de la *Santa Casa*, où nous l'avons vu nous-même dans nos pèlerinages successifs.

VIII

Réduit à la dernière extrémité par suite d'une blessure qu'il avait reçue dans les troubles de Cologne, Jacques II, marquis de Bade, avait fait vœu, s'il recouvrait la santé, d'aller en pèlerinage à Notre-Dame de Lorète. A l'instant même le danger cesse ; mais, après la guérison, le bras blessé restait ankylosé.

Pour acquitter son vœu et obtenir le complément des faveurs divines, il vient incognito à la Sainte Chapelle, y fait ses dévotions la veille de Noël de l'année 1584, et consacre à la Sainte Vierge de magnifiques offrandes. Dans la nuit même qui suivit l'accomplissement de cet acte de piété, il se trouva parfaitement guéri.

IX

Quoique très avancée en âge et frappée depuis longtemps de paralysie, Christine, fille du roi de Danemark et femme de François duc de Lorraine, voulut se rendre à Lorète pour accomplir un vœu fait à Marie, malgré les représentations de ses gens qui lui conseillaient de demander au pape une commutation de son vœu. Portée dans une litière, elle traverse l'Allemagne, le nord de l'Italie, la province d'Ancône et arrive enfin à Lorète. A peine entrée dans la Sainte Chapelle, elle sent couler dans son cœur une douce consolation, et son corps même éprouve une sensation d'ineffable bien-être; tout à coup elle se lève, et la paralytique de tant d'années se tient debout seule; elle fait le tour de la Sainte Maison, à la stupeur de toute son escorte composée de près de cinq cents personnes. De toutes parts s'élèvent des cris d'allégresse. Pour elle, revenue au pied de l'autel, les yeux pleins de douces larmes et le cœur débordant de reconnaissance, elle se donne tout entière à la Vierge; puis, pour laisser un monument de cette guérison miraculeuse, elle suspendit d'abord devant l'autel de Marie, avec une chaîne d'or, un cœur du même métal; mais ne bornant pas là sa munificence, elle envoya ensuite un véritable trésor de colliers, de couronnes, de perles, de diamants et d'ornements splendides.

X

Mais voici une guérison vraiment singulière accordée, par la Sainte Vierge de Lorète, à un Pacha turc de Constantinople nommé Corcuto, à la prière d'un de ses esclaves qui était chrétien. Nous donnons la copie textuelle de la lettre écrite en arabe de la main même de Corcuto, qui raconte ainsi sa guérison:

« Plaise au Maître du Ciel, grand et miséricordieux, de nous être propice! Ayant éprouvé en moi-même un merveilleux effet de la puissance divine, moi, Corcuto, pacha, pour ne pas manquer à mon devoir, et pour que la mémoire d'un si terrible événement passe à la postérité, je raconterai par ordre toute la chose, absolument comme elle est arrivée. Il s'était formé dans ma poitrine un cruel abcès, et je ne vivais plus que comme une victime vouée à une mort inévitable et prochaine.

» Les médecins désespérant de mon salut, un de mes esclaves vint à moi et me dit avec la plus grande assurance: « Si vous voulez me promettre la liberté, je vous obtiendrai de la Mère de mon Dieu qu'elle vous rende votre première santé. » J'appelai un notaire, je promis dans les formes à mon esclave de briser ses chaînes, et je m'y engageai par serment, pourvu qu'il obtînt ma guérison.

» Aussitôt il se mit à genoux, fit sur lui certains signes avec sa main droite, et me pressa de répéter les mêmes paroles qu'il allait prononcer lui-même. Alors il commença ainsi : « Je demande le secours de Sainte Marie de Lorète. » Je suivis son conseil, et Dieu, en trois jours, se plut à me guérir. L'esclave a reçu sa liberté, je lui donne cet écrit avec des présents que j'envoie pour accomplir mon vœu (1), et qui serviront à témoigner de mon respect et de ma reconnaissance envers Sainte Marie, Mère du grand Dieu. Puisse-t-elle nous conserver ! »

---

(1) Ces présents se composaient de riches étoffes, d'une somme d'argent considérable, d'un arc précieux avec un carquois garni de flèches, etc.

XI

Une jeune Sicilienne, arrachée à ses parents dès ses premières années, s'était longtemps abandonnée, dans Venise, aux plus honteux désordres. Enrichie par ses débauches, elle voulut rentrer dans sa patrie, et, réunissant tout ce qu'elle possédait, elle se mit en route avec un seul domestique. Au milieu de la forêt de Ravenne, ce misérable, un poignard à la main, se jette sur sa maîtresse, la couvre de plaies, lui coupe la gorge et lui enlève son or et ses bijoux. Pendant que s'accomplissait ce forfait, la malheureuse jeune fille, rentrant en elle-même, ne cessait d'invoquer la Vierge de Lorète. Elle nageait dans son sang, abandonnée au milieu de la forêt, quand Marie lui apparaît brillante de lumière, et, lui rendant la force et la vie, lui rappelle que tous ses instants doivent à l'avenir être consacrés à la pénitence. La jeune Sicilienne ne voulut plus quitter sa libératrice. Elle vint se fixer à Lorète, où elle resta comme un monument de la puissance de Marie. Entre autres cicatrices dont son corps conserva l'empreinte, on voyait à son cou comme une large plaie sanglante, trace manifeste de la blessure qu'elle avait reçue. Le P. Riéra, témoin oculaire de ce fait, arrivé au XIVme siècle, l'attestait dans son histoire; et les habitants de Lorète, qui l'ont vu comme lui, ne l'ont jamais démenti.

XII

Sur un médaillon d'argent représentant un chevalier à genoux devant la Sainte Vierge, on lit cette inscription : « Herman de Atimis, conseiller du sérénissime archiduc Ferdinand d'Autriche, duc de Styrie, emporté sous les yeux mêmes du prince, près Cilley, par les flots de la Sabine débordée, et rendu miraculeusement au rivage par la protection manifeste de la Vierge de Lorète, à laquelle il se recommanda pieusement dans ce péril désespéré, lui a offert ce monument de reconnaissance et de dévotion. »

XIII

Un miracle du même genre est rapporté par Tursellin, qui en a copié la relation écrite par le miraculé lui-même, et signée par deux de ses amis qui en avaient été témoins. Cette relation fut déposée solennellement dans le Sanctuaire, et gravée en outre sur une tablette de bois qui resta fort longtemps suspendue à un des piliers de la coupole. La voici, d'après Tursellin :

« Le 7 mars 1543, Pierre Terennatici de Sienne, capitaine de l'armée de Louis Farnèse, laissait au bas de la cascade de Terni, située à moitié environ du chemin qui mène de Rome à Lorète, le détachement de cavalerie qu'il commandait pour, avec deux de ses amis, admirer d'en haut les sauvages beautés de cette effrayante masse d'eau qui se précipite brusquement dans un abîme de 270 pieds de profondeur.

» A quelque distance au-dessus de la cascade, il voulut abreuver son cheval dans les eaux mêmes du Vélino. Mais le fleuve était profond et rapide ; bientôt cheval et cavalier sont entraînés par le courant. Aucune puissance humaine ne peut conjurer l'horrible dénouement qui se prépare, et ses amis, glacés d'effroi, se tordent les mains sur le rivage dans un impuissant désespoir.

» Cependant l'infortuné, qui n'a plus rien à attendre de la terre, se souvient de Notre-Dame de Lorète, et, au moment de disparaître, il pousse un cri vers elle...

» Ses compagnons courent au bas de la cascade pour chercher au moins les débris de son cadavre. Mais quelle ne fut pas leur stupéfaction et leur joie quand ils l'aperçoivent debout sur un rocher ! La main toute-puissante de la Vierge l'avait dirigé dans sa chute et l'avait déposé sain et sauf sur le roc, au bord de l'abîme où son cheval s'était englouti pour ne plus reparaître. »

XIV

Un noble Génois, dont on regrette de ne pas trouver le nom, allait de sa patrie à Lorète, guidé plutôt par la curiosité que par la dévotion. Aussi chemin faisant, il se met à penser que la prétendue Maison de la Vierge n'est autre chose qu'une invention de la superstition et de la cupidité. Son doute ne tarda pas à être puni: son cheval fait un faux pas, et tombe sur son maître qui, brisé et presque mort, appelle en vain du secours. Réveillé par le malheur, il invoque la Vierge de Lorète et la conjure de venir à son aide. A peine il a prononcé le nom de la Madone que, débarrassé de son cheval dont le poids l'accablait, il se relève et, ne se sentant plus aucune douleur, remonte à cheval et poursuit sa route.

Mais, une fois délivré du danger, notre incrédule consent de nouveau à la tentation, qui revient bientôt plus forte et plus vive. Il lui semble que tout dans le pèlerinage n'est que mensonge; les miracles les plus évidents ne paraissent plus à ses yeux que des impostures. La punition de cette faute nouvelle ne se fit pas attendre ; déjà il voyait la chapelle bénie, lorsque tout à coup ses yeux se troublent; les forces lui manquent; il ne peut plus guider l'animal qui le porte ; c'est son cheval lui-même qui le conduit, comme par hasard, à la porte d'une hôtellerie au seuil de laquelle l'infortuné tombe sans connaissance.

L'hôte le relève et le met sur un lit, dans un état d'anéantissement voisin de la mort. Alors la crainte fait percer jusqu'à son âme un rayon de la grâce ; il reconnaît sa faute, verse d'abondantes larmes, et fait vœu dans son cœur de n'avoir plus sur le bienheureux Sanctuaire d'autre croyance que la croyance et le langage des âmes fidèles. Sa prière fut exaucée, et il recouvra la lumière et la santé du corps, en même temps que celles de l'âme.

XV

Une noble dame napolitaine, nommée Longa, était paralysée de tous ses membres, qui ne laissaient pas de lui causer d'atroces douleurs. On la porta dans la Sainte Chapelle. A ces mots de l'Evangile, chantés à la messe de ce jour-là : « Jésus dit au paralytique : Lève-toi, je te le commande », elle sentit une force divine se communiquer à ses membres et la vie circuler, pour ainsi dire dans ses os. A l'instant même elle se dresse sur ses pieds ; puis, la messe finie, elle se rend à son hôtel, marchant seule, au grand étonnement de tous les spectateurs, et en particulier du duc de Termoli, qui se trouvait alors à Lorète avec un corps de troupes envoyé par Jules II en Lombardie. Le valeureux guerrier joignit ses louanges à celles de cette illustre servante de Marie, qui lui était particulièrement connue.

XVI

Tursellin raconte encore en détail les guérisons miraculeuses des aveugles Jean Thomas, de Parme ; Pierre Romain, de Faënza ; Anna Bassa, de Verceil ; Mathieu Bernardino, de Sardaigne, et autres ; celle du sourd Erasme, doyen de l'église cathédrale de Cracovie ; du boiteux marquis de Burgaw, fils de l'archiduc Ferdinand d'Autriche ; la délivrance des naufragés Paul, pilote génois qui retournait de Provence dans son pays, et Jean Baptiste Capra dont la barque s'était trouvée tout à coup désemparée par un coup de vent furieux, sur les rivages de la Calabre, en face de l'île Volcano, etc., etc., etc.

Nous pourrions raconter cent autres miracles tout récents dont les témoins vivent encore, car le Sanctuaire de Lorète est une source intarissable de grâces ; mais la valeur de la preuve que nous nous sommes proposé d'établir sur l'existence de faits surnaturels dus à l'influence de la *Santa Casa* dépend moins de leur nombre que de leur authenticité, car c'est ici le lieu de dire avec Virgile : « *Ab uno disce omnes* » ; et il nous semble qu'après les témoignages formels des pontifes Pie II, Jules II et Paul II ; des saints François d'Assise, Nicolas de Tolentino et Joseph de Copertino; de MM. de Montaigne, de Villamont et de Bretonvilliers ; du marquis de Bade Jacques II, de la princesse Christine et du Pacha Corcuto ; des historiens de Lorète Tursellin et Riéra ; des populations entières de Venise, de Palerme, de Lyon et de Paris ; des habitants de Lorète en particulier, témoins journaliers de faveurs miraculeuses accordées aux pèlerins de tous les pays, il nous semble, disons-nous, qu'il ne peut rester l'ombre d'un doute dans l'esprit de quiconque cherche, de bonne foi, la lumière et la vérité sur le fait de ce Sanctuaire.

Mais dans presque tous les pays, comme en Italie, le prodige de Lorète a fait surgir des monuments nombreux qui, par leur vocable, leur forme et leurs dimensions rappellent cette Santa Casa, dont ils attestent ainsi le rôle mystérieux et la puissance miraculeuse. Pour ne parler que du nôtre, il n'est presque pas de diocèse en France qui n'ait sa chapelle consacrée à Notre-Dame de Lorète. Celui de Saint-Claude en a même deux : une à Couliège, qui date du 17me siècle ; l'autre à Port-Lemay, qui a été bâtie au 14me par le chevalier d'Eclans, sauvé miraculeusement d'une tempête au retour de la Terre-Sainte. On doit au seigneur des Loges celle d'Epinac, diocèse d'Autun, qu'il a édifiée vers la fin du 14me siècle, au retour d'une expédition contre les Turcs commandés par Bajazet, où il échappa aux plus grands dangers, grâce au vœu qu'il fit d'élever ce sanctuaire à Notre-Dame de Lorète.

On peut voir dans le diocèse de Rodez, la chapelle

de Sévérac-le-Château, entre La Panouze et Cornéjouls, bâtie au 17me siècle par Louis d'Arpajon, marquis de Sévérac, au retour d'un pèlerinage qu'il avait fait à Lorète, et où la paroisse de La Panouze va tous les ans processionnellement, en exécution d'un vœu auquel elle dut d'être délivrée de la peste.

M. Tronson, troisième supérieur de Saint-Sulpice, en a bâti une, qui est très remarquable, à Issy, près Paris, dans le parc de la maison de campagne du séminaire; et Paris en possède une autre au faubourg Montmartre.

On en a élevé également à Rennes, à Saint-Nicolas-du-Port près Nancy, à Amiens, à Bois-d'Oingt près Villefranche (Rhône), à Reims, à Saint-Omer, etc.

Se pourrait-il que tant de témoignages plus sérieux les uns que les autres, aussi différents par leur origine que par leur caractère, et appartenant à toutes les époques de l'Histoire de la Sainte Maison de Lorète, ne constituent pas la plus haute expression de la certitude historique? Faudra-t-il de nouvelles preuves à l'incrédulité, si ingénieuse dans ses doutes, si méfiante du témoignage d'autrui? Eh bien! qu'elle en appelle à ses propres sens et à son propre témoignage. Allez à Lorète, dirons-nous aux Esprits-forts que le doute sollicite encore; vous y toucherez de vos mains le miracle permanent de l'existence séculaire d'un édifice bâti sans équerre, qui se tient debout sans fondements, sans appui, sur un sol inégal et mouvant; vous y verrez de vos yeux le prodige mystérieux, inexplicable, de l'intégrité de ses murailles que la faux du Temps, qui ne respecte rien, n'ose attaquer; vous y serez témoins de ce concours prodigieux de fidèles dont six siècles n'ont pu diminuer la foi, ni refroidir le zèle.

Si, après cela et malgré cela, l'évidence qui doit faire votre conviction ne pénètre pas, par tous vos sens, dans votre esprit, ne cherchez pas davantage : votre démon familier couvre votre intelligence des ténèbres de la tombe et paralyse vos facultés. Mais tournez vos regards vers la Madone et, sincèrement, sans respect humain, abandonnez-vous à sa mystérieuse protection. Vous ne sortirez pas de son Sanctuaire sans avoir éprouvé les effets de sa grâce..... sans être entièrement convaincus !

LIVRE VI

LA MAISON DE LA SAINTE VIERGE A LORÈTE

CHAPITRE PREMIER

L'INTÉRIEUR DE LA SAINTE MAISON

SOMMAIRE DU RÉCIT : Double merveille : une relique et son écrin. — Comment on arrive à la Sainte Maison. — Indéfinissable appréhension. — Formule de prière. — Octave Ducros de Sixt. — L'Autel des Apôtres. — La statue en bois de cèdre sculptée par Saint Luc. — Les arabesques. — La porte murée. — Le clocher. — Le Santo Camino. — Le buffet moderne, la sainte armoire et les deux tasses ayant servi aux usages de la Sainte Famille. — Peintures murales sur le mur du Septentrion. — La fenêtre de l'Ange. — L'image de Saint Louis, roi de France, à côté de la fenêtre. — La poutre incorruptible et inusable du pavé. — Autre image de Saint Louis sur le mur du Midi. — Les bustes de Saint Joseph et de Sainte Anne. — Troisième tasse dans une garniture d'or. — Les lampes du Sanctuaire. — Les brillants de la parure de la Sainte Vierge.

SOMMAIRE DES NOTES : La vaisselle de la Sainte Maison.

UNE double merveille, trésor de la Foi à l'intérieur, trésor artistique au dehors, une relique et son écrin constituent ensemble ce rare joyau connu de tous les pèlerins du monde entier sous le titre de Sanctuaire de Notre-Dame de Lorète.

La relique est la Maison de la Sainte Vierge, transportée providentiellement de Nazareth au pays de Récanati; l'écrin est ce précieux reliquaire de marbre blanc que le pape Clément VII a fait élever autour de la sainte Maison. Il offre l'aspect d'un petit bâtiment rectangulaire mesurant à peine 13ᵐ 66 de long, 8ᵐ 84 de large, 8ᵐ 03 de haut; ses grands côtés, percés chacun de deux portes symétriquement placées regardent le Septentrion et le Midi.

Ce saint édifice, nous l'avons dit ailleurs, est comme le maître-autel d'une majestueuse basilique à trois nefs, dont les deux latérales, garnies chacune de six chapelles, se prolongent autour du chœur qu'elles couronnent de neuf autres chapelles plus remarquables les unes que les autres.

Le principal objet du voyage du pèlerin à Lorète est la visite du Sanctuaire de Marie. De la grande place où le dépose la voiture qui l'a amené de la gare, il se dirige aussitôt vers le Nord par une rue qui passe sous une porte de la vieille enceinte bâtie par les papes pour protéger la Sainte Maison contre les Turcs, et qui, après une vingtaine de pas, tourne brusquement à l'Est, et le conduit sur une seconde place ayant la forme d'un carré long de deux cents mètres environ de tour, avec une fontaine monumentale au milieu, encadrée par des constructions superbes : à gauche, le Palais apostolique élevé par Jules II et ses successeurs, qui se replie en arrière pour former le fond de la place; à droite, le Collège illyrien ; en face, la basilique avec ses trois portes en bronze, presque aussi remarquables que la porte du Baptistère de Florence, que Michel-Ange trouvait digne d'être mise à l'entrée du Paradis.

En pénétrant dans la basilique par la porte du milieu,

on se trouve dans la grande nef, au bout de laquelle s'élève le fameux Sanctuaire dont on voit la façade occidentale avec la fenêtre dite de l'*Ange* ou de l'*Annonciation*.

Une sainte ardeur vous pousse vers le pieux oratoire ; mais en arrivant devant une des portes d'accès, à peine vos yeux ont-ils jeté un avide regard dans l'intérieur, et entrevu les murs sévères et nus de la Sainte Relique, qu'un sentiment d'indéfinissable appréhension, une sorte d'instinctive méfiance prenant peut-être sa source dans une subite constatation de votre indignité, vous cloue quelques instants sur place.....

Cependant la foule des pèlerins qui entrent et sortent vous entraîne, et vous vous trouvez, presque inconsciemment, dans cet Asile où Jésus, Marie et Joseph ont vécu, prié, souffert. Vous voilà entre ces murs qui ont tant de fois retenti de la douce voix de la Reine des Anges, et que le divin Enfant a tant de fois touchés de ses mains !...

Un poète contemporain français, Octave Ducros de Sixt, a heureusement traduit le sentiment qui se dégage du cœur des fidèles, à ce moment où, agenouillés devant la Sainte Madone, ils cherchent dans leur esprit une formule de prière adaptée à la circonstance.

Lisez ces vers qui ont toute la douceur d'une ardente supplication et la chaleur d'un langage inspiré par une foi vive et sincère :

> Pauvre maison où Marie
> D'un fils divin prenait soin,
> A genoux, l'âme attendrie,
> Je te contemplais de loin.
>
> C'est donc ici qu'ils vécurent,
> Me disais-je. J'écoutais
> Ce que les pierres murmurent,
> Pour ne l'oublier jamais.

O sainte enfance ! ô tendresse,
Sourire de mon Sauveur !
Durs travaux de sa jeunesse !
Abaissement et grandeur !

Ici trente ans, sans relâche,
Celui qui créa les cieux
D'un mot, sur son humble tâche
Se courba silencieux.

Et trente ans silencieuse,
Devant ce fils adoré,
Ta prière, femme heureuse,
Monta sur ce toit sacré.

Non, non, de ces murs antiques
Nul ne devrait approcher !
Seules, des mains angéliques
Sont dignes de les toucher.

Les anges qui les portèrent
En chantant prirent leur vol,
Et les lauriers s'inclinèrent
Quand leur pied toucha le sol.

Et les lauriers et les Anges
Ont fait ce que nous ferons :
Comme eux chantons ses louanges,
Et comme eux courbons nos fronts.

Ta main pourtant me relève ;
Tu me dis d'entrer chez toi ;
Mère, ce serait un rêve,
Si Jésus n'était en moi !

Mais tu veux que je t'honore
Comme il t'honora jadis.
Eh bien ! J'obéis encore :
Ma mère, accueille ton fils !

Quand votre prière est finie, et que le calme s'est fait dans votre âme, vous promenez timidement autour de vous un regard qui semble chercher à fixer pour

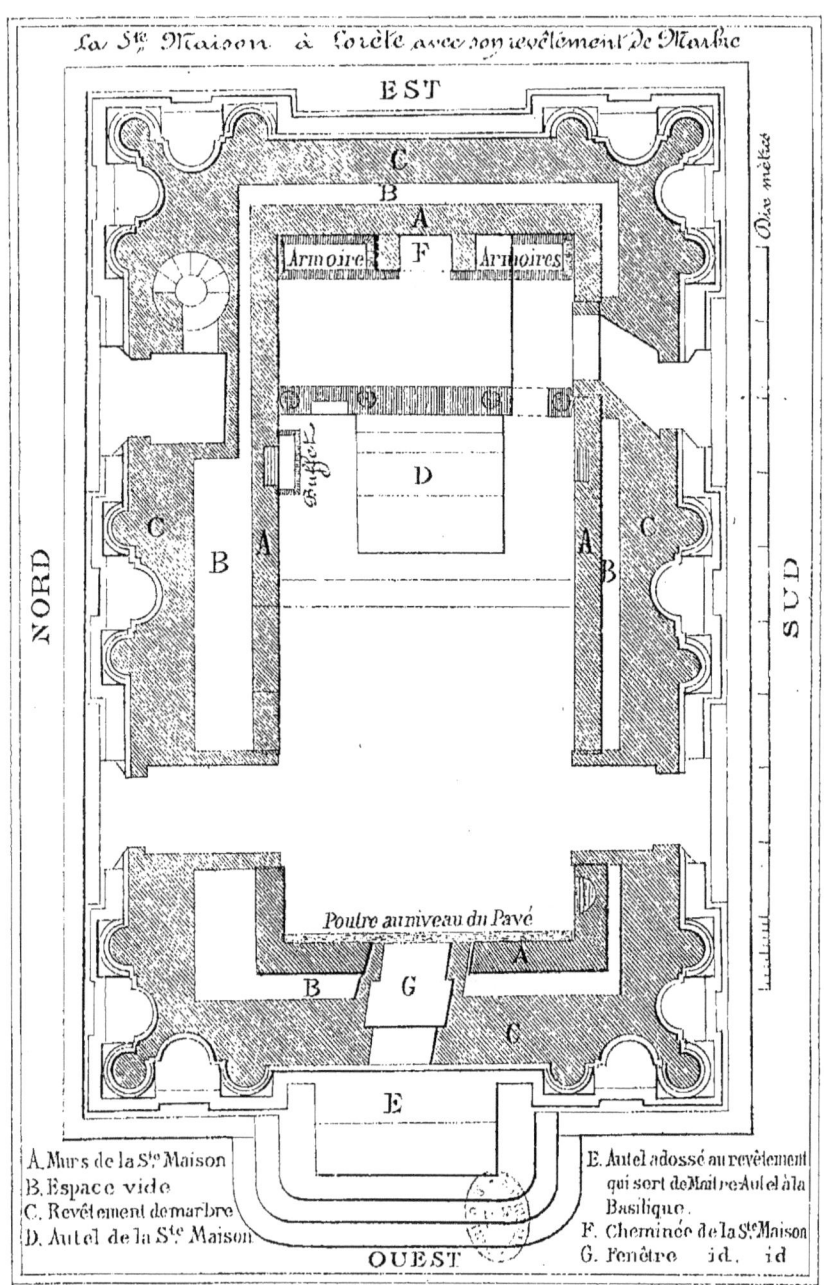

toujours dans votre esprit la forme et l'aménagement de ce Sanctuaire, où désormais votre cœur et votre pensée iront se reposer des luttes et des soucis de cette misérable vie. Vous voyez alors devant vous, à peu près aux deux tiers de la longueur de la Sainte Chapelle, qui se trouve ainsi divisée en deux parties inégales, l'autel venu avec la sainte Maison, sur lequel a célébré Saint Pierre, et qui précédemment était appuyé au mur regardant le Midi, que vous avez à votre droite.

Derrière l'autel, dans le mur qui fait face au Levant, une niche autrefois toute d'or et couverte de pierres précieuses, aujourd'hui décorée seulement d'arabesques en bois doré, contient l'antique et auguste statue en bois de cèdre du Liban, faite de la main de l'évangéliste Saint Luc, représentant la Sainte Vierge tenant l'enfant Jésus dans ses bras.

Sur le mur qui est à votre gauche ou mur du Septentrion, on distingue bien l'antique et unique porte de la Maison, fermée par ordre de Clément VII lorsque, pour la commodité des pèlerins, il fit ouvrir, dans les murs du Septentrion et du Midi, les quatre portes qui existent actuellement. Deux de ces portes, qui se font face l'une à l'autre, donnent accès dans ce qu'on peut appeler la nef de la Chapelle ; des deux autres, qui se font aussi vis-à-vis dans ce qui représente le chœur, l'une ne pénètre point dans l'intérieur et sert seulement d'entrée à l'escalier qui mène sur la terrasse du revêtement et sur le petit clocher ; l'autre vers le Midi s'ouvre dans la partie située derrière l'autel, où se trouve la cheminée de la Maison et que, pour ce motif, on désigne sous le nom de *Santo Camino*.

Un peu plus haut que la porte murée, en allant vers l'autel, se détache le buffet moderne dans lequel on a renfermé la sainte armoire, venue avec la Maison, où l'on conserve, entre autres reliques, deux des petites écuelles en forme de tasses, qui servirent, avec plusieurs autres, aux usages de la Sainte Famille (1).

Au-dessus de l'armoire, apparaissent encore quelques peintures murales et des têtes de poutres restées dans le mur, fort bien conservées.

Derrière vous, dans le mur occidental, s'ouvre l'unique fenêtre de l'édifice garnie d'une grille en bronze ciselé, désignée sous le nom de fenêtre de l'Annonciation. Au-dessus de la fenêtre est appliquée au mur l'antique Croix grecque apportée de Nazareth, qui montre, sur une toile tendue contre le bois, l'image du Christ peint à la manière orientale. A côté de la

---

(1) Il y en avait en effet plusieurs autres de toutes grandeurs et de formes différentes : plats, assiettes, écuelles, simples tasses, comme il convient dans le ménage d'une famille d'artisans. Ils étaient scellés sur les murs au milieu des demi-cercles de bois doré qui en ornaient le sommet. Leur peu de valeur, et ces différences même de grandeur et de forme ne permettent pas de penser qu'ils aient été placés là, dans un simple but d'ornementation.

Lorsque, par ordre de Paul III, on abaissa la muraille, on en découvrit quelques autres scellés également avec le plus grand soin, dans une sorte de cachette ménagée dans l'épaisseur du mur. On ne s'explique ni ce respect, ni ces précautions, s'ils n'eussent été, pour les premiers chrétiens, un véritable trésor d'un prix inestimable. Ils ont été pour la plupart cédés à des fidèles, et ont porté au loin la dévotion à Notre-Dame de Lorète, que les miracles obtenus par leur moyen sont encore venus accroître.

En 1566, le capitaine du port de Récanati, malade et mourant, léguait au Collège des Pénitenciers un de ces vases en forme de plat assez grand, portant encore au fond les traces de la chaux qui l'attachait au mur : il l'avait reçu de son père, à qui il avait été donné trente ans auparavant. Brisé par un accident en 1603, ce vase fut raccommodé et conservé encore assez longtemps à Lorète, (Martorelli. — *Relation du Père Borghèse*, jésuite-pénitencier, sous la date de 1604), d'après l'abbé Milochau.

fenêtre, on voit des traces de peintures murales dont une représente Saint Louis, roi de France, faisant hommage de ses chaînes à l'Enfant Jésus. Au bas du mur, au niveau du sol, une poutre sur laquelle les pieds de milliers de pèlerins se sont posés et qui, malgré ces frottements qui se renouvellent quotidiennement, demeure intacte et sans altération aucune.

Dans le mur de droite ou méridional, près de la porte, un bénitier en pierre, venu aussi de Nazareth, paraît aussi inusable. A la hauteur de l'autel, vous voyez un petit enfoncement où l'on dépose les burettes pour la messe ; au dessus, une autre image de Saint Louis avec d'autres peintures à fresque faites à Nazareth, et un bout de poutre encastrée dans le mur et parfaitement conservée.

Le regard se porte ensuite, à droite et à gauche de l'autel, sur deux bustes en argent de Sainte Anne et de Saint Joseph.

Une petite armoire, sous la statue de la Vierge, près de la porte du *Santo Camino*, renferme une troisième tasse enchâssée dans une garniture d'or ciselé, que l'on donne à baiser aux fidèles, et où l'on dépose, pour les faire bénir, les médailles et autres objets de dévotion.

Enfin, suspendues à la voûte et se balançant sur votre tête, une infinité de lampes d'or, d'argent et de cuivre doré, éclairent perpétuellement de leur pâle lumière cet oratoire, où l'on a comme un avant-goût des douceurs qui nous sont promises dans le Paradis.

Une voûte élégante percée en son milieu d'une ouverture de forme ovale, et dont le plafond bleu-de-ciel est découpé en petits carrés parsemés d'étoiles d'or, recouvre le vénéré Sanctuaire. Elle s'appuie seulement sur les murs qui soutiennent le revêtement de marbre.

Cette voûte fut substituée, sous le pontificat de Paul III au XVIe siècle, au plafond uni parsemé de petites étoiles dorées et au toit légèrement incliné qui faisaient corps avec le Saint Edifice et étaient venus avec lui d'Orient.

Le sol du Sanctuaire est un beau dallage de marbres bleus et blancs, sous lequel on a mis les ardoises de la toiture primitive, lorsque, en 1751, il fallut refaire le pavé construit en 1679, qui était entièrement dégradé.

Nous avons fait, en son lieu, une simple mention de la statue de la Sainte Vierge, sans nous arrêter à décrire les bijoux sans nombre qui brillent de toutes parts, sur la tête, les vêtements et les bandelettes de velours qui la décorent. Ce serait tout un trésor à inventorier. Nous nous bornerons à dire seulement que la statue, qui mesure 87 centimètres de hauteur (2 pieds 8 pouces), en est littéralement couverte des pieds à la tête.

CHAPITRE II

Le Revêtement de marbre

Sommaire du récit : Faits de la grande histoire. — L'Acte de naissance du Sauveur. — Les oracles des Sibylles. — Les prédictions des Prophètes. — Disposition générale du petit monument. — Les statues en plein relief et les tableaux en demi-relief. — Particularités à remarquer : 1° Tableau des quatre translations sur la façade orientale, un homme et une femme de la campagne regardant, ébahis, le mystérieux Sanctuaire volant dans l'espace ; 2° Dans le tableau du Mariage de la Sainte Vierge (façade septentrionale), un prétendant évincé qui brise sur son genou sa baguette qui n'a pas fleuri ; 3° Le personnage de la Sainte Vierge, dans ce tableau de l'Annonciation (façade occidentale), dont chaque pièce est un chef-d'œuvre de sculpture. — L'inscription gravée par ordre de Clément VIII. — Traduction sculpturale d'un chant du Purgatoire de la *Divine Comédie*. — Les quatre portes de bronze. — Bas-reliefs de l'architrave, de la frise et figures du soubassement.

Vous êtes sorti, non sans regret, du saint Oratoire. Vous voilà rempli d'une douce joie que vous n'aviez jamais connue, et détaché presque des affaires de ce monde, que vous ne regardez plus qu'avec une suprême pitié. Votre pensée ne peut se détacher de Marie, votre mère, et c'est comme pour lui continuer un hommage dont le premier acte s'est accompli dans l'intérieur de sa vénérable demeure, que vous vous disposez à étudier le revêtement de marbre qui protège, sans les toucher, les saintes murailles, et dont les quatre faces représentent les faits de la grande Histoire : la Nativité, le Mariage, la Mort et l'Assomption de la Vierge ; la Nativité du Sauveur, l'Adoration des bergers et des Mages.

Sur ce marbre sont écrites les gloires de Marie ; mais avant de parcourir ce magnifique album dont les pages représentent les personnages (prophètes et sibylles) qui ont annoncé la sublime destinée de la céleste vierge de Nazareth, rappelons les prédictions prophétiques et les oracles sibyllins, qui sont comme l'acte de naissance du Sauveur, écrit avant sa venue au monde dans le livre des siècles ; comme le chant des esprits célestes célébrant, dès l'origine des temps, les gloires de Marie et la pureté immaculée de son corps virginal.

LES SIBYLLES ET LEURS ORACLES RESPECTIFS (1)

Sibylle de Libye

Ecce dies veniet, quo æternus tempore princeps, Irradians sata lacta, viris sua crimina tollet. Æquus erit cunctis, gremio rex membra reclinat Reginæ mundi, sanctus per secula vivus.	Le jour arrive où le Prince de l'Éternité, éclairant la terre réjouie, effacera les crimes des hommes. Il fera justice à tous. Le Roi Saint qui vit dans tous les siècles viendra se reposer dans le sein de la Reine du monde.

Sibylle de Perse

Virgine matre satus......... Ille Deus casta nascetur Virgine magnus.	Il sera engendré d'une vierge mère....... C'est d'une vierge pure que ce grand Dieu prendra naissance.

(1) On peut lire ces oracles à la Bibliothèque Aug. de Saint Augustin de Rome. Nous les empruntons au *Théâtre historique de Lorète* par Martorelli, d'après Murri.

Sibylle d'Erythrée

Cerno Dei natum qui se demisit ab alto.......	Je vois le fils de Dieu qui est descendu du Ciel............
Hæbrea quem Virgo feret de stirpe decora.......	Une Vierge auguste de la race des Hébreux le donnera au monde.... Il aura une Vierge pour mère.....
Virgine matre satus.....	

Sibylle de Delphes

... Virginea conceptus ab alvo Prodibit sine contactu maris...	... Conçu dans le sein d'une Vierge. Il viendra au jour sans le secours d'un père mortel.

Sibylle de Samos

Hunc poterunt clarum vivorum tangere regem, Humano quem Virgo sinu inviolata fovebit.............	L'homme pourra toucher de ses mains le Roi glorieux des vivants, ce Roi qu'une Vierge sans tache réchauffera dans son sein mortel.

Sibylle de Cumes, en Italie

Tunc Deus e magno regem demittet Olympo. Militiæ æternæ regem sacra virgo cibabit Lacte suo...................	Alors Dieu fera descendre du sommet de l'Olympe un roi nouveau. Alors une Vierge sacrée nourrira de son lait le roi de la milice céleste.

Sibylle de Cumes, dans le Pont, en Asie

In cunctis humilis castam pro matre puellam..... Deliget.....	Humble en tout, il choisira pour mère une vierge chaste.

Sibylle d'Hellespont

Dum meditor quondam vidi decorare puellam. Eximio, castam quod se servaret, honore ; Munere digna suo et divino numine visa, Quæ sobolem mundo pareret splendore micantem : Progenies summi speciosa et vera Tonantis, Pacifica mundum qui sub ditione gubernet.	Un jour, dans mes méditations, je vis une vierge élevée, à cause de sa chasteté, à un sublime honneur. Le Très-Haut l'a jugée digne de cet auguste ministère ; elle donnera au monde un rejeton éclatant d'une glorieuse splendeur ; car il sera vraiment le fils du maître du tonnerre ; il viendra gouverner le monde dans une profonde paix.

Sibylle de Phrygie

Virginis in corpus voluit dimittere cœlo Ipse Deus prolem, quam nuntiet angelus almæ Matri.........	C'est dans le sein d'une Vierge que Dieu lui-même a voulu faire descendre d'en haut son propre Fils, que l'ange viendra annoncer à cette auguste mère.

Sibylle de Tibur, aujourd'hui Tivoli

....Sanctam potui monstrare puellam, Concipiet quæ Nazaræis in finibus illum Quem sub carne Deum, Bethlemitica rura videbunt.	J'ai pu montrer cette Vierge sainte, dont le sein concevra, dans le pays de Nazareth, celui qui, Dieu dans la chair, se fera voir dans les campagnes de Bethléem.

LES PROPHÈTES ET LEURS PRÉDICTIONS

Jérémie, (629-586 av. J.-C.)

Novum creavit Dominus super terram, fæmina circumdabit virum. (Jérém. xxxi, 22.)	Le Seigneur a créé sur la terre un prodige nouveau; une femme renfermera un homme dans son sein.

Ezéchiel, VIe siècle av. J.-C.

Suscitabo super eas pastorem unum qui pascat eas. (Ezéc. xxxiv, 23.)	Je susciterai à mes brebis un pasteur unique qui les mènera aux pâturages.

Zacharie

Ecce ego adducam servum meum Orientem... Ecce vir: Oriens nomen ejus. (Zach. iii, 8; vi, 12.)	Voici que je ferai paraître l'Orient mon serviteur........ Voilà l'homme; l'Orient est son nom.

David, mort 1016 ans avant J.-C.

De fructu ventris tui ponam super sedem tuam. (Psalm. cxxxi, 11.)	J'établirai sur votre trône le fruit de votre ventre.

Malachie, mort 408 ans avant J.-C.

Orietur Sol justitiæ. (Mal. iv, 2.)	Le Soleil de justice se lèvera.

Moïse, 1700 ans av. J.-C.

Prophetam de gente tua, sicut me, suscitabit tibi Dominus. (Deut. xviii, 15.)	Le Seigneur te suscitera de ta nation un prophète comme moi.

Balaam

Orietur Stella ex Jacob, et consurget Virga de Israel. (Nomb. xxiv, 17.)	Il sortira une étoile de Jacob, et un rejeton s'élèvera d'Israël.

Isaïe, mort en 684 av. J.-C.

Ecce Virgo concipiet, et pariet filium, et vocabitur nomen ejus Emmanuel. (Is. vii, 14.)	Voilà qu'une Vierge concevra et enfantera un Fils, et son nom sera Emmanuel.

Daniel, VIIe siècle av. J.-C.

Septuaginta hebdomades abbreviatæ sunt, ut deleatur iniquitas, et ungatur Sanctus Sanctorum. (Dan. ix, 24.)	Soixante-dix semaines ont été abrégées, afin que l'iniquité soit détruite, et que le Saint des Saints reçoive l'onction.

Amos, l'un des 12 petits prophètes

In illo die suscitabo tabernaculum David. (Amos, ix, 11.)	Dans ce jour, j'élèverai le tabernacle de David.

DESCRIPTION

DU REVÊTEMENT DE MARBRE QUI RECOUVRE, SANS LES TOUCHER, LES MURAILLES DE LA SANTA CASA.

Le revêtement de marbre, cet écrin précieux exécuté sur les dessins de Bramante par le Florentin André Contucci, surnommé le Sansovino, et d'autres artistes, a quatre façades qui correspondent aux quatre murs intérieurs de la Sainte Maison.

Les petits côtés, à l'Est et à l'Ouest, sont encadrés

par deux couples de colonnettes formant les angles à droite et à gauche de chaque façade.

Dans chacun des deux grands côtés du Nord et du Midi, il y a, outre les deux couples de colonnettes des angles, un troisième couple de colonnettes semblables au milieu de la façade, qui se trouve ainsi partagée en deux parties égales.

Dans les intervalles qui séparent deux couples consécutifs de colonnes, sont représentés en relief les grands faits de la vie de la Sainte Vierge. Entre chaque couple de colonnes, se trouvent deux niches creusées l'une au-dessus de l'autre ; dans les niches du bas, les prophètes, et dans celles du haut, les sibylles qui ont annoncé la venue du Sauveur et la gloire de la Reine des Anges.

Aux angles supérieurs des quatre portes en bronze sont les armes des Médicis (Léon X et Clément VII étaient de cette famille). Une légère balustrade couronne le petit gracieux édifice, et lui donne l'aspect d'un belvédère charmant.

Maintenant que nous avons une vue d'ensemble de ce chef-d'œuvre de sculpture, nous verrons mieux les détails. Commençons par la façade méridionale, où se trouve la porte par laquelle les pèlerins sortent ordinairement du vénéré Sanctuaire.

Façade méridionale

A gauche de la porte de sortie, entre le premier couple de colonnettes, dans la première niche, *le Prophète Zacharie* de Jérôme Lombard ; dans la niche au-dessus, *la Sibylle d'Erythrée* de Jean-Baptiste de la Porte.

Au-dessus de la porte, *la Crèche et les bergers* par Sansovino ; aux angles de la porte, les armes des Médicis.

A droite, entre les deux colonnettes du milieu de la façade, dans la première niche, *le Prophète David*, sa harpe à la main et la tête de Goliath à ses pieds, par Jérôme Lombard. Dans la niche au-dessus, *la Sibylle de Cumes*, en Italie, du chevalier Jean-Baptiste de la Porte.

Sur l'entrée qui conduit au *Santo Camino*, dans l'espace qui sépare le couple de colonnes du milieu de celui de l'angle droit de la façade, *l'Adoration des Mages*, sculpture commencée par Sansovino et achevée par Raphaël de Montelupo et Jérôme Lombard.

Entre les deux colonnes de l'angle, dans la première niche, *le Prophète Malachie* de Jérôme Lombard ; dans la niche supérieure, *la Sibylle de Delphes* par le chevalier de La Porte.

Façade orientale

En tournant à droite, nous arrivons devant la façade orientale, où l'on voit entre le premier couple de colonnettes, dans la niche inférieure, *Moïse*, sculpté par le chevalier de La Porte, et dans la niche au-dessus, *la Sibylle de Samos*, ouvrage du même artiste.

Dans l'espace compris entre les deux couples de colonnes sont deux grandes sculptures : la plus basse, de Nicolas Tribulo, représente les quatre translations de la Sainte Maison ; elle est surtout remarquable par le naturel avec lequel sont représentés une femme et un homme de la campagne qui contemplent, ébahis, la Sainte Maison volant dans les airs. On voit dans la plus haute, commencée par un sculpteur dont on a perdu le nom et achevée par Dominique d'Aimo de Boulogne, surnommé le Varignano, *la Mort de la Sainte Vierge* avec les Apôtres qui l'entourent. Quatre anges dans les airs attendent, pour l'emmener au céleste séjour, et une troupe de Juifs guette une occasion favorable pour dérober cette précieuse dépouille.

Au-dessous de ces sculptures on lit cette inscription suivante, gravée par ordre de Clément VIII :

« Chrétien étranger qui, conduit par un vœu ou par la piété, êtes venu dans ce lieu, vous voyez la Sainte Maison de Lorète, vénérable aux yeux de tout l'univers par ses divins mystères et par la célébrité de ses miracles. C'est là qu'est née la très sainte Marie mère de Dieu; là que le Verbe de l'Eternel-Dieu s'est fait chair. Là qu'elle a été saluée par l'Ange. Transportée par les anges, de la Palestine en Dalmatie au village de Tersatz, l'an du salut 1291, sous le pontificat de Nicolas IV, cette maison a été transférée, trois ans après, toujours par le ministère des anges, au commencement du règne de Boniface VIII, dans le pays des Picénois près de la ville de Récanati, dans une forêt de cette colline où, après avoir changé trois fois de place dans l'espace d'une année, elle fixa ici sa demeure. Depuis ce moment, la nouveauté d'un si grand prodige ayant éveillé l'admiration des peuples voisins et le bruit des nombreux miracles opérés en ce saint lieu s'étant répandu au loin, toutes les nations ont entouré de leur respect cette Sainte Maison, dont les murailles, quoique posées sans fondement, demeurent, après tant de siècles, solides et dans une parfaite intégrité.

» Le pape Clément VII l'a revêtue de toutes parts de cet ornement de marbre, dans l'année 1525.

» Le grand Pontife Clément VIII a commandé d'écrire sur cette pierre une courte histoire de cette admirable translation, en l'année 1595.

» Antoine-Marie Gallo, Cardinal-prêtre de la Sainte Eglise romaine, protecteur de la Sainte Maison, a pris soin de faire exécuter cet ordre.

» Vous pèlerin, adorez avec des sentiments d'amour la Reine des Anges et la Mère des grâces, afin que, par ses mérites et par ses prières, vous obteniez de son très doux Fils, auteur de la vie, le pardon de vos péchés, la santé du corps et les joies de l'Eternité. »

Le prophète Balaam, attribué au moine Aurélien, frère de Jérôme Lombard, occupe la niche inférieure; et la *Sibylle de Cumes*, dans le Pont, du Chevalier de La Porte, tient la niche supérieure.

Façade septentrionale

En s'avançant toujours vers la droite, on arrive à la façade du Septentrion.

Le Prophète Isaïe, dans la première niche, est attribué à Thomas, frère du chevalier de La Porte. *La Sibylle hellespontique*, occupe la niche au-dessus; elle est attribuée au même artiste.

Au-dessus de l'entrée qui conduit à l'escalier du revêtement, on voit *la Nativité de la Sainte Vierge*, délicate composition commencée par Sansovino, continuée par Bandinelli et achevée par Raphaël de Montelupo.

Entre les deux colonnes du milieu, *le Prophète Daniel* du moine Aurélien Lombard et la *Sibylle phrygienne* de Thomas de La Porte.

Au-dessus de la porte d'entrée de la Sainte Maison, le tableau du *Mariage de la Sainte Vierge*, commencé par Sansovino, continué par Raphaël de Montelupo et par Nicolas Tribulo, à qui on doit ce personnage à la figure si expressivement courroucée, qui brise sur son genou sa verge qui n'a pas fleuri.

Le Prophète Amos, dans la niche inférieure, assis, le bonnet sur la tête, son bâton pastoral à la main et son chien à ses pieds, est une sculpture de Jérôme Lombard. *La Sibylle de Thibur* ou Tivoli, dans la niche supérieure, appartient au chevalier de La Porte.

Façade occidentale

Dans la première niche du premier couple de colonnettes, à gauche de l'autel élevé contre cette façade, se trouve *le Prophète Jérémie*, sculpté par Sansovino; et dans la niche au-dessus, *la Sibylle libyque* de Jean-Baptiste de La Porte.

Dans l'espace compris entre les deux couples de colonnettes, se trouve cette fameuse sculpture de *l'Annonciation* qui a donné son nom à la fenêtre du Sanctuaire, que l'on voit au-dessous. Sansovino a donné à sa composition un air si frappant de vérité, que ses personnages paraissent positivement animés. En les regardant avec attention, l'illusion devient si forte que l'on tend instinctivement l'oreille pour percevoir la salutation que l'ange Gabriel, un genou à terre, adresse à Marie. L'attitude de la Vierge, tournée un peu de côté comme pour cacher son trouble, accuse une telle pudeur effarouchée qu'on croit lire sur sa grave figure l'émotion dont elle est saisie.

Deux anges en relief dont l'un marche derrière le

Messager céleste et l'autre semble voler, ainsi que deux autres qui se tiennent à l'angle de la maison comme pour attendre le résultat de la mission de l'Archange, sont travaillés avec un tel art qu'on les dirait détachés du marbre.

Dans les nuées, Dieu le Père, soutenu par un groupe d'esprits célestes, envoie le Saint-Esprit dans un rayon de marbre qui sort de sa bouche comme cette vapeur légère qu'une atmosphère glaciale rend visible dans l'acte de la respiration. Enfin la main du sculpteur a déployé tant de finesse dans la représentation de la colombe qui plane au-dessus de l'Eternel, du vase de fleurs faisant partie du tableau, des ailes et des cheveux des anges, des draperies de leurs habillements, que l'on ne se fatigue pas d'admirer cette œuvre véritablement divine.

Sansovino a réalisé, dans cette composition, avec un rare bonheur, la belle image que le Dante a tracée des circonstances de l'Annonciation, dans les vers suivants de sa *Divine Comédie:*

> Là règne un marbre blanc enrichi de sculpture
> Tel que Polyclète et même la nature
> Eussent été forcés de s'avouer vaincus.
>
> L'ange qui vint porter à la terre implorée
> La paix, par tant de pleurs si longtemps éplorée,
> Et qui rouvrit le ciel où l'on n'arrivait plus,
>
> Était figuré là, si vivant, si céleste,
> Si suave et si frais d'attitude et de geste,
> Qu'il ne paraissait pas marbre muet et vain.
>
> On eût juré l'ouïr dire : *Ave,* car tout proche
> Était sculptée aussi la Vierge sans reproche,
> Qui du divin amour tient les clefs dans sa main...
>
> Son maintien exprimait si bien cette parole :
> *Ecce ancilla Dei !* que sur la cire molle
> Le portrait qui s'imprime a moins de vérité.
>
> (Dante, *Purgatoire,* X).

Plus bas, à droite et à gauche de la fenêtre, au-dessus de l'autel, sont deux bas-reliefs de François de San-Gallo, représentant: l'un, *la Visitation;* l'autre, *Joseph et Marie donnant leurs noms à Bethléem.*

Entre les deux colonnettes de droite, *le Prophète Ezéchiel* par Jérôme Lombard, dans la niche inférieure, et *la Sibylle de Perse* du Chevalier de La Porte, dans la niche supérieure.

Les remarquables festons qui se développent autour du gracieux monument, au-dessous de l'architrave entre les chapiteaux corinthiens des colonnettes, sont attribués par Vasari à Simon Mosca.

Les découpures de l'architrave, les ornements de la frise et les figures symboliques du soubassement sont, d'après Vasari toujours, l'ouvrage de Simon Cioli, de Raniero Nerucci de Pietrasanta et de François Tadda (1).

Cette œuvre rare qui peut, à juste titre, être comparée à un musée, coûta cinquante mille écus romains, sans compter la valeur des statues, des marbres, et le prix de la main-d'œuvre estimés ensemble à douze mille écus ; sans compter encore le travail des artistes qui, pour la plupart, donnèrent gratuitement leur concours par pure dévotion à la très Sainte Vierge (1).

Les quatre portes du Sanctuaire

Nous avons maintenant à examiner les quatre portes en bronze fondues, sous le pontificat de Saint Pie V, dans des moules creusés par Jérôme Lombard.

Le panneau supérieur de la première, située sous

(1) D'après Murri.

la Crèche, dans la façade du Midi, représente l'*Incarnation*, et le panneau inférieur, la *Nativité du Sauveur*.

En haut de la deuxième porte, dite du *Santo Camino*, l'*Adoration des Rois Mages* ; dans la moitié du bas, *Jésus au milieu des Docteurs*.

On voit dans le panneau supérieur de la porte de l'escalier du revêtement la *Flagellation* de Notre Seigneur, dont la tête est usée par les baisers des fidèles ; dans le panneau inférieur, la *Prière au Jardin des Oliviers* et les *trois disciples* qui dorment.

Les deux panneaux de la quatrième porte représentent l'*Ascension de Jésus au Calvaire*, et le *Crucifiement de Notre Seigneur*.

Il nous resterait encore à passer en revue les magnificences de la Basilique, du Palais royal et les richesses du Trésor de la Sainte Maison ; mais une description détaillée nous conduirait hors des limites de notre cadre. Nous nous contenterons donc de jeter un rapide et sommaire regard sur ces trois autres merveilles de l'heureuse ville de Lorète.

CHAPITRE III

Le Trésor de la Sainte Maison

Sommaire du récit : Dans la sacristie qui précède l'entrée de la Salle du Trésor : tableaux de Guido Reni ; du Tintoret ; de Joseph Chiari ; de Gérard des Nuits ; de Paul Véronése ; de François Mazzuoli ; de Taddée Zuccari ; de Carofolo ; de Bassano ; d'Antoine Allègre et de del Sarto.

Dans la Salle du Trésor : Peinture magistrale du Pomarancio au-dessus de l'autel, qui est adossé à la muraille du fond. — Les armoires en bois de noyer sculpté. — Les trois grands chandeliers. — Les ex-voto et les présents. — Richesse inappréciable de la voûte. — Effet surprenant des peintures, parmi lesquelles celles qui représentent la Naissance et la Mort de la Sainte Vierge sont vraiment stupéfiantes. — L'autel en marbre et les armoiries de Paul V.

Avant de pénétrer dans la salle du Trésor, arrêtons-nous un moment dans la sacristie qui le précède, pour y admirer les tableaux dont l'abbé Pierre-Paul Raffaelli, chanoine de Cingoli, l'a généreusement enrichie en 1664.

C'est d'abord, au-dessus du lavabo, un admirable tableau de Guido Reni, représentant une pieuse dame qui initie plusieurs jeunes filles à la pratique de certains travaux de leur sexe.

Au-dessus du prie-Dieu, à gauche, se détache un clair-obscur que les uns disent être du Tintoret, et que d'autres attribuent à Jacques Callot.

Au-dessus du prie-Dieu, et à droite, *la Sainte Vierge communiée par Notre Seigneur* est l'œuvre du Romain Joseph Chiari.

Entre les fenêtres est un Christ ou plutôt un martyr traîné par les bourreaux, dont la paternité est attribuée à Gérard des Nuits ou à Tiarini de Bologne ; et plus bas un Saint Jérôme tiré d'un original de Palma jeune d'après les uns, attribué à Paul Véronèse par d'autres.

Sur la façade opposée aux fenêtres, près de la porte de la sacristie, on voit la Sainte Vierge, la Madeleine, l'Enfant Jésus et Saint Jean, peints sur bois par François Mazzuoli de Parme.

Au-dessous : *l'Ensevelissement de Notre-Seigneur* par Zuccari ; *la Vierge avec l'Enfant Jésus,* sur cuivre, délicieuse copie de Raphaël par Bienvenu Carofolo.

Et au-dessus : *le Sauveur contemplant les instruments de sa Passion,* par Jacques Bassano.

La Sainte-Famille, peinture sur bois d'Antoine Allègre du Corrège.

Enfin une gracieuse peinture de la Sainte Vierge assise sur ses talons en face de son Fils est attribuée à del Sarto.

La Salle ou Chapelle du Trésor

Ce qu'on appelle la Salle du Trésor est une grande chapelle de 25 mètres de longueur, de 13 mètres de largeur et de 12 mètres de haut (1).

---

(1) Plus exactement : longueur 25^{m}20 ; largeur 12^{m}80 ; hauteur 11^{m}90.

L'autel adossé au mur qui fait face à la porte d'entrée, est tout de marbre avec des colonnes massives de brocatelle de Vérone, surmontées de chapiteaux blancs dans le style Corinthien.

Christophe Roncalli, surnommé le Pomarancio, a groupé au-dessus de l'autel, dans un tableau d'une peinture magistrale, la Sainte Vierge, la Madeleine et Saint Jean, aux pieds de Jésus crucifié ; et il a orné le haut de ce tableau des armoiries du pape Paul V, pour faire pendant à l'inscription qui surmonte, à l'intérieur de la chapelle, la porte d'entrée.

Tout le reste des parois des murs disparaît derrière soixante-neuf hautes et riches armoires en bois de noyer sculpté, dans lesquelles sont renfermés les dons offerts à la Sainte Vierge par les fidèles, et dont l'ensemble constitue le Trésor matériel de la Sainte Maison.

Les frais de construction, la peinture et les ornements de ces armoires ont coûté cent treize mille ducats à leur généreux donateur, le Cardinal Gallo d'Osimo, Protecteur du vénéré Sanctuaire.

Devant l'autel, on remarque trois chandeliers ; le plus grand est en bronze ; les deux autres sont en bois recouvert de cuivre doré avec des ornements de corail.

Le chandelier de bronze, qui est aussi remarquable par sa hauteur que par son poids et son travail, a été donné en 1858 par la confrérie des forgerons de Bologne ; les deux autres viennent de la générosité du prince Caracciolo d'Avellino.

Mais le véritable trésor, dont l'évaluation ne saurait être fixée, est dans la voûte où, au milieu de quelques scènes de la vie de la Sainte Vierge, le pinceau de Christophe Roncalli a jeté quelques figures de prophètes et de sibylles d'un effet surprenant et tout à fait grandiose.

Ces peintures se développent dans une série de compartiments séparés qui occupent les flancs et le sommet de la voûte de la chapelle.

La première figure, sur le flanc droit de la voûte en entrant dans la pièce, est celle de la Sibylle de Cumes; puis viennent :

La Naissance de la Sainte Vierge, où se détache admirablement le buste d'une femme qui mesure, sur la peau nue de son bras droit, le degré de chaleur de l'eau qui coule d'une cruche qu'elle tient de sa main gauche ;

Le roi David dans l'extase de l'inspiration divine ;
La Présentation au temple de la bienheureuse Vierge;
La Sibylle d'Erythrée ;
Le Mariage de la Sainte Vierge ;
Le prophète Isaïe ;
La Sibylle de Cumes ;
L'Annonciation de la Sainte Vierge ;
Le roi Salomon ;
La Sibylle de Samos ;
La Visitation à Sainte Elisabeth ;
Le prophète Osée ;
La fuite en Egypte ;
La Sibylle de Perse ;
Jésus retrouvé au milieu des docteurs ;
Le prophète Malachie ;
La Sibylle de Phrygie ;
La Mort de la Sainte Vierge ;
Enfin le saint homme Job.

Au centre des trois compartiments du sommet, on voit la Vierge sortant de son tombeau accompagnée par les anges.

Dans le compartiment du côté de la porte d'entrée, l'Assomption de la Mère de Dieu.

Dans le compartiment opposé, du côté de l'autel, le Couronnement de la Sainte Vierge.

Nous avons dit ailleurs qu'en 1792, il ne restait du Trésor de la Sainte Maison, composé de richesses incalculables, que les armoires vides dont on avait même enlevé les cristaux qui protégeaient, contre la poussière, les pierres précieuses et les vases d'or.

Depuis, les soixante-neuf armoires se sont regarnies : le corail, l'argent, l'or, les pierreries, sous les formes les plus variées et les plus gracieuses, brillent aujourd'hui dans chaque vitrine, où le visiteur ne se lasse pas d'admirer les cœurs, les colliers, les bracelets, les anneaux, les chaînes, les pendants d'oreilles, les montres, les couronnes ; on ne compte plus les diadèmes en argent, en or, en corail, tantôt simples, tantôt enrichis des brillants les plus fins ; les vases d'argent, d'or, d'agate, de jaspe, de porcelaine ; les fleurs d'argent, d'or, de diamants, de plumes rares ; les lampes, les ostensoirs, les encensoirs, les chandeliers, les bénitiers, les reliquaires plus remarquables les uns que les autres par la richesse de la matière ou la perfection du travail ; les statuettes d'albâtre, d'ivoire, de corail, d'argent, d'or; les calices d'un prix inestimable et mille autres différents objets de toute matière, dont il serait trop long même de préciser la forme, qui, dans l'espace de moins d'un siècle, ont été offerts par la reconnaissance et la piété des fidèles du monde entier à l'Auguste Madone de Lorète, et dont la valeur intrinsèque se chiffre par millions de francs.

CHAPITRE IV

La Basilique

—

Sommaire du récit : Aspect singulier du monument vu à distance. — Les remparts ; les tours ; les créneaux : est-ce un château-fort ? une place de guerre ?

Majestueux clocher, dont les quatre étages de style différent, la galerie et la pyramide octogonale sont un beau sujet d'étude.

Statues qui décorent le parvis et la façade de la basilique. — Les trois portes historiées : ancien et nouveau Testament ; figure et réalité.

Les chapelles de la basilique et leurs remarquables grands tableaux en mosaïque. — Les tombeaux. — Les sacristies avec leurs fresques. — Les grands médaillons (fresques) de la voûte de la basilique. — Le baptistère, grand vase semi-pyramidal en bronze reposant sur quatre génies, véritable et rare chef-d'œuvre par la perfection de ses reliefs, mais plus encore par la composition magistrale de ses décorations.

La basilique de Lorète, que ses nombreuses chapelles en forme de tours et la galerie couverte surmontée de créneaux qui court sur le faîte de ses murs font prendre de loin pour un château féodal ou une forteresse ; avec sa coupole dont l'ampleur et la gracieuse courbure captivent le regard ; avec son majestueux clocher aux quatre étages d'ordre dorique, ionique, corinthien et composite, couronné d'une élégante balustrade et coiffé d'une hardie pyramide octogonale, qui porte à plus de deux cents pieds dans les airs le signe de notre rédemption; avec les statues colossales qui animent son parvis et sa façade, et ses trois portes en bronze plus remarquables encore par le travail que par la matière; avec les grands tableaux en mosaïque qui décorent la plupart de ses vingt et une chapelles, et les admirables fresques de ses voûtes, est à la fois un grandiose et curieux monument, un attrayant et rare musée.

Gravissons les neuf marches du large parvis, et arrêtons-nous d'abord en face de cette colossale statue de bronze, assise sur un trône, avec la main droite levée pour bénir, que les habitants des Marches ont élevée à la mémoire du pape Sixte V, leur compatriote.

Sur la face antérieure de la base octogonale qui supporte la statue, un lion de bronze se dresse sur ses pattes de derrière, tenant dans ses griffes de devant une branche de poirier surmontée des clefs et de la triple couronne, que soutiennent deux anges: ce sont les armes du pontife, dont la branche de poirier (*pero* en italien) rappelle le nom de famille Peretti. A droite et à gauche sont les armes du Cardinal Peretti, son neveu, et du Cardinal Gallo, Protecteur de la Sainte Maison.

Au-dessous, une inscription rappelle les titres de Sixte V à la reconnaissance des Marches. Les bas-reliefs des cadres latéraux représentent Jésus chassant les vendeurs du temple, et le Sauveur faisant son entrée à Jérusalem aux acclamations de tout le peuple. Sur la façade postérieure de la base, apparaissent les armes de la Marche dans lesquelles figure un Pic, en souvenir de Picus qui a donné son nom à cette contrée, autrefois appelée Picenum, et une inscription latine avec les noms des six cardinaux de la Marche créés par Sixte V.

Enfin; dans les niches des quatre angles on voit les statues de la *Justice*, de la *Charité*, de la *Religion* et de la *Paix*.

Cette magnifique statue, coulée par Antoine Bernardin Calcagni de Récanati, élève de Jérôme Lombard, a coûté plus de huit mille écus (quarante mille francs).

Les yeux se reposent agréablement ensuite sur une admirable statue de bronze, de grandeur naturelle, représentant la Sainte Vierge avec l'Enfant Jésus dans ses bras, qui se trouve encadrée entre deux colonnettes et un frontispice au-dessus de la grande porte de la basilique. C'est l'œuvre de Jérôme Lombard.

La porte, historiée, toute de bronze, sortie des mains des trois fils de cet artiste, Pierre, Paul et Jacques, s'ouvre entre deux colonnes cannelées de l'ordre ionique, en marbre d'Istrie, qui supportent le frontispice, au milieu duquel on a représenté, en pierre, les armes de Grégoire XIII.

On voit, en relief, sur ses deux battants : A droite, en commençant par le haut :

1º La Création d'Ève ;

2º Le Père Éternel, au milieu d'un groupe d'anges, bénissant Adam qu'il vient de créer ;

3º L'Ange chassant nos premiers parents du Paradis terrestre, après leur désobéissance ;

4º L'Eglise catholique, sous la figure d'une femme pleine de majesté, recevant les hommages des fidèles ;

5º Abel tué par Caïn ;

6º L'Église accueillant l'Innocence qui se présente une palme à la main.

A gauche :

1º Ève présentant à Adam le fruit défendu ;

2° L'Hérésie, sous la forme d'un serpent, cherchant à troubler l'Église, représentée par une femme assise ;

3° Adam bêchant la terre, et Ève faisant tourner son fuseau ;

4° L'Église, un lis à la main, accueillant les pénitents résignés ;

5° Caïn fuyant la colère de Dieu ;

6° L'Hérésie fuyant devant l'Église catholique et se mordant les mains.

La porte latérale à gauche, c'est-à-dire du côté du clocher, est l'œuvre de Tiburce Verzelli, élève de Jérôme Lombard. Chaque battant est divisé en cinq tableaux environnés d'arabesques et ornés de statuettes des prophètes et des sibylles.

A droite :

1° Création d'Adam — entre l'Annonciation et le Baptême de Jésus-Christ ;

2° L'Ange annonçant à Agar dans le désert la naissance d'Ismaël — entre Agar chassée par Abraham et l'Ange lui indiquant la source qui sauvera son fils ;

3° Sacrifice d'Abraham — entre Jésus portant sa croix et le Crucifiement ;

4° Le passage de la Mer Rouge — entre Moïse annonçant la dixième plaie et Moïse levant la verge pour réunir les flots de la Mer Rouge ;

Sur les deux médaillons : Jésus au jardin des Oliviers et le Couronnement d'épines ;

5° La Manne tombant du Ciel.

A gauche :

1° Création d'Ève, figure de l'Eglise naissante — entre Jésus-Christ donnant les Clefs à Saint Pierre et la Descente du Saint-Esprit ;

2° Rébecca abreuvant les chameaux d'Eliézer — entre Eliézer accueilli par Bathuel et Laban, et la Naissance d'Esaü et de Jacob ;

3° Triomphe de Joseph en Egypte — entre Jésus-Christ devant les docteurs et l'Entrée triomphale à Jérusalem ;

4° Mort d'Holopherne — entre Judith se rendant au camp et Judith exposant la tête d'Holopherne sur les murs de Béthulie ;

Sur les deux médaillons : Les vendeurs chassés du temple et la Résurrection du Sauveur ;

5° Moïse faisant jaillir l'eau du rocher.

La porte latérale de droite, travaillée par Antoine Calcagni, avec la collaboration de Tarquin Jacometti et de Sébastien Sébastiani, présente :

Sur le battant de droite :

1° Les sacrifices de Caïn et d'Abel — entre la Nativité de Marie et sa Présentation au temple ;

2° Le Sacrifice de Noé après le Déluge — entre l'Entrée dans l'arche et la Malédiction de Cham ;

3° L'Arche transportée à Jérusalem — entre la Visitation et la Nativité du Sauveur ;

4° Le Buisson ardent — entre Moïse sur le Nil et la Verge de Moïse changée en serpent ;

Sur les deux médaillons : La Circoncision et la Fuite en Egypte ;

5° Abigaïl allant à la rencontre de David.

Sur le battant de gauche :

1° Le meurtre d'Abel — entre le Mariage de la Sainte Vierge et l'Annonciation ;

2° L'Echelle mystérieuse de Jacob — entre Jacob gardant les troupeaux de Laban et sa Lutte avec l'Ange ;

3° Le Trône de Salomon — entre la prophétesse Anne et l'Adoration des Mages ;

4° Le Serpent d'airain — entre Caleb et Josué revenant de la Terre promise, et Nadab et Abiu dévorés par le feu profane qu'ils avaient mis dans leurs encensoirs ;

Dans les médaillons : Les Apôtres autour du tombeau dela Sainte Vierge et le Couronnement de Marie au Ciel ;

5° Esther devant Assuérus.

Intérieur de la Basilique

Cette remarquable église, dont la forme est celle d'une croix latine, a trois nefs hautes et spacieuses. Les deux nefs latérales ont chacune six chapelles, auxquelles font suite, sur le même plan, les neuf chapelles des deux bras du transept et de la tête de la croix. Deux sacristies séparent les chapelles des nefs latérales d'avec les chapelles des deux bras du transept, et deux autres occupent les angles que forme la tête de la croix avec les deux bras du transept. La Sainte Maison, située au-dessous de la coupole, à la place du maître-autel, tient le centre de la croix.

En commençant notre visite par les chapelles latérales qui sont à droite en entrant, nous voyons :

Dans la première chapelle, un bas-relief en bronze représentant la Déposition de la Croix, vulgairement désigné sous le nom de *la Pietà*, coulé par Calcagni ; et sur les parois latérales, quatre autres portraits en bronze, des époux Massilla et Rogati de S. Ginesio qui ont élevé cette chapelle.

Dans la deuxième chapelle, une mosaïque de Saint Benoît et de Saint Dominique travaillée par Désiré de Angélis ; et sur le gradin de l'autel, un petit tableau représentant Saint Joseph de Copertino en extase devant la Sainte Maison, avec des troupes d'anges qui descendent du Ciel pour apporter aux fidèles les grâces obtenues dans la demeure de Marie.

Dans la troisième chapelle, un Saint François de Paule en mosaïque, d'après une toile du peintre romain Antoine Cavallucci de Sermoneta.

Dans la quatrième chapelle, Saint Charles et Saint Emigdius en mosaïque, d'après une toile d'Antoine Maron.

Dans la cinquième chapelle, un médaillon en mosaïque représentant *la Conception*, copiée sur un tableau de Charles Maratta de Camerano d'Ancône qui se trouve en l'église Saint Isidore, à Rome ; et aux côtés, deux médaillons représentant Saint Jacques de la Marche et Saint Gaétan, peints à l'huile par Alexandre Ricci.

Dans la sixième chapelle, une mosaïque représentant le *Mariage de la Sainte Vierge*, par Charles Maratta qui, pour rappeler la scène principale des épousailles de Marie et de Joseph, a mis une baguette fleurie de noisetier dans la main de l'époux, et près de lui, les prétendants évincés brisant de dépit les leurs, parce qu'elles n'ont pas fleuri.

Nous passons devant la sacristie dite : la Trésorerie, qui occupe l'angle formé par la nef latérale que nous venons de remonter et le bras méridional du transept, où se trouvent trois chapelles toutes dignes d'une attention particulière.

Au-dessus de l'autel de la première, on voit une grande mosaïque où Saint Joachim étonné montre à son épouse, ravie d'admiration, le rayon de lumière qui descend sur la tête de la Sainte Vierge, encore enfant, occupée à arroser un lis. Ce tableau est d'Angélique Kauffmann.

La deuxième chapelle, qui a jusqu'ici servi de chœur

aux chanoines, est en voie de restauration et sera dédiée à Saint Joseph. Les travaux commencés font prévoir que ce sera une des plus riches et des mieux décorées de la basilique.

Une imitation en mosaïque du célèbre original de Frédéric Barocci d'Urbin, au Vatican, représentant l'*Annonciation*, décore la troisième chapelle, dont on admire les belles fresques du plafond, de Frédéric Zuccari, et particulièrement celles du *Mariage de la Sainte Vierge* et *la Visite à Sainte Élisabeth*.

La sacristie de la cure, qui sépare la dernière chapelle que nous venons de visiter de la première chapelle de la tête de la Croix, possède de riches armoires ornées de belles perspectives et d'arabesques exécutées par Benoît de Majano, et des fresques remarquables peintes par Lucas Signorelli.

Viennent ensuite les tombeaux de Monseigneur Cabanes, gouverneur de Lorète et originaire d'Avignon, et du Cardinal Cajetan ; puis, la première chapelle du fond du chœur, où l'on voit la plus belle mosaïque de la basilique, *la Nativité de la Vierge*, copiée sur l'original d'Annibal Carrache aujourd'hui au musée du Louvre, et des peintures, des stucs qu'on prend pour des miniatures et des camées.

La deuxième chapelle, dont la voûte et les côtés, peints à fresques par différents artistes représentent : les circonstances de l'arrivée de la Sainte Maison en Dalmatie (Nicolas Frangipani faisant élever une église au lieu où avait séjourné le vénéré Sanctuaire ; et l'apparition de la Sainte Vierge à l'Évêque Alexandre); les derniers moments de Tancrède blessé par Argant au siège de Jérusalem, et expirant dans les bras d'Herminie ; *le saint Sacrifice de la messe* ; et au fond *Saint Philippe de Néri*, copie du fameux tableau du Guide.

La troisième chapelle, où une grande mosaïque copiée sur un tableau célèbre du Père dominicain Barthélemy de Saint Marc, peintre florentin, fait voir *Sainte Catherine et Saint Jean-Baptiste agenouillés au tombeau de la Sainte Vierge,* et dans les airs, la *Sainte Vierge portée au Ciel.* Des peintures de Pellegrin Tibaldi représentent : sur la voûte, *la Crèche, la Circoncision et la Transfiguration ;* sur la muraille du côté gauche, la *Prédication de Saint Jean ;* sur celle de droite, la *Décollation du Précurseur du Messie.*

La sacristie du Chapitre précède les trois chapelles du bras septentrional du transept.

La première de ces chapelles possède la plus ancienne mosaïque de l'église ; elle date de 1787 et représente la *Visitation.* On voit dans deux tableaux de Jérôme Moziano, *Saint Jean interrogé par le Prince des prêtres ; le Sauveur montrant aux envoyés du Précurseur, comme preuves de sa divinité, les malades guéris et les pauvres évangélisés.*

La deuxième chapelle, dite du Rosaire, est ainsi nommée à cause des peintures de la voûte qui en représentent tous les mystères. Elle a deux belles toiles du peintre Gasparini de Macerata : sur celle de droite on voit Saint Thomas d'Aquin écrivant sa *Somme théologique* et le Seigneur au milieu des nuages qui lui dit : « Quel salaire désires-tu, Thomas, pour ta peine ? » Le Saint répond : « Je ne veux d'autre salaire que toi, Seigneur! » Dans le tableau du côté gauche, on voit encore Saint Thomas d'Aquin entre Saint Pierre et Saint Paul.

La troisième chapelle, tout ornée de fresques du Lombardelli, n'a point d'autel ; à sa place se trouve une porte qui conduit à une sacristie et à la salle du Trésor dont nous avons déjà fait mention.

La porte située à gauche de cette chapelle donne accès dans la sacristie où s'habillent les prêtres qui doivent célébrer la messe aux petits autels de la basilique. Dès qu'on l'a dépassée, on est dans la nef latérale opposée à celle que nous avons déjà parcourue, et en face de :

La première chapelle, où l'on admire une *Cène* en mosaïque, d'après un original du peintre français Simon Vouet. Une mosaïque de *Maria desolata* qu'un ange fortifie et console orne la deuxième chapelle de cette nef.

La mosaïque de la troisième chapelle représente *Saint Michel foulant à ses pieds Lucifer*, copiée sur un tableau du Guide qui se trouve dans le couvent des Capucins à Rome.

Saint François d'Assise soutenu par un ange est le sujet de la mosaïque de la quatrième chapelle, copié sur un tableau du Domenichino appartenant au même couvent.

On voit dans la cinquième chapelle les portraits en mosaïque de Saint Ignace et de Saint Philippe de Néri, d'après un original de Christophe Untemperger.

Dans la sixième et dernière chapelle se trouve un admirable Baptistère tout en bronze, ayant la forme d'un grand vase semi-pyramidal, reposant sur quatre génies, au sommet duquel s'élève la statue de Saint Jean-Baptiste baptisant le Sauveur du monde. Tiburce Verzelli et Jean-Baptiste Vitali, dont le talent a su mener à bonne fin un si laborieux ouvrage, ont disposé, avec un art merveilleux, autour des fonts, des tableaux dont les personnages, en plein relief pour la plupart, se rapportent tous au sacrement du Baptême.

Ainsi, l'on voit en haut de la pyramide Saint Jean prêchant sur les rives du Jourdain au milieu d'une foule considérable, parmi laquelle on remarque des enfants qui, pour mieux voir, sont montés sur des arbres.

A droite de ce tableau, un autre représente la *Circoncision du Seigneur*.

A gauche du premier, un groupe où se détache le buste de Naaman se baignant dans le Jourdain, par l'ordre d'Elisée, qui le guérit ainsi de sa lèpre.

Au milieu du vase et sur le devant, Jésus, chassé de Jérusalem par les princes des prêtres, rencontre l'aveugle-né à qui il rend la vue en lui mettant sur les yeux de la boue faite avec sa salive.

A droite, la Piscine probatique entourée de malades, attendant que l'Ange descende du ciel et agite l'eau, dont la vertu guérit alors toutes les infirmités du premier baigneur.

A gauche, Saint-Philippe expliquant à l'eunuque de la reine de Candace l'Ecriture que ce dernier lisait sans la comprendre, tandis que le char où l'apôtre a pris place à côté de l'eunuque court à la rencontre d'une source dans les eaux de laquelle ce dernier est baptisé.

Aux quatre coins des fonts, quatre statuettes, d'une grande finesse de traits, représentent, en allant de droite à gauche :

La Charité avec cette devise : *Nescia findi* (elle ne saurait être divisée).

La Foi avec ces mots : *Nescia falli* (elle ne saurait être trompée).

L'Espérance avec l'inscription : *Nescia flecti* (elle ne saurait être ébranlée).

La Persévérance avec un chien et un crâne dénudé, symboles de la fidélité jusqu'à la mort, et pour légende: *Nescia frangi* (elle ne saurait être brisée).

Au-dessous de ces statues, quatre médaillons rappellent les stations faites par la Sainte Maison, avant de venir à la place qu'elle occupe actuellement. On la voit d'abord dans les airs traversant la mer Adriatique; puis dans la forêt de lauriers ; en troisième lieu, sur la colline des frères de Antiquis. Enfin, au milieu du chemin public, entourée d'une foule de fidèles agenouillés qui prient avec ferveur.

CHAPITRE V

Le Palais Royal (autrefois, Palais Apostolique)

—

Sommaire du récit: Deux portiques superposés. — Logements des Chanoines. — Chapelle de l'oratoire nocturne : belles fresques à la voûte et, sur les côtés, admirable Cène et le Baptême de Jésus. — Pharmacie de la Sainte Maison, jadis célèbre. — Appartements de l'Evêque et de l'Administrateur des biens du Sanctuaire. — Habitation des Princes. — Collection de tableaux des grands Maîtres. — Tapisseries tissées d'or exécutées d'après les cartons de Raphaël, et dont les dessins représentent des scènes de la vie des Apôtres. — Célèbre collection de vases peints sur des dessins de Raphaël, de Michel-Ange et autres, d'un prix inestimable. Plusieurs ont été volés : il en reste encore 348 que l'on classe de la manière suivante : 90 vases à deux anses, de fine faïence, avec des peintures qui représentent des faits de la Sainte Ecriture, les 4 évangélistes et les apôtres ; 20 cruches à deux anses, dont les peintures ont pour sujet des faits de l'histoire de Rome et de Sicile ; 26 cruches avec goulot et manche, sur lesquelles on voit de belles scènes de l'histoire de Rome, de la Sicile et de la Grande Grèce ; 45 autres cruches avec goulot et manche ; 2 petits vases à deux anses et 80 vases plus grands avec des sujets empruntés à la Mythologie. Enfin 85 petits vases dont les peintures représentent des jeux enfantins et des petits Amours.

Ce magnifique édifice, qui peut se comparer aux plus belles constructions des grandes villes, a été commencé sous Jules II, par Bramante, sur les plans de Julien de Saint Gallo, et continué sous ses successeurs. Les travaux successivement dirigés par André Sansovino, Antoine Sangallo, Jean Boccalini de Carpi, Lactance Ventura, Jean-Baptiste Cavagna, Jean Branca et autres, n'ont été achevés que sous Benoît XIV, ainsi que l'atteste l'inscription du frontispice.

Disposé en équerre, un des côtés limite la place de la Madone, vers le Septentrion, et l'autre la ferme du côté du Couchant.

Du côté de la place, le palais n'a qu'un rez-de-chaussée et un étage au-devant desquels s'étendent de vastes portiques, soutenus par des pilastres d'ordre dorique au rez-de-chaussée et d'ordre ionique au premier étage.

Le rez-de-chaussée du palais apostolique est occupé par les chanoines de la basilique ; on y visite la chapelle de l'oratoire nocturne dont la voûte est entièrement couverte de peintures d'après Roncalli. On ne connaît pas l'auteur de la belle fresque représentant *la dernière Cène* qui se trouve au-dessus de l'autel. La fresque à droite est une remarquable peinture du *Baptême de Jésus-Christ*, par Tibaldi.

C'est aussi au rez-de-chaussée que se trouve la pharmacie qu'ont rendu célèbre ses 380 vases peints sur les dessins de Raphaël, de Jules Romain, de Michel-Ange et autres. Ces vases, autrefois propriété de la pharmacie des ducs d'Urbin et donnés à la Sainte Maison par François Marie, sont aujourd'hui conservés dans une salle spéciale du palais, afin de les soustraire à de nouveaux larcins.

Les plus beaux représentent les douze apôtres, Saint Jean et Saint Paul, premier ermite, Suzanne et la mort de Job. Les peintures des autres sont tirées de l'ancien Testament, de l'histoire romaine, des métamorphoses d'Ovide, ou retracent des scènes enfantines.

Ces vases sont tellement appréciés, qu'un Grand-Duc de Florence en a offert un pareil nombre en argent, de poids égal, pour les avoir ; et que la reine Christine de Suède en estimait la valeur au-dessus de celle du trésor tout entier. C'est, en effet, à cause de leur beauté et de la rareté de la chose, une merveille digne d'être vue.

Le premier étage sert, en partie, de logement à l'Évêque et à l'Administrateur de la Sainte Maison. C'est aussi là que se trouve :

L'Appartement des Princes

auquel on accède par une grande porte qui s'ouvre dans un salon où l'on voit des tableaux de prix, dont voici l'énumération :

A droite, *le Christ, soutenu par Dieu le Père*, attribué au Guerchin ; vers le milieu *la Madone et l'Enfant Jésus*, de Mazuola ;

Au-dessus de la porte, *Saint Nicolas de Bari avec deux Anges*, par le chevalier Conca ;

Au-dessous de celui-ci, *la Femme adultère*, par Lorenzo Losto ;

La Conception, par Joseph Crespi de Bologne ;

Sainte Claire, par le Schidone ;

L'Hydropique de l'Évangile, par un auteur inconnu ;

Un second tableau de *la Femme adultère*, de l'école du Titien ;

Notre-Dame et quelques Saintes Vierges, par Jean Baglione de Rome ;

La dernière Cène, un des chefs-d'œuvre de Simon Vouet ;

Le Cénacle, par Félix Damiani ;

Quatre petits tableaux représentant *la Nativité de la Vierge, l'Annonciation, la Visitation* et la *Crèche,* du Schidone ;

Saint Sébastien, peinture du Lotto ;

Sainte Lucie, du même artiste ;

La Circoncision, par Philippe Bellini ;

La Lucrèce de Rome, par un auteur inconnu ;

Deux petits tableaux d'épisodes de batailles, peints par Bataille ;

Une vue de Lorète, avec des médaillons contenant les portraits de Léon X, de Sixte V et de Benoît XIV, bienfaiteurs de la ville, par François Foschi ;

La Translation de la Sainte Maison, attribuée au même artiste.

D'autres salles, qui s'ouvrent à droite et à gauche de ce premier salon, toutes richement décorées et dont les voûtes sont peintes par François Stagni, sont remplies de tableaux précieux parmi lesquels on remarque particulièrement :

La Crèche, d'Annibal Carrache ;

La Sainte Famille, du Corrège ;

L'ermite Saint Onofrio, peint sur bois par Montagne ;

La Conception, par Philippe Bellini ;

Saint Charles agenouillé devant le Christ crucifié, du Pomarance ;

La Nativité de la Vierge, copiée sur Maratti.

On voit dans une petite chambre, à gauche du grand salon, une petite *Crèche* en ardoise, de Guérard des Nuits, et dans une autre chambre contiguë, un petit tableau, *La Piété*, avec une autre petite *Crèche* sur cuivre, du Corrège.

De ce même côté, on trouve deux chambres tendues de Damas dont les voûtes sont artistement peintes par François Stagni, de Bologne.

Dans une des chambres situées à droite du grand salon, les visiteurs ne manquent pas d'admirer :

Un grand tableau où des Anges, tenant dans leurs mains des torches pleurent auprès du Christ mort, copié sur un ancien original de Taddée Zuccari ;

La Décollation de Saint Jean-Baptiste, ancienne copie d'un autre original de Zuccari ;

Enfin, un tableau de *la Vierge*, dans le style oriental.

On passe, de cette chambre dans :

LA SALLE DES TAPISSERIES

Ainsi nommée à cause des tapisseries, tissées d'or, exécutées d'après les célèbres cartons de Raphaël que l'on conserve à Londres, et données à la Vierge de Lorète par le Cardinal Sforce Pallavicini.

La première, à droite de la porte d'entrée, représente le peuple de Lystre voulant offrir à Paul et à Barnabé un sacrifice que ceux-ci refusent avec indignation.

Dans la seconde, on voit Saint Pierre et Saint Jean guérissant un boiteux de naissance, devant la porte du temple de Jérusalem.

On admire dans la troisième la scène de la remise symbolique des clefs du Royaume des Cieux par le Sauveur à Saint Pierre, devant tous les disciples assemblés, non loin de Césarée.

Dans la quatrième, on voit Saint Paul rendant subitement aveugle, devant le proconsul Sergius Paulus qui se fait chrétien, le magicien Elymas, lequel s'opposait à la doctrine de l'Apôtre, qui prêchait à Paphos dans l'île de Chypre.

Dans la cinquième, la pêche miraculeuse sur le lac

de Génésareth, où les trois Apôtres Pierre, Jacques et Jean abandonnèrent leurs barques pour suivre le Rédempteur.

Dans la sixième, Saint Paul prêche aux Juifs de Rome pendant sa captivité.

Dans la septième enfin est représenté, sous la forme d'un linceul, le vase mystérieux rempli de toutes sortes d'animaux que Saint Pierre avait contemplé dans une vision qui précéda la conversion du centurion romain Cornélius et celle de toute sa famille.

CHAPITRE VI

Description de la ville de Lorète

Sommaire du récit : Un présent du Nil et un présent de la Sainte Vierge. — Un site malsain, escarpé, couvert de forêts sauvages. — Les abris provisoires. — Une enceinte de portiques. — Mystères de la Foi. — Guelfes et Gibelins. — Le marquis des Marches et le pontife d'Avignon. — Une magnifique église. — Nouveaux habitants. — Marais et brigands. — Le chemin de fer de Brindisi à Marano, à Osimo, à Lorète. — Gigantesque escarpe d'une citadelle inexpugnable. — La place et la fontaine des Galli. — Hôtel de la Paix et Gemelli. — La porte de Rome. — La rue des Coronari et la Recette des Postes et Télégraphes ; l'Hôtel-de-Ville ; l'Hôtel du Nord et l'Hôtel de la Cloche. — La place de la Madone. — La basilique ; le Palais Royal ; l'ex-Collège illyrien ; le Couvent des Capucins ; le Cimetière ; la porte Marina ; le chemin qui va à la mer et le boulevard du Nord. — La route nationale de Montéréale. — Belle terrasse naturelle. — L'aqueduc. — Agréable promenade et magnifique panorama : c'est la ville de Marie !...

L'Égypte, a-t-on dit, « est un présent du Nil ». Ce n'est là vraiment qu'une belle et poétique figure ; mais on peut affirmer en toute vérité, de Lorète, que cette ville est un présent de la Très Sainte Vierge.

Le lieu où s'élève aujourd'hui cette agréable et heureuse petite cité n'était en effet, avant que la Sainte Maison vînt s'y poser, qu'un site escarpé, couvert de forêts sauvages, malsain et désert, dont la solitude n'était troublée que de loin en loin, par les rares voyageurs qui se rendaient de la ville de Récanati au rivage de l'Adriatique, en passant par le sentier qui serpentait, raide et raviné, sur le dos de la colline abrupte.

Les prodiges opérés par la Sainte Maison attirèrent dès les premiers jours une telle affluence de fidèles, que les premiers abris provisoires qu'on avait élevés autour du mystérieux sanctuaire ne tardèrent pas à être insuffisants. Le pape Boniface VIII donna l'ordre à l'Evêque de Récanati, Monseigneur Frédéric de Nicolò de Giovanni, d'enfermer l'auguste édifice dans une enceinte de portiques pour les pèlerins, avec des maisons destinées au logement des religieux chargés d'officier dans la Sainte Chapelle.

Les plus habiles peintres de l'Italie eurent en même temps mission de représenter, sur les parois des portiques, les principaux mystères de la foi chrétienne qui se rapportaient à la maison de la Sainte Vierge, ainsi que ses miraculeuses translations de Nazareth à Tersatz et de Tersatz au lieu qu'elle occupait alors.

Les habitants de Récanati secondèrent leur pasteur, avec une ferveur que ne purent refroidir ni les désordres causés dans toute l'Italie par les querelles des Guelfes et des Gibelins, ni l'incendie de leur propre ville, détruite de fond en comble, en 1322, par le marquis des Marches Amélia, qui gouvernait le pays au nom du pontife Jean XXII de Cahors, résidant à Avignon. A peine, en effet, ont-ils rebâti leur ville sur le côteau voisin de son premier emplacement, qu'ils tournent leurs pensées vers cette Auguste Maison que la Sainte Vierge leur a confiée; les portiques construits, il y a trente ans, sont devenus à leur tour insuffisants ; ils les jettent à terre et, à leur place, ils élèvent cette magnifique église à l'achèvement de laquelle ils ont travaillé pendant cent quarante années.

Mais pendant ce temps, des maisons se sont élevées sur cette colline naguère déserte ; un noyau d'habitants attirés par la piété et le commerce s'était formé tout d'abord et grossissait chaque jour. Loin d'en prendre ombrage, les habitants de Récanati favorisèrent leur accroissement ; ils leur donnèrent une constitution municipale, et Lorète était déjà fondée, lisons-nous dans Milochau, avant même que Récanati lui eût bâti son église.

Les pontifes Jules II et Léon X contribuèrent par leurs largesses au développement de la ville de Marie, et l'entourèrent de solides remparts pour la défendre contre les incursions des Turcs. Clément VII et Pie V assainirent le pays en desséchant les marais qui l'avoisinaient, et le débarrassèrent des brigands en faisant abattre les forêts dont il était couvert. Enfin l'abaissement de la longue crête montueuse qui descendait jusqu'au mur d'enceinte, entrepris par Clément VII et achevé par Sixte V, en créant de commodes emplacements pour la construction de nouvelles maisons, détermina la création d'un quartier extra-muros qui devint bientôt plus peuplé que la ville intérieure, et permit à Grégoire VIII (1572) d'ouvrir cette large voie romaine qui rendit les pèlerinages plus aisés, et facilita le développement de la ville naissante. Lorète compte aujourd'hui plus de dix mille habitants.

La ligne du chemin de fer de Bologne à Brindisi, qui passe au pied de la colline de Lorète, a mis cette cité, pour ainsi dire, aux portes d'Ancône (1). Au sor-

---

(1) Voyez — à la fin du chapitre — deux itinéraires de la frontière française à Ancône et à Lorète.

tir de la capitale de la Marche, le train s'engage sous un tunnel, arrive en quelques minutes au village de Marano, fait une halte à la station d'Osimo, à seize kilomètres d'Ancône, puis filant toujours dans la direction du Midi, laisse à droite Castelfidardo, et s'arrête au vingt-quatrième kilomètre, devant une petite gare qui a toute l'apparence d'une villa entourée de vergers, de jardins et de vignes. C'est la station de Lorète.

Le palais royal, les remparts et la basilique, avec ses chapelles en forme de tours et sa galerie circulaire au faîte des murs, couronnent le mamelon qui descend, comme une escarpe gigantesque jusqu'à la vallée, et ressemblent aux diverses dépendances d'une citadelle inexpugnable. Vous la diriez à cinq ou six cents enjambées au plus ; mais l'omnibus qui, moyennant soixante centimes, vous conduira à la ville, obligé de contourner son verdoyant piédestal, n'atteindra le sommet qu'après une course de vingt-cinq à trente minutes au moins.

On arrive par un chemin large, mais raide, dans un spacieux rectangle encadré de blanches maisons, et orné dans son milieu d'une belle fontaine, dont l'eau limpide et fraîche est versée avec abondance par un dragon et quatre coqs, dans un bassin qui sert en même temps d'abreuvoir aux chevaux. C'est la place des Galli (place des coqs), la plus grande du quartier extra-muros, où se tiennent les marchés et les foires, et où s'arrêtent les voyageurs qui descendent à l'hôtel de La Pace et Gemelli situé sur le côté oriental.

De cette place, qui pourrait être agréable avec un sol moins incliné et un peu d'ombrage, on pénètre dans l'enceinte de la ville par la porte Romana, dont la façade monumentale, flanquée de deux prophètes et ornée d'une belle statue en marbre de la Sainte Vierge, se dresse à l'angle Nord-Ouest ; elle s'ouvre, de l'autre côté, sur la rue des Coronari, ainsi nommée des nombreuses boutiques où se vendent, avec cent autres objets de piété, les chapelets (en italien *coroné*). Cette rue, bien pavée, toujours propre et très animée, principale artère de la ville intra-muros, est le centre du commerce de Lorète. Là, se trouvent aussi les bureaux de la Recette des Postes et Télégraphes, l'Hôtel-de ville, les plus beaux cafés, les orfèvres et les principales quincailleries, l'hôtel du Nord, l'hôtel de la Cloche.

De la porte Romana, où elle prend naissance, elle se dirige de l'Ouest à l'Est en décrivant une légère courbe qui aboutit à la place de la Madone (1), où la vue est sollicitée à la fois par l'imposante façade de la basilique qui limite la place vers le Levant, par le Palais royal qui en dessine les côtés Nord et Ouest, par la statue majestueuse de Sixte V qui se dresse sur le parvis de l'église, et par une fontaine monumentale, remarquable par ses beaux marbres et par des dragons et des aigles finement coulés par Pierre Paul Jacometti et Tarquin, élèves et neveux du célèbre Calcagni.

L'ex-collège illyrien fait face à l'aile septentrionale du Palais royal. Il dépasse un peu la ligne de façade de la basilique, dont il est séparé par le prolongement de la rue des Coronari qui, contournant le bras droit du transept et la tête de la croix du saint monument,

---

(1) Les personnes qui désirent être logées près du sanctuaire trouveront, sur cette place, l'Hôtel du Pèlerin avec café et restaurant, et une Maison particulière avec nourriture et chambres, tenue par M. Thomas Ferri.

passe devant le couvent des pères capucins, longe la façade dorique du cimetière construit en 1675 sous le pontificat de Clément X, et sort au Levant par la porte Marina où elle se bifurque en deux voies, dont l'une descend jusqu'au port de Récanati, et l'autre, qui est une des plus larges et des plus fraîches promenades de la ville, suit la ligne septentrionale des vieux remparts jusqu'à la place des Galli, et s'arrête devant la porte Romana, à la naissance de la route nationale de Monteréale.

Cette voie, dans sa partie qui fait corps avec la ville, est l'axe du quartier extra-muros. Légèrement inclinée entre la porte Romana et le côté opposé de la place des Galli, avec laquelle elle se confond d'abord, elle se relève brusquement et monte vers l'Ouest, avec une pente assez forte, entre deux lignes d'assez belles maisons à larges trottoirs dallés, qui s'étagent en amphithéâtre jusqu'au plateau, sur une longueur d'environ six cents mètres.

Une place récemment plantée d'arbres, garnie de quelques bancs, et qui conserve toute l'année son verdoyant tapis que le printemps émaille des plus vives couleurs, domine en ce lieu tout le paysage qui regarde le Levant, l'Aquilon et le Couchant. On y jouit, avec le calme de la solitude et la fraîcheur des hauts sommets, des perspectives vaporeuses qu'offrent la mer Adriatique qui brille à l'Est sous les feux du soleil ; les collines environnantes où se découpent, sur l'azur du ciel, les blanches maisons des villages qui en couronnent les cimes ; et la riante plaine de la Marche, avec sa rivière dont les eaux cristallines paraissent dormir dans ses méandres capricieux, et ne pouvoir s'éloigner des jardins, des prés, des bosquets et des vignes qu'elles arrosent.

Les amateurs d'antiquités vont visiter, à un mille de là, sans quitter la route nationale, un magnifique aqueduc où convergent tous les canaux souterrains dont les eaux arrivent, après un parcours d'environ cinq kilomètres, à la fontaine de la place de la Madone, et se distribuent ensuite dans les différents quartiers de la ville.

Cette imposante construction, avec ses arches en terre cuite, relie deux collines escarpées et montueuses, et peut être comparée aux plus beaux ouvrages en ce genre des empereurs romains.

Le retour se fait par le même chemin jusqu'à cent mètres en avant de la place de Montcréale où, en tirant vers la droite, on entre dans une belle promenade qui, en contournant le versant méridional de la colline, descend sur la place des Galli par la partie la plus populeuse du quartier, en passant devant l'hospice civil, et permet ainsi de contempler tous les côtés de ce ravissant panorama qui se déroule autour de la pittoresque ville de Marie.

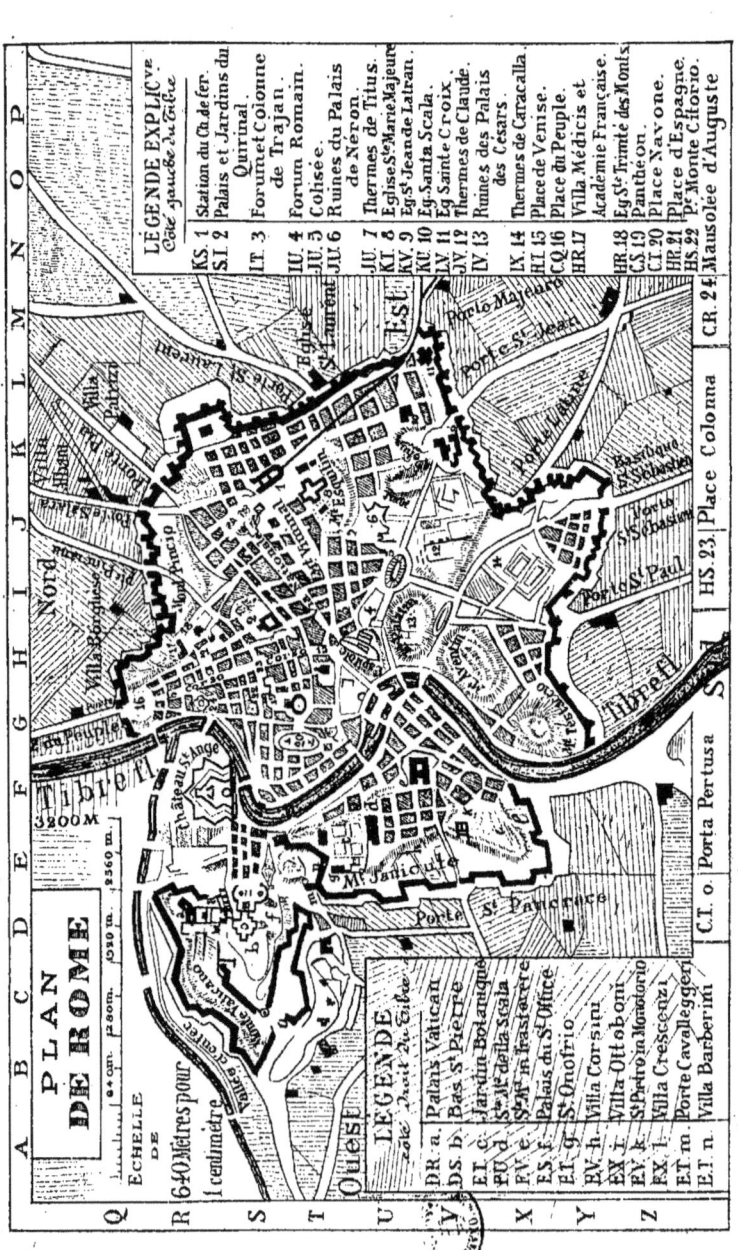

APPENDICE

GUIDE DU PÈLERIN DE LORÈTE EN ITALIE

PREMIÈRE PARTIE

Itinéraires de Chambéry et de Nice a Lorète

Les deux itinéraires, dont nous indiquons dans nos deux premiers tableaux les étapes successives, sont spécialement conçus en vue des pèlerins de Lorète qui recherchent, avant toute chose, les moyens les plus économiques pour effectuer leur voyage, et qui, n'ayant aucun intérêt à passer par la Suisse, entrent en Italie par Chambéry ou par Nice.

Chambéry mérite qu'on s'y arrête un jour, à cause de ses sites pittoresques et de ses antiques monuments, dont les plus remarquables sont : la cathédrale gothique ; la fontaine colossale érigée en l'honneur du général de Boigne, bienfaiteur de la ville ; le château des ducs de Savoie avec ses beaux jardins et sa haute tour, du sommet de laquelle on a une magnifique perspective du lac du Bourget, situé, comme sur une terrasse montagneuse, à 11 kilomètres au Nord-Est. Le gardien de la tour qui vous accompagne ne manquera pas de vous montrer, du côté opposé, à environ un kilomètre de la tour, la villa des Charmettes, jadis habitée par J.-J. Rousseau, mollement assise sur le dos d'une colline couverte d'une riche végétation qui appelle et retient le regard.

Chambéry possède en outre un palais de justice monumental, un vaste et fort agréable jardin public, de beaux boulevards et de nombreuses places dont la plus animée est celle de Saint-Léger, à cause sans doute de ses boutiques élégantes et riches et de sa situation au cœur de la ville, plutôt que de son étendue et de sa régularité, car elle est sans proportions, et ressemble plus à une large rue étranglée à ses deux extrémités qu'à une place proprement dite.

Et qui pourrait se résoudre à ne pas voir dans tous ses détails Nice, cette ville cosmopolite, station hivernale renommée qui, semblable à une vaste agglomération de villas semées devant une vieille cité, comme pour la parer et la rajeunir, avec son gai soleil et son ciel toujours pur, et toute parfumée des senteurs de ses orangers, de ses violettes ou de ses roses, fait pressentir les ravissements qui attendent le touriste de l'autre côté de la frontière?

Mais ne découvrons pas entièrement ce beau tableau, et ménageons au lecteur qui portera un jour ses pas dans la patrie de l'astronome Cassini, de Carle Vanloo, du voyageur Pacho et de Garibaldi, tout le charme et les douceurs de l'imprévu.

I

Itinéraire de Chambéry a Lorète

1° Par Milan : Distance, 799 kilomètres. Durée du trajet : 29 heures 25 minutes par train omnibus, ou 20 heures 38 minutes par train direct. — Dépense : en trains omnibus, 94 fr. 30 c., en 1re classe ; 66 fr. 85 c., en 2me ; 47 fr. 05 c., en 3me.

Nota : Pour la dépense en trains directs, il faut ajouter dix centimes par franc au prix des places en omnibus.

2° Par Alexandrie : Distance, 768 kilomètres. Trajet en 27 heures 22 par train omnibus ; 19 heures 35 en train direct. Dépense : 90 fr. 60 c., en 1re classe; 63 fr. 75 c., en 2me ; 44 fr. 06 c., en 3me.

PREMIER TABLEAU.

Premier tableau. — ALLER

VILLES DU PARCOURS	DISTANCE KILOMÉTRIQUE	DURÉE DU TRAJET				PRIX DES PLACES EN TRAIN OMNIBUS			OBSERVATIONS
		PAR TRAIN OMNIBUS		PAR TRAIN DIRECT		1re classe	2e classe	3e classe	
		heur.	min.	heur.	min.				
De Chambéry à Turin...	205	8	30	5	50	26 f. 85	19 f. 65	13 f. 90	On peut aller à Lorète par Milan ou par Alexandrie; mais Alexandrie est une ville de troisième ordre, sans intérêt pour le touriste, et ne mérite pas qu'on lui sacrifie une visite à Milan.
De Turin à Milan.......	150	5	30	3	30	17 »	12 »	8 »	
De Milan à Plaisance....	69	2	20	1	40	7 80	5 50	3 90	
De Plaisance à Parme...	58	1	45	1	15	6 80	4 60	3 30	
De Parme à Bologne....	89	2	50	1	50	10 05	7 05	5 05	
De Bologne à Ancône...	204	7	30	4	55	23 10	16 15	11 55	
D'Ancône à Lorète......	24	1	»	»	38	2 70	1 90	1 35	
Total : Par Milan...	799	29	25	20	38	94 f. 30	66 f. 85	47 f. 05	

Retour

Pour le retour, les pèlerins venus à Lorète par Chambéry, peuvent être classés en quatre catégories, savoir :

1° Ceux qui repassent directement par Chambéry.

Leur itinéraire n'est autre que celui de notre premier tableau pris en sens inverse.

2° Ceux qui rentrent également par Chambéry, mais après avoir visité le berceau de l'ordre de Saint François, à Assise.

Ces pèlerins n'auront qu'à suivre, en sens inverse, l'itinéraire tracé dans notre deuxième tableau ci-après jusqu'à Gênes, et là, prendre le train de Turin, par Alexandrie.

3° Les pèlerins qui, après Lorète, voudront visiter Rome, sans passer par Assise :

D'Ancône, un train passant par Foligno les conduira directement à Rome. Trajet en 8 heures 30 minutes. Dépense en seconde classe, 17 fr. 50 c.

A Rome, ils devront prendre le train de Florence par Orte, Chiusi et Terontola. Trajet en 7 heures 30 minutes (direct). — Dépense en 2mes, 23 fr. 50 c.

Après Florence, ils suivront les indications ci-dessus, N° 2, s'ils veulent rentrer par Chambéry, ou celles de notre deuxième tableau s'ils passent par Nice.

4° Enfin, les pèlerins qui se proposent d'aller à Assise et à Rome ;

Jusqu'à Assise, leur itinéraire est indiqué par notre deuxième tableau pris en sens inverse.

D'Assise, ils iront directement à Rome par Foligno, Spoleto, Terni et Orte, en 5 heures 35 minutes (direct depuis Foligno) pour 7 fr. 50 en seconde classe ;

Et pour le reste, comme il est dit ci-dessus, au N° 3.

II

NOTICE DES VILLES COMPRISES DANS L'ITINÉRAIRE DU PREMIER TABLEAU

Turin

Turin (212.644 habitants), au confluent du Pô et de la Dora Riparia, à quelque distance de la chaîne des Alpes, dans une fertile plaine, percée de larges rues se coupant à angle droit, avec de nombreuses et belles places.

Monuments remarquables. — De la place Carlo Felice, située devant la façade monumentale de la gare centrale, on pénètre dans la rue Roma, large et belle voie qui, passant par la place San Carlo, se continue jusqu'à la place du Château, centre de Turin où se trouvent :

Le Palais Royal, avec son intéressant Musée d'armures, sa vaste bibliothèque et son théâtre ;

Le Palais Madame ;

La Cathédrale.

On voit encore :

Le Palais Carignan, sur la place de ce nom ;

Le Musée d'histoire naturelle, rue du Musée ;

Le Palais de l'Académie des sciences, dans la rue de l'Académie, avec la galerie royale de peinture et les musées d'antiquités et d'histoire naturelle ;

L'Université, riche bibliothèque et musée lapidaire, rue du Pô, 17.

La Superga (à 7 kilomètres de la ville, chemin de fer

funiculaire) ; somptueux mausolée des rois de Sardaigne et magnifique panorama.

Curiosités. — Jardin public du Valentino ;
Statue d'Emmanuel Philibert,
— de Charles Albert,
— de Cavour,
— du mineur Micca.

Monument curieux élevé pour le percement du Mont Cenis.

Ponts du Pô, de la Doire ; pont de fer.
Chemin funiculaire de la colline des Capucins.

Milan

Milan (299.000 habitants) entre deux petits cours d'eau, le Lambro et l'Olma, reliés avec le Tessin et l'Adda par un canal de 8 kilomètres de parcours qui entoure la partie la plus peuplée de la ville. Ses rues inégales sont disposées comme les fils d'une toile d'araignée autour d'un centre commun, la place du Dôme.

Monuments : Le Dôme, une des plus grandes merveilles de l'art chrétien ; magnifique église à cinq nefs, avec cent trente-six clochers découpés en dentelles et quatre mille statues, et dont une seule chapelle, celle où repose le corps de Saint Charles Borromée, contient pour plus de six millions d'argent, d'or et de pierreries.

La Galerie Victor-Emmanuel, passage vitré formant une croix avec une coupole au milieu, haute de 50 mètres, sur un octogone de 20 mètres de diamètre, au nord de la place du Dôme ; pavé en mosaïque de couleur.

Le Palais Royal, au sud de la place du Dôme.

Le Théâtre de la Scala, un des plus grands théâtres du monde, à l'extrémité septentrionale de la Galerie Victor-Emmanuel, sur la place de la Scala. Il contient 3.600 spectateurs.

Le Palais Municipal, où l'on admire la belle salle du Conseil, entre les places de la Scala et San Fedele.

Le Palais Brera, qui renferme la galerie de tableaux; la Bibliothèque (200.000 volumes); l'Observatoire ; un Musée de numismatique et un Musée archéologique. Dans la cour, statue en bronze de Napoléon nu, par Canova.

Le Grand Hôpital, vaste édifice dont la façade principale, toute en terre cuite, est d'un grand caractère. Il contient deux mille lits.

La Bibliothèque Ambrosienne, renommée dans le monde entier (100.000 volumes et 20.000 manuscrits).

Les Eglises Saint-Ambroise, Saint-Laurent, Santa Maria-Delle-Grazie, etc.

Curiosités. — L'Amphithéâtre des Arènes, sur la Place d'Armes, qui peut contenir 30.000 spectateurs.

L'Arc-de-la-Paix ou du Simplon, qui n'a de supérieur que l'Arc-de-l'Étoile à Paris, au N.-O. de la Place d'Armes, surmonté d'une figure allégorique dans un char à six chevaux.

La Cène, chef-d'œuvre de Léonard-de-Vinci, dans l'ancien réfectoire du couvent attenant à l'église de Santa Maria-Delle-Grazie.

Le Musée Municipal.

Les Jardins publics.

Le Cimetière monumental, entre les portes Tenaglia et Garibaldi. Au fond s'élève le temple pour la crémation des cadavres.

La Statue de Léonard-de-Vinci sur la place de la Scala.

Plaisance

Plaisance (34.985 habitants), sur la rive droite du Pô, possède beaucoup de belles églises, de beaux palais et de fort belles rues.

Monuments. — Le Palais Municipal, sur la grande place.

La Cathédrale avec un porche remarquable, des peintures de Guerchin et des fresques de Louis Carrache.

Le Palais Farnèse converti en caserne.

Curiosités. — Statues équestres d'Alexandre Farnèse et de son fils Ranuccio, sur la grande place.

Promenades sur les remparts.

Parme

Parme (45.511 habitants), divisée par la Parma, affluent du Pô, en deux parties inégales reliées par trois ponts, est une ville de palais et de beaux jardins, mais c'est un triste séjour.

Monuments. — Le Dôme, élégante façade; portail richement sculpté; belles fresques.

Le Baptistère, édifice octogonal avec quatre galeries extérieures superposées, et entièrement construit en marbre de Vérone rouge et gris.

Le Palais Royal qui renferme un Musée d'antiquités, la Galerie des tableaux, une bibliothèque et le théâtre Farnèse.

Le Théâtre Nuovo.

L'Université, avec un intéressant cabinet d'histoire naturelle.

Curiosités. — Dans la partie S. E. de la ville, la Citadelle et les Jardins botaniques.

Le Jardin public.

La Piazza Grande.

La Chambre du Corrège, parloir de l'ancien couvent de San-Paolo orné de charmantes fresques du Corrège.

Bologne

Bologne (116.000 habitants), grande cité entourée de murailles percées de douze portes, au pied des Apennins, entre les rivières Saverna et Reno, dans une plaine fertile.

Les rues, à l'exception de celle qui conduit à la gare et de deux ou trois autres qui s'y rattachent, sont tortueuses, étroites et mal pavées. Elles sont, pour la plupart, bordées de maisons à portiques bas, lourds et sans style.

Monuments. — Le Dôme, sur la place de ce nom, et 130 autres églises parmi lesquelles on remarque : San Domenico, qui renferme les tombeaux de Saint Dominique, du roi Enzio, de Taddeo Pepoli et de Guido ; San Petronio, la plus vaste de Bologne.

Le Palais Public, sur la place Victor-Emmanuel.

L'Académie des Beaux-Arts.

La Galerie des Tableaux.

L'Université, à l'extrémité N.-E. de la ville : (Musée d'antiquités, — Bibliothèque de 200,000 volumes, —

Musée de Géologie et de Paléontologie, — Observatoire, — Jardin botanique).

Les Théâtres : (Communal, — Contavalli, — Del Corso), etc.

La Bourse.

Les Maisons Rossini, de Galvani, de Guercino et de Guido.

Curiosités. — Les Jardins publics, en dehors de la porte San Stefano.

La Madone de Saint Luc, à 1 heure au S.-O. sur le Monte della Guardia. On y arrive par un long portique de 61 arcades qui commence à la porte Sarragozza et s'étend sur une ligne de 5 kilomètres,

La Tour Asinelli, haute de 80 mètres. Elle a 1 mètre 16 centimètres, hors de la perpendiculaire.

La Tour Garisenda, haute de 41 mètres. Elle a 3 m. 07 d'inclinaison.

Le Campo Santo, l'un des plus beaux et des plus vastes de l'Italie.

Les ruines d'un temple d'Isis.

Ancône

Ancône (45.741 habitants). Ville forte sur l'Adriatique, bâtie en amphithéâtre, entre deux promontoires, avec un port formé de deux môles.

Monuments. — Cathédrale, sur le mont Guasco.

San Francesco (aujourd'hui caserne) avec un portail gothique.

Santa-Maria-della-Piazza, dont on admire la façade, monument curieux du XII° siècle.

La Bourse, dessinée par Tibaldi.

Curiosités. — Arc de Trajan, tout de marbre blanc, sur le vieux môle, élevé en l'honneur de Trajan qui avait fait agrandir le port.

Arc-de-Triomphe moderne, sur le nouveau môle, élevé en l'honneur de Clément XII.

Statue colossale de Cavour, sur la place de ce nom, laquelle est reliée à la place du Théâtre, qui marque le centre de la ville, par le Corso Vittorio Emmanuele, belle et large voie et principale artère de la cité.

Alexandrie

Alexandrie (57.079 habitants). Belle ville fortifiée, avec de beaux palais et percée de rues la plupart larges et droites, dans une plaine fertile, entre le confluent de la Bormida et du Tanaro.

Elle possède une académie, un collège, un séminaire et des manufactures d'étoffes, de soieries et de cierges, qui n'offrent aucun intérêt pour le voyageur.

III

Itinéraire de Nice a Lorète

Lorète est à 712 kilomètres de Nice, par Gênes, Pise, Florence, Assise, Foligno et Ancône.

On effectue ce parcours en 30 heures par train omnibus; en 21 heure et demie, par train direct. Dépense : 80 francs en 1re classe; 57 fr. en 2mo; 39 fr. 30 en 3me avec les trains omnibus; 10 centimes de plus par franc avec les trains directs.

Deuxième Tableau. — ALLER

VILLES du parcours	DISTANCE EN KILOMÈTRES	DURÉE DU VOYAGE				PRIX DES PLACES (TRAINS OMNIBUS)			OBSERVATIONS
		PAR OMNIBUS		PAR DIRECT		en 1re	en 2e	en 3e	
		heur.	min.	heur	min				
Nice à Ventimiglia....	35	1	24	1	24	4.25	3.15	2.35	Arrêt d'une heure.
Ventimiglia à Gênes...	151	6	20	4	20	16.65	11.65	8.35	Par San Remo-Porto Maurizio-Oneglia-Albenga-Savone-Voltri-Pegli et Sampierdarena.
Gênes à Pise..........	89	4	40	2	22	9.10	7.25	6.00	Par Chiavari-La Spezzia-Carrara.
Pise à Florence.......	79	2	40	2	08	9.05	6.35	4.10	Par Lucca et Pistoja.
Florence à Terontola..	122	4	28	3	16	14.80	10.30	6.50	Bifurcation : la voie principale continue sur Rome (192 kilom. en 4 heures 18 minutes par train direct).
Terontola à Assise.....	67	3	»	2	»	8.20	6.00	3.60	Par Perugia.
Assise à Foligno.....	16	1	»	»	38	1.10	0.75	0.50	Bifurcation : sur Rome (82 kil. en 4 heures et demie par train direct) ; sur Ancône (129 kil. en 4 h. 45).
Foligno à Ancône.....	129	5	30	4	45	13.85	9.50	6.55	
Ancône à Lorète......	24	1	»	»	38	2.70	1.90	1.35	
Totaux.......	712	30	02	21	31	79.70	57.05	39.30	

Retour

(Pèlerins arrivés à Lorète, venant de Nice)

Les pèlerins qui arrivent de Nice et ne peuvent aller à Rome prennent, au retour, le chemin d'Ancône, Bologne, Parme, Plaisance et Milan (itinéraire du premier tableau lu en sens inverse); de Milan, ils peuvent aller à Chambéry par Turin (itinéraire du premier tableau lu en sens inverse); ou à Nice par Alexandrie, Gênes et Ventimiglia.

Ceux qui veulent passer par Rome doivent prendre à Ancône le train de Rome par Foligno (trajet en 8 h. 30. 19 fr. 50 en deuxième classe, train direct).

De Rome, pour retourner à Gênes, ils ont le choix entre la ligne de Florence et celle du littoral; mais comme ils ont passé par Florence, ils préfèreront certainement suivre celle du littoral, qui est d'ailleurs plus courte, et dont le trajet jusqu'à Gênes par Pise, Carrara, Spezia et Chiavari, s'effectue en neuf heures et demie, avec une dépense de 36 fr. en 2me classe ou de 25 fr. en 3me par train direct; et à Gênes ils prendront le train de Turin, par Alexandrie, s'ils veulent rentrer par Chambéry; ou le train de Ventimiglia s'ils repassent par Nice.

IV

NOTICES DES VILLES COMPRISES DANS L'ITINÉRAIRE
DU DEUXIÈME TABLEAU

Ventimiglia

Ventimiglia (6,000 habitants). Ville sans intérêt pour les voyageurs, qui, ordinairement, n'y passent que le temps nécessaire pour subir la visite douanière et attendre la formation d'un nouveau convoi (1 heure environ).

Elle est bâtie sur un mont, à l'ouverture de la Nervia, qui la sépare de la station, près de laquelle se trouvent les meilleurs hôtels et dont le Buffet, vaste et bien aménagé est d'ailleurs toujours abondamment pourvu.

L'heure, à la gare de Ventimiglia comme dans toutes les gares italiennes, réglée sur le méridien de Rome, est en avance de 47 minutes sur l'heure des gares françaises, et il faut régler sa montre en conséquence.

En sortant de la gare, le train s'engage aussitôt dans un tunnel percé sous la ville, et, huit minutes après, vous passez devant la petite ville de Bordighera, première station hivernale de cette délicieuse Rivière de Gênes, qu'on dirait être une côte des Indes plutôt qu'un parage européen.

Gênes

Gênes (161.669 habitants) sur la Méditerranée, au milieu de hautes collines verdoyantes dont les crêtes sont couronnées de forts, et dont les flancs semés de villas, que peuplent des statues de marbre blanc alignées comme dans les processions, présentent le plus féerique spectacle qu'il soit donné de voir.

La ville est enfermée dans un circuit de fortifications de 12.630 mètres. Son vaste port semi-circulaire est protégé par deux beaux môles et entouré de vastes portiques qui supportent des terrasses de douze mètres de large, à dalles de marbre, formant une belle promenade sur la mer.

Une magnifique voie de circonvallation s'élève, avec une pente assez douce, jusqu'aux plus hauts quartiers ; et de son point culminant, on a une splendide vue de cette superbe Gênes aux palais de marbre, dont les édifices sont disposés en hémicycle comme les gradins d'un immense amphithéâtre.

Monuments. — Cathédrale San-Lorenzo sur la place de ce nom. Belles fresques à la voûte du chœur. Belle chapelle de Saint-Jean-Baptiste.

Saint-Ambroise sur la Piazza-Nuova. Fresques à la coupole.

L'Annunziata, sur la place de ce nom. Riches décorations.

San-Stefano, où l'on admire un tableau de Raphaël représentant le martyre de Saint Étienne.

Sainte-Marie-de-Carignan (statue de Saint Sébastien par Puget — tableaux de Guerchin, de Cambiaso et de Maxratta).

Palais Durazzo, rue Balbi, 1. Bel escalier et galerie de tableaux.

Palais Balbi, rue Balbi, 4. Galerie de tableaux.

Université, rue Balbi, 5. Fresques — Statues — Bibliothèque de 60.000 volumes.

Palais Royal, 10, rue Balbi. Beaux escaliers en marbre, belle vue du port de la terrasse du vestibule.

Palais Cambiaso, Cataldi, Spinola, Doria, del Municipio, etc., dans la rue Nuova.

Palais Ducal (ancien palais des Doges), sur la Piazza-Nuova, aujourd'hui préfecture.

Académie des Beaux-Arts, sur la place Carlo-Felice (Bibliothèque et tableaux anciens).

Théâtres. — Carlo Felice — Paganini — Apollo, etc.

Curiosités. — Galerie Mazzini.

Colline et jardins d'Acqua-Sola.

Monument surmonté de la statue de Mazzini, au pied de la colline d'Acqua-Sola.

Statue de Victor-Emmanuel sur la place Corvetto.

Monument à la gloire de Christophe Colomb, sur la place d'Acqua-Verde, devant la station du chemin de fer.

Cimetière, à 30 minutes de la ville.

Villa Pallavicini.

Pise

Pise (50.340 habitants) dans une plaine fertile, traversée par l'Arno dont les deux rives portent de magnifiques quais et sont reliées par trois ponts d'une richesse de construction vraiment remarquable. Ville bien bâtie, avec des rues finement pavées et très proprement entretenues, mais déserte et si triste que l'habitude est prise depuis longtemps de qualifier cette cité jadis si animée, si vivante, de ville morte.

Monuments. — Le Dôme, église à cinq nefs; celle du milieu est soutenue par 24 colonnes corinthiennes. L'extérieur, tout de marbre, a une façade disposée en cinq ordres. On y admire la chaire, le maître-autel en vert antique et en lapis-lazuli, et la lampe, dite de Galilée, parce que ses oscillations mirent, dit-on, ce grand savant sur la voie de la théorie du pendule.

Le Campanile ou Tour Penchée, construction cylindrique en marbre fin, à huit étages de 207 colonnes superposées, haute de 54 mètres et demi, avec une inclinaison, à l'extérieur, de 4 mètres 32 centimètres. Elle porte 7 cloches. On monte, par un escalier de 293 marches, sur la plate-forme d'où l'on a une belle vue de la chaîne des Apennins et de la mer Méditerranée.

Le Baptistère, beau monument en marbre de forme circulaire, terminé par une coupole qui produit un écho d'une remarquable harmonie.

Santa-Maria-della-Spina, élégante chapelle en marbre blanc où se trouvent, dit-on, quelques piquants de la couronne d'épines du Sauveur.

San-Piétro-in-Vincoli, composé de deux églises superposées; San Francesco (fresques); San Nicolò, etc.

Curiosités. — Cimetière (fresques remarquables).
Jardin botanique avec un musée d'histoire naturelle.
Restes de bains romains, près de la Porte de Lucques.

Florence

Florence (167.000 habitants), dans une magnifique vallée entourée par les Apennins. L'Arno, qui la divise en deux parties, y est traversé par quatre ponts de pierre, dont les plus remarquables sont : celui de Santa-Trinità orné de statues, et le Ponte-Vecchio, qui est garni de chaque côté par des magasins d'orfèvrerie et de bijouterie.

Les parties les plus neuves de la ville sont belles, imposantes, avec des rues bien dallées et fort larges, des palais riches et d'agréables jardinets.

Les quartiers anciens abondent en palais d'un style architectural lourd, massif, réalisant par leurs vastes proportions et leurs énormes assises le type des constructions cyclopéennes.

Monuments principaux : On compte à Florence 172 églises vastes et antiques : Le Duomo ou Cathédrale, couverte à l'extérieur de marbres rouges, blancs et noirs, est pleine de statues et de peintures.

A côté se trouve le Campanile, également en marbre, dessiné par Giotto.

En face est le Baptistère, dont les trois portails en bronze étaient considérés par Michel-Ange comme dignes de servir de portes au Paradis.

La chapelle des Médicis et le Mausolée de la famille de ce nom, qui ont coûté, dit-on, 435 millions de francs.

L'Eglise Santa-Croce, où se trouvent les tombeaux de Michel-Ange, de Machiavel, de Galilée et de plusieurs autres hommes illustres.

Santa-Maria-Novella, église que Michel-Ange surnommait sa fiancée, où l'on voit dans le transept de droite la célèbre madone peinte par Cimabué qui fut portée par le peuple en triomphe, depuis l'atelier du peintre jusqu'à l'église.

Le Palais-Vecchio, où sont exposés les portraits d'un grand nombre de célèbres Florentins.

Le Palais Pitti, avec sa galerie qui renferme plusieurs des meilleurs ouvrages de Michel-Ange, du Titien, de Salvator Rosa, d'Andrea-del-Sarto, de Murillo, de Rubens et plusieurs toiles de Raphaël.

La Galerie des Uffizi, reliée avec celle de Pitti par un passage traversant le Ponte-Vecchio. C'est une des plus variées de l'Europe.

Le Palais Strozzi ; les maisons du Dante, de Michel-Ange, de l'historien Guicciardini, de Benvenuto Cellini, etc.

Dix théâtres, des manufactures, l'Académie Royale, un collège médical, un musée de l'art italien et le Musée étrusque.

Curiosités. — La bibliothèque nationale, qui renferme plus de 200,000 volumes imprimés et 14,000 manuscrits.

Le Musée d'Histoire naturelle.

Les Jardins Boboli.

Le Jardin Botanique.

Les Cascine (laiteries), Bois de Boulogne de Florence, etc., etc., etc...

Terontola

Terontola. Petite ville sans importance sur le lac de Trasimène, célèbre par la victoire d'Annibal sur l'armée romaine commandée par le consul Flaminius (217 avant Jésus-Christ).

Ici le chemin se bifurque en deux voies dont l'une se dirige, par Chiusi, Orvieto et Orte, vers Rome, située à 192 kilomètres de Terontola (7 heures 25 minutes par omnibus, 4 heures 18 minutes par train direct), et l'autre va à Assise et Foligno, en passant en vue de Pérouse.

Assise

Assise (5.000 habitants). Patrie de Saint François, dit d'Assise, dont l'oratoire, ou chapelle de la Portioncule, et la cellule où il est mort sont à quelques minutes de la station, enfermées dans une vaste basilique dédiée à Sainte-Marie-des-Anges (lieu de pèlerinage célèbre et très fréquenté). De Sainte-Marie-des-Anges, qui est aujourd'hui un gros bourg avec un bureau de poste, un bel hôtel et des restaurants, on monte en trente minutes environ à la ville d'Assise, située sur une montagne nue et sévère, sur laquelle s'élèvent l'immense couvent des Franciscains, semblable à une redoutable forteresse, et la Basilique, qui renferme le tombeau de Saint François. Formé de trois églises superposées ce monument est digne au plus haut degré de l'intérêt du voyageur par son style, par la hardiesse de son architecture et par ses magnifiques fresques d'Adone Boni, de Giotto, de Giottino, de Buffalmacco, de Taddeo Gaddi, de Puccio Capanna, de Cimabué, etc...

Autres monuments. — La Cathédrale, où se trouve une belle madone d'Adone Boni.

Santa-Chiara, qui renferme, dans une crypte située sous le maître-autel, le corps de Sainte Claire, fondatrice de l'ordre célèbre des Clarisses, que l'on peut voir à toutes les heures de la journée.

San-Damiano, antique sanctuaire où Dieu lui-même révéla au jeune François le rôle qu'il lui destinait dans son Eglise.

Curiosités. — Beau portique en style corinthien romain d'un temple de Minerve dont on a fait aujourd'hui l'église de Sainte-Marie-della-Minerva, sur la place du Marché.

Les Carceri, autre couvent de moines franciscains sur la montagne d'Assise, à une heure environ de la ville, et l'une des résidences de prédilection du grand Saint.

Pittoresquement situé sur des rochers, ce couvent domine un torrent dont les eaux, brusquement arrêtées en amont à la parole du célèbre Thaumaturge, dont les offices étaient souvent interrompus par le bruit de la cascade, ne reparurent que bien loin en aval et ont toujours gardé cette disposition singulière.

A Sainte-Marie-des-Anges, couvent vaste et beaux jardins.

Dans la Basilique, la Chaire du haut de laquelle Saint François et les sept évêques délégués par le Saint-Père publièrent l'Indulgence de la Portioncule.

Dans une dépendance de la Basilique, Roseraie miraculeuse, autrefois fourré d'épines au milieu duquel Saint François se jeta tout nu pour triompher d'une tentation. D'après une tradition fort accréditée, les buissons d'épines se changèrent tout à coup en rosiers couverts de roses, bien qu'on fût au mois de janvier. Il est certain que ces rosiers, qui n'ont pas d'épines et dont les feuilles paraissent tachées de sang, se couvrent de piquants et portent des feuilles nettes quand on les transplante ailleurs.

Foligno

Foligno est une ville de 21.690 habitants, située dans une magnifique vallée des Apennins, au point de jonction du chemin de fer d'Ancône à Rome et du chemin de fer de Foligno à Florence. La Madone-de-Foligno de Raphaël tire son nom de cette ville.

Monuments. — Cathédrale du XIII° siècle.

Sant'Anna dont la coupole est attribuée à Bramante.

San-Nicolò, où l'on admire un couronnement de la Vierge par Nicolò Alunno, et Santa-Maria avec des fresques du même artiste.

Le Palais du Gouvernement sur la place du Marché.

Curiosités. — Statue de l'Alunno, peintre né à Foligno, à l'entrée de la ville.

Chapelle Betléeme (galerie de tableaux).

Manufactures de soie, de savon, de cire blanche et de cartes à jouer.

DEUXIÈME PARTIE

I

Itinéraire d'un voyage dans les grands centres de l'Italie, avec Lorète et Assise pour principaux objectifs.

Cet itinéraire, dont on voit aisément dans le 2me tableau ci-après la direction et les stations principales, constitue un circuit fermé. Il convient en conséquence à tous les voyageurs, qu'ils arrivent en Italie par le Nord, par Chambéry ou par Nice, qui se proposent de le parcourir dans son entier ; car, quel que soit le point par où ils l'attaquent, ils devront nécessairement tous passer par les mêmes étapes.

Il nous a semblé qu'il convenait de réserver pour la fin à peu près du voyage la visite de Rome. La capitale du Monde ancien, aujourd'hui encore capitale du Monde artistique, possède à profusion les plus beaux types des productions de l'intelligence humaine de tous les temps et dans tous les genres. Pour être bien compris, ces chefs-d'œuvre demandent une certaine habitude d'observation et d'analyse qui, à défaut d'une science spéciale acquise par cette préparation lointaine nécessaire aux Maîtres, permet à l'amateur d'arriver à la compréhension plus ou moins parfaite du rapport des nuances, de la proportion des parties, de se familiariser, en un mot, avec les effets de la perspective.

C'est pourquoi Rome n'arrive qu'aux dernières journées du pèlerinage. Nos voyageurs, débarrassés de la préoccupation d'une longue course en perspective, seront plus à l'aise pour examiner en détail tous les trésors de la ville sainte ; et ils apprécieront d'autant mieux que leur esprit aura été préparé, pour ainsi dire, par une plus longue gymnastique à travers les musées et les monuments des différentes villes qu'ils auront déjà parcourues.

Itinéraire particulier entre Chambéry et Turin, Nice et Gênes.

VILLES ET DIRECTION	DURÉE DU TRAJET				PRIX DES PLACES EN OMNIBUS			NOMBRE de convois par jour	OBSERVATION
	EN TRAIN OMNIBUS		PAR TRAIN DIRECT		1res	2mes	3mes		
	h.	m.	h	m.					
Chambéry à Turin	8	30	6	50	26f65	18f65	13f70	quatre	Par Modane et le tunnel dit du Mont Cenis.
Nice à Gênes..	8	40	6	44	20f90	14f80	10f70	cinq	

Itinéraire d'un voyage circulaire.

Les heures portées dans ce Tableau sont celles des services d'été qui, en général, ne varient guère d'une année à l'autre ; dans tous les cas, elles pourront servir d'indication aux voyageurs qui ne se seront pas procuré *Le Railway*, ou journal horaire des chemins de fer italiens, en vente dans toutes les gares de France.

On effectue ce voyage en seconde classe, avec les trains omnibus, à plein tarif, moyennant une dépense de 178 fr. 70 c. ; par les trains directs, cette dépense s'accroît de dix pour cent et serait de 196 fr. 57 c.

Avec un billet circulaire, à prix réduit, que l'on peut se procurer soit à Nice, à l'agence Cook, soit aux gares de Ventimiglia, de Gênes, de Modane et de Turin, on effectuerait le même trajet avec 167 fr. seulement.

Villes de départ	HEURE DU DÉPART		HEURE DE L'ARRIVÉE		Villes d'arrivée	DÉPENSE PAR TRAIN OMNIBUS			OBSERVATIONS
	Matin	Soir	Matin	Soir		1re classe	2e classe	3e classe	
						fr. c.	fr. c.	fr. c.	
GÊNES	0 h. 25 direct 10 h. 15 omn. 6 h. 15 omn.	» » »	» » 11 h. 48	4 h. 30 dir. 5 h. 10 omn. »	TURIN	»	13.25	»	
TURIN	9 h. 40 dir. »	» 2 h. 20 direct	» »	12 h. 40 8 h. 30	MILAN	17.00	12.00	8.00	
MILAN	5 h. 18 accél »	» 1 h. 30 direct	» »	1 h. 20 6 h. 36	PADOUE	27.15	19.25	13.45	
PADOUE	7 h. 55 omn. »	» 6 h. 40 direct	9 h. 10 »	» 7 h. 33	VENISE	4.00	3.85	2.40	
VENISE	5 heures »	» 1 heure 5 h. 25	10 h. 35 » »	5 h. 5 11 h. 20 3 h.	BOLOGNE	18.90	12.70	9.05	
BOLOGNE	6 h. mixte »	12 h. 40 omn. 5 h. 25	» »	8 h. 20 10 h. 25	ANCONE	23.10	16.15	11.55	
ANCONE	8 h. 25 dir. 9 h. 45 mixte »	8 h. 30 10 h. 50 dir.	9 h. 3 10 h. 44 »	» 4 h. 20 11 h. 38	LORÈTE	2.70	1.90	1.35	
LORÈTE	0 h. 3 direct. 10 h. 44 mixte 6 h. 5 mixte	» » »	» » »	4 h. 10 10 h. 30 3 h.	FOGGIA	33.80	23.05	17.00	
FOGGIA	11 h. omnibus »	» 4 h. 20 direct	» »	7 h. 20 10 h.	NAPLES	22.40	15.70	11.20	
NAPLES	8 h. 35 dir. 8 h. 45 omn. »	» » 2 h. 50 direct	» » »	2 h. 20 7 h. 5 11 h. 5	ROME	27.50	19.85	13.50	
ROME (par Foligno)	0 h. 20 omn. 10 h. 35 dir.	» »	» »	1 h. 30 12 h.	ASSISE	10.10	7.00	4.85	
ASSISE	» »	1 h. omn.	» »	7 h. 10	FLORENCE	21.30	15.00	9.85	Arrêt de 1 heure à Teroutela si l'on veut prendre le train direct qui monte de Rome.
FLORENCE	5 h. 45 omn 8 h. direct	» 12 h. 35	8 h. 28 9 h. 40	» 3 h. 26	PISE	8.60	5.90	4.10	
PISE	5 h. 5 omn. 11 h. 25 omn.	» »	11 h. 27 »	» 5 h. 20	GÊNES	»	13.00	»	

II

Aspect. — Topographie. — Principaux monuments
et curiosités remarquables

*Des villes comprises dans cet itinéraire, qui n'ont
pas encore été l'objet d'une étude spéciale.*

Padoue

Padoue (66.107 habitants) est une des plus anciennes cités de l'Italie. Elle est située dans une plaine fertile, sur le Bacchiglione, à 35 kilomètres Ouest de Venise. Ses nombreux dômes, ses clochers et sa vieille muraille, qui décrit un triangle de 10 kilomètres environ de périmètre, encore debout avec ses bastions, lui donnent, à distance, un aspect monumental; mais l'intérieur, trop vaste pour sa population, avec ses rues étroites bordées d'arcades basses et ses larges squares presque déserts, paraît à la fois pauvre et triste.

La ville est à une petite distance au Sud de la gare. De la porte Codalunga, qui donne accès dans la cité, on s'engage dans la Grand'Rue (Strada Maggiore). Celle-ci se dirige à travers la ville vers le Sud-Ouest, arrive à la place dei Signori et se poursuit jusqu'au Dôme, situé un peu plus loin sur une petite place.

Monuments. — L'église Saint-Antoine ou, comme on dit communément, *del Santo* (du Saint), sur la place de ce nom et à l'extrémité S.-E. de la ville, est la grande attraction de Padoue. Ses sept coupoles et, à l'intérieur, ses bas-reliefs, ses peintures, ses sculptures, ses statues, ses riches reliquaires ; mais surtout les statues, les ornements de bronze, les hauts reliefs en marbre de Carrare qui représentent les miracles de Saint Antoine dans la chapelle où repose son corps, constituent un ensemble réellement admirable, saisissant.

Tout à côté, sur la même place, s'élèvent la chapelle de Saint-Georges et l'École du Saint, où plusieurs fresques rappellent les miracles que Saint Antoine a opérés dans la ville même.

Le Palais-Municipal ; le Pallais-della-Ragione (Palais-de-la-Raison) ou Salone (le Salon) ; la Loge-du-Conseil ; les palais Ezzelino, Balbi, Onesti, de Papafava méritent une attention spéciale.

Curiosités. — Parmi les plus intéressantes, nous citerons : La Piazza-dei-Signori (place des Bourgeois) où se trouve la Loge-du-Conseil ; la place Saint-Antoine, avec la statue équestre du célèbre condottier Gattamelata ; la place Victor-Emmanuel, la plus grande de la ville, ornée de 78 statues de Padouans et autres ; les statues de Dante et de Giotto par Vela, au N.-O. ; le Jardin Botanique et le Jardin Trèves.

Venise

Venise (130.000 habitants), dans les lagunes de l'Adriatique, est séparée de la mer par une digue de sable que les Vénitiens appellent Le Lido. Elle est reliée, de l'autre côté, à la terre ferme par un viaduc de deux kilomètres, avec plus de 200 arcades, sur lequel passe le chemin de fer qui vient de la station de Mestre, distante de huit kilomètres, et qui amène dans la ville l'eau potable, que l'on recueille aussi dans des citernes.

Ses maisons, entassées, bâties sur pilotis sur cent dix-sept îlots que relient entre eux quatre cents ponts, communiquent avec celles qui se trouvent sur le même îlot par des rues, des passages, des allées peu larges mais bien pavées et très propres. On va d'un îlot à l'autre par des ponts ; mais si la course est longue, il est préférable de faire le trajet en barque sur les canaux qui traversent la ville en tous sens. Il n'y a pas de chemins pour les voitures.

Deux canaux, beaucoup plus larges que les autres, celui de *San-Marco* (Saint-Marc) ou le Grand-Canal, dont la forme est celle d'un S renversé, long de 3.700 mètres et large de 50, et le canal de la Giudecca, partagent la ville, du N.-O. au S.-E., en trois groupes principaux, savoir :

1° L'Ile proprement dite, où se trouvent la station du chemin de fer au N.-O, le Palais Royal, la place et l'église Saint-Marc au S., les édifices publics, l'arsenal au S.-E., etc.

2° L'îlot de La Giudecca, au S.-O. de la première, qui porte à son extrémité S.-E. les bâtiments de la Douane de Mer.

3° Le faubourg de La Giudecca, au S. de l'île du même nom, avec l'îlot de Saint-Georges qui paraît en être le prolongement vers l'Est.

Le Grand-Canal est traversé par deux ponts de fer construits en 1854 et en 1858, et par le pont du Rialto, bâti en marbre par Antonio da Ponte en 1591 ; il est bordé d'édifices somptueux, à façades de marbre pour la plupart, qui baignent dans l'eau et où l'on entre directement en gondole, car le canal n'a pas de quais.

La ville mesure 8 kilomètres de circuit. La partie la plus belle, centre du mouvement de Venise et lieu de rendez-vous des étrangers, est la place Saint-Marc, vaste espace en équerre de maçon, pavé de dalles grises et en marbre d'Istrie, et formé de deux places d'inégale grandeur qui se coupent à angle droit : la plus grande, la Place Saint-Marc, mesure 175 mètres de long de l'Ouest à l'Est et 70 de large ; elle est entourée sur trois côtés, le Nord, l'Ouest et le Sud, d'arcades qui supportent les magnifiques façades de vastes palais, et se termine à l'Est à la façade principale de la basilique de Saint-Marc. La plus petite, nommée La Piazzetta, s'allonge au Sud de la place Saint-Marc jusqu'au rivage, où elle se raccorde avec le Quai-des-Esclavons. Sa longueur est de 97 mètres et sa largeur de 50 environ. Elle est bornée à l'Ouest par *La Zecca* (la Monnaie), et *La Libreria-Vecchia* (ancienne bibliothèque) qui repose sur 128 arcades continuant celles qui entourent la place Saint-Marc, et à l'Est par le Palais-Ducal (ancien Palais des Doges), qui continue la ligne de façade de l'église Saint-Marc.

Un nombre considérable de gondoles et de barques attendent au quai, devant la gare, l'arrivée des voyageurs. Ceux qui vont à l'un des hôtels situés sur le Grand-Canal (Hôtel d'Europe — Britannia — Grand-Hôtel — Alla Luna — de l'Univers — Ville-de-Munich — etc.) ne quittent pas cette large voie, et font ainsi, dès leur arrivée, une délicieuse promenade sur l'eau, entre deux lignes de palais de marbre, sous un ciel resplendissant du plus pur azur.

Pour aller aux hôtels situés aux environs de la place Saint-Marc (Vittoria — San-Marco — Bellevue —

de Rome — Pension Suisse — etc.), les gondoliers suivent les petits canaux intérieurs, qui raccourcissent le trajet. Ces canaux dont l'eau a la teinte noire du fond vaseux de leur lit, et qui paraissent à peine suffisamment larges pour une seule gondole, se coupent et s'embranchent de mille manières, formant un dédale inextricable étroitement encaissé entre les murs grisâtres de maisons où l'on ne voit personne ; vous n'entendez d'autre bruit que le sourd clapotement de la rame qui vous pousse, à l'arrière de la gondole, et le cri inarticulé, guttural, étrange des gondoliers qui, au moment de tourner le coin d'une maison, s'avertissent pour éviter un abordage. On se dirait dans une ville qui a émergé de l'eau, après une submersion complète dans laquelle tous ses habitants ont péri, et l'on éprouve un véritable soulagement lorsque, en quittant la gondole, on se trouve tout à coup dans une rue ou un passage, au milieu d'une foule animée, joyeuse, qui semble être en fête. C'est en effet sur les places, dans les rues et les passages de l'intérieur qu'est la vie de Venise, et là seulement que l'on peut se faire une idée des mœurs, du caractère et des manières de la douce et gracieuse population de cette cité bizarre, aux aspects si divers.

Monuments. — Parmi les plus remarquables nous citerons :

Sur la place Saint-Marc, le Palais-Royal comprenant les Nouvelles-Procuraties (côté Sud de la place) ; l'Aile nouvelle (côté Ouest) ; La Libreria-Vecchia (côté Est de la Piazzetta).

La Basilique de Saint-Marc, qui limite le côté Est de la place, type curieux de l'architecture byzantine, ayant la forme d'une croix grecque, avec cinq coupoles, et dont la façade, percée de cinq portes à voussures profondes, a cinq cents colonnes de marbre de formes et de couleurs variées. A l'intérieur, mosaïques, fresques, statues, etc.

Le Campanile (clocher de Saint-Marc), élevé de près de cent mètres au-dessus du sol de la place, en haut duquel on arrive par une rampe intérieure unie et facile, que l'on pourrait monter à cheval.

La Logette, à la base du clocher, gracieux petit édifice carré en marbre orné de bronzes et de statues, d'après le dessin de Sansovino.

La Tour de l'Horloge, au Nord de la place.

Sur la Piazzetta, on remarque :

La Libreria-Vecchia, dont nous avons déjà fait mention (nombreuses statues et fresques de Véronèse).

Le Zecca, qui fait suite au précédent, vers le quai.

Le Palais ducal, à l'Est, qui contient, entre autres salles dont les murs et les plafonds sont couverts de peintures des plus grands Maîtres : la magnifique Salle du Grand-Conseil ; celle du formidable Conseil-des-Dix ; la Salle-du-Scrutin et la Bibliothèque, le Musée Archéologique, la Chiesetta (chapelle du Doge).

Sous la toiture, recouverte de plomb, sont les greniers où l'on enfermait les prisonniers politiques *(sotto piombi)* ; et, de l'autre côté se trouve le fameux Pont des Soupirs qui fait communiquer le palais avec la prison publique, dont l'une des façades donne sur le quai des Esclavons.

Deux colonnes de granit, près du rivage, supportent l'une la statue en marbre de Saint Marc debout sur un crocodile, l'autre un lion ailé en bronze.

Venise possède beaucoup d'églises remarquables par leur splendeur et leurs œuvres d'art : Saint-Jean et Saint-Paul où avaient lieu les funérailles des doges; Saint-François-de-la-Vigne ; Saint-Zacharie ; La Salute ; Saint-Sébastien ; les Frari ; Saint-Roch ; Saint-Georges-Majeur, dans l'île de ce nom ; Redentore, dans l'île de la Giudecca, etc.

Les Théâtres les plus remarquables sont : La Fenice, Goldoni, Rossini, etc.

On visite avec beaucoup d'intérêt l'Académie des Beaux-Arts, l'Athénée Vénitien, la galerie Manfrin, l'Arsenal et le Musée Correr.

Curiosités. — Le Jardin Botanique, près de la gare ; les Jardins Publics, à l'extrémité orientale de l'île Saint-Marc. On y arrive à pied par le quai des Esclavons, si l'on ne veut s'y rendre en barque.

L'Etablissement des Bains et le Café-concert avec ses beaux jardins au Lido. Les fabriques de verroterie, de perles, de grains de verre (dans l'île de Murano) ; celles de tapisseries brochées, de dentelles, d'imitation de vieux meubles (dans l'île de Burano), de machines en fer et en bronze, de vaisselle d'or et d'argent, etc.

Tous les jours, à deux heures de l'après-midi, une multitude de pigeons s'abattent sur la place Saint-Marc pour y manger le grain qui leur est jeté aux frais de la Municipalité.

Foggia

Foggia (38,138 habitants) dans la plaine d'Apulie (La Pouille). La ville n'offre rien de bien intéressant. Sous ses places et ses principales rues, se trouvent de vastes magasins où l'on enferme les blés et autres denrées. Les touristes vont ordinairement voir, à huit kilomètres, les ruines encore bien apparentes d'Arpi ou d'Argyrippa, d'où sont venus, au IX⁰ siècle, les premiers habitants de Foggia.

Naples

Naples, 495.000 habitants, couvre les deux croissants formés par les plages de la Marinella et de Chiaja, au Nord du magnifique golfe de Naples, et s'élève en amphithéâtre sur les pentes verdoyantes des collines Capodimonte, Due-Porte, Saint-Elme et Chiaja, sur une étendue de 4 kilomètres du Nord au Sud, et de 6 kilomètres du pont de Sebeto à l'Est, au faubourg de la Mergelline à l'Ouest, en face du cône fumant du Vésuve, qui semble la menacer, bien qu'il soit à douze kilomètres environ vers l'Est.

La vieille ville, au Levant, dans l'espace compris entre la colline Capodimonte au Nord et la plage de la Marinella au Sud, la rivière de Sebeto à l'Est et la rue de Rome, autrefois de Tolède, à l'Ouest, renferme la masse de la population, les principaux édifices et institutions publiques et la station du chemin de fer.

Sur les pentes des monts Saint-Elme et Chiaja, à l'Ouest de la rue de Rome, se développe la nouvelle ville dont les rues principales sont : celle de Constantinople ; celle de Rome, qui commence au Palais Royal et aboutit au sommet de la colline de Capodimonte en passant par le Musée National ; celle de Chiaja, qui longe la plage de ce nom et la Villa-Réale; le cours Vittorio-Emmanuele, long de 4 kilomètres, qui part de l'extrémité Ouest de Chiaja, s'élève sur les collines en contournant la base du Château Saint-

Elmé et se raccorde avec la rue de Rome au Musée National.

Naples n'a pas de places proprement dites : c'est à peine si on peut nommer celle du Plébiscite, au commencement de la rue de Rome, où se trouvent le Palais Royal, la Préfecture, le Palais du Commandant Général de la province et l'église Saint-François-de-Paule ; celle du Municipio, ornée d'une fontaine célèbre, entre le Théâtre Saint Charles et la rue du Môle ; au Nord de la rue de Rome, devant le Lycée Victor-Emmanuel, la Place Dante, ornée d'un monument élevé à la gloire du poëte de ce nom ; la Place Cavour, entre le Musée et la porte Saint-Gennaro, avec un beau jardin.

Monuments. — Le Palazo del Municipio (Palais Municipal) qui, sur un espace de 20,000 mètres carrés, contient six cours et 846 chambres, où l'on a réuni tous les services publics.

Le Palais Royal, sur la Place du Plébiscite ; le Palais Royal de Capodimonte ; le Château-Neuf, remarquable par ses tours massives et par ses fossés ; le Château Saint-Elme, sur le haut d'une colline qui domine Naples ; l'Université, rue Salvatore, avec ses cinq facultés, ses collections d'histoire naturelle et sa bibliothèque, etc..

Des palais particuliers, remarquables seulement par leurs collections artistiques, parmi lesquels nous citerons : le Palais Angri (place Spirito-Santo) ; Fondi, (place Fontana-Medina) ; Gravina (rue Monte-Olivèto) ; Miranda (rue Santa-Caterina-di-Chiaja) ; Sant-Angelo (rue San-Biaggio).

Il y a 60 institutions charitables, dont une de vastes dimensions, *Casa degl'Incurabili* (Hôtel-Dieu), qui peut recevoir jusqu'à 2.000 malades; l'*Albergo deï Poveri* rue Foria, asile ouvert aux indigents des deux sexes, et *San-Gennaro-dei-Poveri*, pour les vieillards infirmes.

Enfin plus de 300 églises. La plus importante est la Cathédrale, qui renferme la Chapelle du Trésor ou de Saint Janvier, où se trouvent les deux célèbres fioles qui passent pour contenir le sang du Saint, dont la liquéfaction donne lieu aux plus grandes fêtes religieuses de Naples.

Curiosités. — Le Musée National, où figurent 1.600 fresques et un nombre considérable d'objets provenant des fouilles d'Herculanum et de Pompéi. On y voit en outre, à côté de Peintures anciennes et d'Antiquités égyptiennes, des collections de marbres, de verres antiques, de terre cuite, de médailles, de vases, de papyrus, d'estampes, de tableaux, de bronzes, etc., etc.

Le Théâtre Saint-Charles; le Jardin Zoologique avec un des plus beaux aquariums du monde; la Bibliothèque Nationale; l'Observatoire et le jardin Botanique.

Les environs de Naples sont ravissants: il n'y a point de touriste qui ne monte au Château Saint-Elme et au couvent des Camaldules. Les plus hardis font l'ascension du Vésuve par le chemin de fer funiculaire. Mais la plus grande curiosité non-seulement de Naples, mais de l'Italie et peut-être du monde, est Pompéi, la ville momie qui reparaît à la lumière après un enterrement de dix-huit siècles. On peut aujourd'hui en parcourir les rues et visiter l'intérieur de ses édifices.

Pompéi est à 24 kilomètres de Naples: on y va avec chemin de fer, en 50 minutes, par Portici, Torre-del-

Greco et Terre-Annunziata, qui ne sont, pour ainsi dire, que des faubourgs de Naples, et l'on revient à Naples le soir, pour le souper, après avoir donné cinq à six heures à la visite des ruines et des environs.

ROME

Rome (301.000 habitants), capitale du royaume italien, depuis le 20 septembre 1870, a été la principale cité de l'Italie ancienne, et pendant longtemps la maîtresse du monde.

L'ancienne ville s'étendait sur la rive gauche du Tibre, à 26 kilomètres de la mer, sur les monts Quirinal, Viminal, Esquilin, Cœlius, Aventin, qui formaient une espèce de chaîne entrecoupée de vallons et décrivant un cercle au milieu duquel s'élevaient les monts Palatin et Capitolin. Aussi appelait-on Rome la ville aux sept collines.

Son mur d'enceinte, attribué à Servius Tullius, enfermait les sept collines dans un périmètre de 12 kilomètres environ. Une nouvelle enceinte commencée en 270 par l'Empereur Aurélien, et achevée en 276 sous Probus, laissait toujours en dehors la région appelée Borgo et le quartier Transtévérin sur la rive droite du Tibre.

Le pape Léon IV (847-855) éleva les murs qui protègent le Borgo, d'où vient à ce quartier le nom de Cité Léonine ; le Transtévère fut clos de murs par le pape Urbain VIII (1623-1644). Les murs, tels qu'ils existent aujourd'hui, dans lesquels se trouve comprise la colline du Pincio, ont de 16 à 18 kilomètres de circonférence. Ils sont dus à Aurélien et à Honorius.

Quartier Transtévérin
Avec les Plans de la Basilique S.t Pierre et du Vatican

Légende du 1.er étage du Vatican.

1. Chapelle Pauline.
2. Salle Royale.
3. Chapelle Sixtine.
4. Salle Ducale.
5. Appartement Borgia (pièces comprises entre la Salle Ducale et la Cour du Belvédère).
6. Loges de Bramante.
7. Salle de la Bigue.
8. Salle Ronde.
9. Chambre des Muses.
10. Cour Octogone, dite du Belvédère.
11. Musée Égyptien (entre les 2 N.os 11).
12. Salle des Animaux.
13. Galerie des Statues.
14. Escalier de Bramante.
15. Salle à Croix Grecque.
16. Musée Vatican.
17. Musée Chrétien.
18. Les Archives.
19. Bibliothèque.
20. Salle des Peintures Byzantines.
21. Cabinet des Papyrus.

Enfin d'autres petites collines se sont élevées plus tard dans l'intérieur par l'effet de l'accumulation des décombres, et parmi lesquelles le mont Testaccio, sur le sommet duquel le célèbre Poussin allait souvent s'asseoir, pour admirer les effets de perspective des monuments de Rome, au moment du coucher du soleil.

La cité moderne s'étend surtout dans les fonds, dont le niveau s'est d'ailleurs élevé de près de quinze pieds dans les parties qui étaient les plus basses, abandonnant ainsi les collines qui sont aujourd'hui, en grande partie, couvertes de vignobles, de champs de blé et de villas.

Des murs de 50 pieds de haut, défendus par plus de 300 tours et percés de douze portes, enferment les 14 quartiers de la ville, dont 12 sont sur la rive gauche du Tibre et deux, le Rione de Borgo où se trouve le château Saint-Ange (Mausolée d'Adrien) et Le Vatican, sur la rive droite du fleuve.

Si l'on en excepte celles du nouveau quartier de la gare qui sont tirées au cordeau et très spacieuses, les rues de Rome sont étroites, tortueuses et généralement dépourvues de trottoirs. Quelques-unes sont cependant grandes et régulières. Parmi les plus belles, nous devons nommer : le Corso, qui va en ligne droite de la Place Venezia, centre de la cité, à la Place du Peuple près de la porte du Nord, au pied de la colline du Pincio.

La rue de Ripetta, commençant à la place du peuple; elle se dirige obliquement vers le N. E., coupe la voie Fontanelle di Borghese, et se continue, sous le nom de Via della Scrofa, au delà de la Via dei Coronari jusqu'au Palais du Sénat.

La Strada di Babuino, entre la Place du Peuple et la Via del Tritone, passant par la Place d'Espagne.

La rue Nazionale, récemment ouverte, qui commence

au square de la gare et aboutit à la Place de Venise, sur le Corso, est la principale voie de communication entre les anciens et les nouveaux quartiers.

La gare est dans les nouveaux quartiers, à l'extrémité orientale du mont Viminal, et tout à fait à l'opposé du Vatican, mais à peu de distance du Quirinal, ancien palais d'été des papes, aujourd'hui résidence du roi d'Italie. Pour aller de la station au Quirinal on suit la via Nazionale jusqu'à la Via Consulta qui y mène tout droit.

De la station, la Via Cavour conduit directement à Sainte-Marie-Majeure. Saint-Jean-de-Latran est à peu de distance de Sainte-Marie-Majeure, par la rue In Merulano ; et l'on serait, en quelques minutes, au Colisée, en suivant la rue Saint-Jean-de-Latran, qu. commence à la Basilique de ce nom.

Partant du Colisée, une voie qui s'engage au milieu des ruines de l'ancienne ville, en passant par l'Arc de Titus, à travers le Forum-Romanum, devant les restes des Palais des Césars, aboutit au Campidoglio (le Capitole des Anciens), d'où l'on gagne le Corso par la via Marforio ou par la via Giulio Romano.

On trouve à la place Venezia et à la place del Popolo, situées aux deux extrémités du Corso, des omnibus pour la Cité Léonine et la Basilique de Saint-Pierre. Le plus court trajet pour y aller à pied, quand on est au Corso, est celui que l'on effectuerait par la rue Fontanella di Borghese, qui commence près de la place et de l'église Saint-Charles, en continuant par la rue Mon'Brianzo, puis par celle de Tordinona qui aboutit au pont Saint-Ange ; quelques pas séparent la tête du pont, sur la rive droite du fleuve, de la Place Pia, située à l'angle S.-O. du château Saint-Ange ; et de cette place, deux rues passant par les Places Scossa-

Cavalli et Rusticucci, conduisent directement devant la colonnade de la Place Saint-Pierre.

Places :

Di Termini, devant la station du chemin de fer, où étaient les Thermes de Dioclétien.

Barberini, ornée de la belle fontaine du Triton, à peu de distance au Nord des jardins du Quirinal, entre les monts Pincio et Viminal.

D'Espagne, avec une belle fontaine d'après les dessins du Bernin, sous le Monte Pincio, sur la via de Babuino.

Du Peuple, décorée d'un obélisque de granit rouge venu d'Héliopolis, à l'extrémité septentrionale de la via del Corso.

Colonna, sur laquelle s'élève la colonne Aurélienne, dite d'Antonin, vers le milieu du Cours.

De Monte Citorio, en communication avec la précédente; au milieu s'élève l'obélisque solaire d'Auguste.

Du Quirinal, aussi nommée *de Monte-Cavallo,* à cause du groupe formé par deux chevaux, attribué à Phidias et à Praxitèle, et transporté d'Alexandrie à Rome par Constantin-le-Grand. On y admire aussi un obélisque et une fontaine.

Di Venezia, à l'extrémité méridionale du Cours, ainsi nommée du magnifique palais que Pie IV donna en 1594 à la République de Venise. Il sert de résidence aujourd'hui à l'Ambassade d'Autriche. On voit à l'angle à droite de la place le Palais Ranucci et celui de Mme Letizia, mère de Napoléon Ier..

Trajana, à quelques pas S.-E. de la Piazza Venezia, remarquable par la majestueuse colonne Trajane

portant à son sommet la statue de Saint Pierre, en bronze doré, que le pape Sixte V fit substituer, en 1587, à celle de l'Empereur Trajan.

Di Santa Maria Maggiore, devant la Basilique de ce nom, entre le mont Viminal et le mont Esquilin.

De Saint-Jean-de-Latran, où se trouve le plus grand des obélisques connus, sur le mont Cœlius.

Du Capitole, sur le mont Capitolin, devant le Campidoglio.

Navona ou Circo Agonale, la plus somptueuse de Rome, avec trois fontaines magnifiques.

Du Panthéon, à peu de distance de la place Navona, vers l'Est. C'est là que se trouve le fameux temple du Panthéon. On y voit aussi une fontaine et un obélisque.

De Saint-Pierre, au Vatican, entourée d'une somptueuse colonnade à quatre rangs de colonnes, chef-d'œuvre de Bernin, et portant à son centre un superbe obélisque égyptien d'une seule pièce, qui s'élève entre deux élégantes fontaines, etc., etc., etc...

Monuments

Nous dirons deux mots de la Basilique de St-Pierre, qui est la plus grande magnificence de l'Italie, et du Vatican, ce Capitole renommé de Rome moderne.

Mais il est nous impossible de faire, sans sortir de notre cadre, une revue, même sommaire, des autres monuments et de toutes les curiosités de Rome. Ceux de nos lecteurs qui désirent des indications plus détaillées doivent recourir au *Guide en Italie* de A. J. Du Pays et P. Joanne. Mais qui n'a pas entendu parler des basiliques : Saint-Jean-de-Latran, — Sainte-Marie-

Majeure, — Sainte-Croix, — Saint-Paul hors les murs, — Saint-Laurent hors les murs et Saint-Sébastien hors les murs ?

Avons-nous besoin de nommer *le Quirinal*, demeure du roi d'Italie? On connaît peut-être moins *le Capitole*, aujourd'hui Campidoglio, habitation des Magistrats municipaux et musée; *le Panthéon*, monument très remarquable de Rome païenne, consacré au culte catholique en 609; les Palais della *Cancellaria*, place Navona, *della Consulta*, près du Quirinal, et del *Sant'Offizio*, derrière la colonnade de la place Saint-Pierre.

Curiosités

Parmi les plus remarquables curiosités de Rome, nous nous bornerons à mentionner les MAISONS HISTORIQUES de :
Raphaël, rue des Coronari, n° 124 ;
Le Poussin, place de la Trinité, n° 9 ;
Alfieri (Palais Strozzi);
Michel-Ange, rue des Fornaj ;
Benvenuto Cellini, rue Cellini ;
Metastase, rue du Pellegrino ;
Rossini, rue des Lentari.

Le *Musée* et la *Bibliothèque* du Vatican, et les *Musées du Capitole*, de *Saint-Jean-de-Latran*, de l'*Académie de Saint-Luc* (43, rue Bonella) offrent un aliment inépuisable à l'étude ou à la curiosité.

On trouve *des modèles de l'architecture moderne* et des *collections artistiques* d'une grande valeur, dans les palais :
Barberini, rue des Quatre-Fontaines ;
Borghèse, place du même nom ;

Braschi, près de la Place Navona ;
Spada, rue Capo-di-Ferro ;
Colonna, place des Saints-Apôtres ;
Corsini, au Transtévère, rue Longara ;
Doria-Panfili, rue du Corso ;
Farnèse, place du même nom ;
Ruspoli et *Sciarra Colonna*, sur le Corso ;
De Venise, sur la place du même nom (ambassade d'Autriche).

— Les Théatres sont nombreux à Rome. Voici les principaux :
Apollo (royal), via di Tordinona, près du Pont-Saint-Ange ;
Argentina (opéras-comédies-ballets) rue Torre-Argentina ;
Rossini (comédies-vaudevilles) rue Santa-Chiara ;
Corea, mausolée d'Auguste, (comédie et cirque), rue des Pontefici ;
Manzoni, via Urbana, près de Sainte-Marie-Majeure.

— Il y a près de cinquante Fontaines. Nous en avons déjà mentionné quelques-unes des plus remarquables. Celles de la *Tartaruga*, de *Trévi* et de *Termini* (près de la gare) méritent particulièrement d'être vues.

— Les amateurs de la Belle Nature et des Décorations architectoniques passeront d'agréables heures aux Villas :
Albani, aujourd'hui *Torlonia*, à huit minutes de la Porte-Solara ;
Borghèse, tout à côté de la *Porte-du-Peuple* ;
Ludovisi, sur le *Mont Pincio* ;
Médicis (Académie de France). Belvédère d'où l'on a une magnifique vue de Rome et de ses environs ;
Doria-Panfili, au sommet du Janicule, et à cinq minutes de la Porte Saint-Pancrace.

Basilique de Saint-Pierre

Cette somptueuse église s'élève sur le Mont-Vatican dont elle a pris le nom, et couvre en partie l'espace occupé jadis par le cirque et les jardins de Néron, où une foule de chrétiens ont subi le martyre. Elle est l'œuvre des plus célèbres artistes, qui ont modifié profondément, dans l'exécution des travaux trois fois séculaires, les premiers dessins de *Bramante*.

La façade mesure 125 mètres en longueur et 65 mètres de hauteur. *Charles Maderno*, qui l'a bâtie, ne lui a pas donné toute l'élévation que comportait sa longueur, afin que la grande Coupole centrale de Buonarotti et les deux Coupoles latérales de Vignola fussent visibles du fond de la place.

Le Vestibule se termine par une balustrade supportant la statue du Rédempteur et celles des douze Apôtres, hautes de cinq mètres.

Les *cinq portes* de la façade, auxquelles correspondent cinq autres portes qui donnent accès dans l'église, s'ouvrent dans un magnifique portique de 15 mètres de large et 142 mètres de long, y compris les vestibules des extrémités, où l'on voit les statues équestres de Charlemagne et de Constantin.

La basilique, dont la forme est celle d'une croix latine, se compose de *trois nefs* déterminées par *deux rangées* de *quatre piliers massifs* chacune. Des *niches* pratiquées dans les façades des piliers sont occupées par des *statues colossales de marbre blanc*.

On remarque, *au 4ᵉ pilier à droite*, la *statue en bronze de Saint Pierre*.

L'intérieur de l'église a un développement en longueur de 186 mètres. La longueur de la nef transversale est de 135 mètres.

La nef du milieu, large de 28 mètres, n'en porte pas moins de 45 d'élévation.

On conserve dans un tombeau pratiqué sous la grande coupole et le maître-autel, et appelé *La Confession de Saint Pierre*, les moitiés des corps de Saint Pierre et de Saint Paul; les deux autres moitiés sont à l'Église Saint Paul et leurs têtes à Saint-Jean-de-Latran. Un double escalier de marbre conduit au tombeau, devant lequel brûlent continuellement 116 lampes suspendues à des cornes d'abondance de cuivre doré et protégées par une balustrade en marbre.

A cinquante-quatre mètres environ du maître-autel, et au fond de la grande nef, se trouve *La Tribune* avec un autel qui supporte un monument de bronze doré connu sous le nom de *Chaire de Saint Pierre*.

On conserve dans ce petit monument la chaire en bois qui a servi, dit-on, à Saint Pierre et à ses successeurs, laquelle est posée sur quatre figures, représentant Saint Ambroise, Saint Augustin, Saint Athanase et Saint Chrysostôme.

Le pavement de la Basilique est fait de belles dalles blanches et de couleur, et de mosaïques. La voûte est décorée de caissons à rosaces en stuc doré.

LE VATICAN

Cet immense édifice, dont notre dernière figure représente le premier étage, est une réunion de palais irréguliers auxquels ont travaillé durant 350 ans, les plus grands artistes : *Bramante, Julien de San Gallo, le moine Giocondo, Le Peruzzi, Michel-Ange, Barozzi*

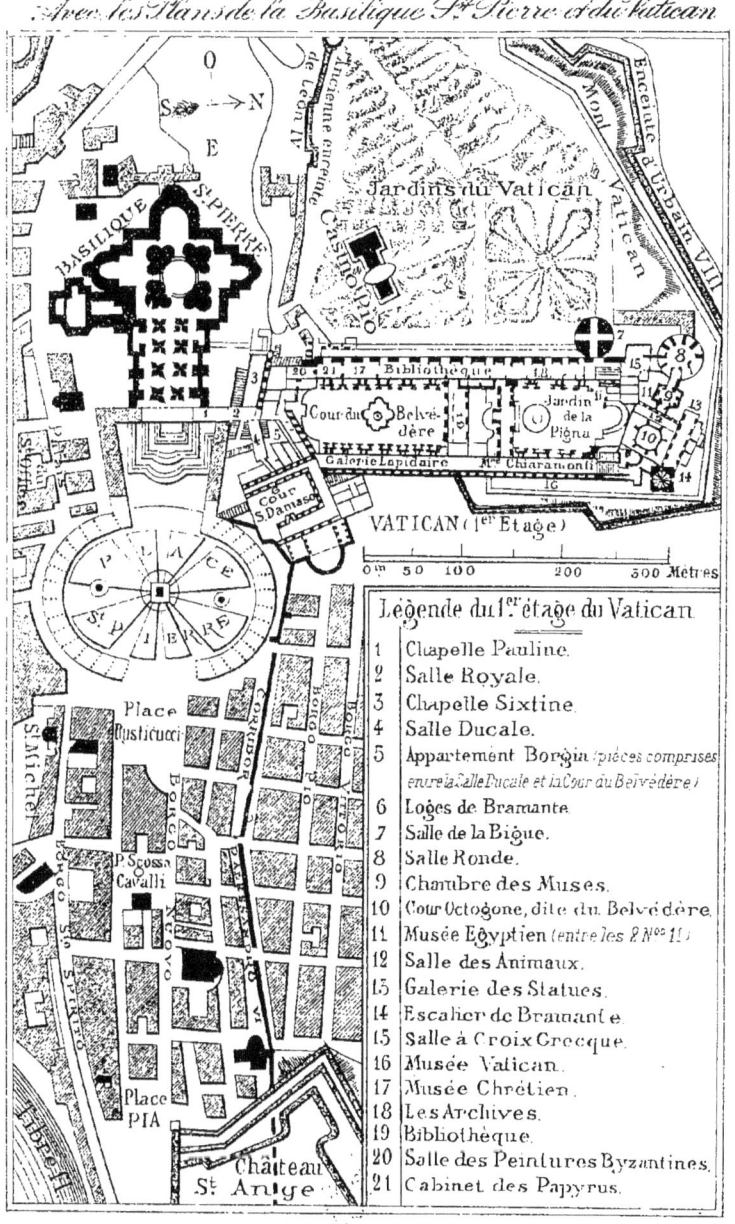

Quartier Transtévérin
Avec les Plans de la Basilique St Pierre et du Vatican

Légende du 1er étage du Vatican.

1. Chapelle Pauline.
2. Salle Royale.
3. Chapelle Sixtine.
4. Salle Ducale.
5. Appartement Borgia (pièces comprises entre la Salle Ducale et la Cour du Belvédère)
6. Loges de Bramante.
7. Salle de la Bigue.
8. Salle Ronde.
9. Chambre des Muses.
10. Cour Octogone, dite du Belvédère.
11. Musée Égyptien (entre les 2 N°s 11)
12. Salle des Animaux.
13. Galerie des Statues.
14. Escalier de Bramante.
15. Salle à Croix Grecque.
16. Musée Vatican.
17. Musée Chrétien.
18. Les Archives.
19. Bibliothèque.
20. Salle des Peintures Byzantines.
21. Cabinet des Papyrus.

de Vignola, Jacques de La Porta, Raphaël, Piro Ligorio, Dominique Fontana, Charles Maderno, Le Bernin et autres. Il est à trois étages, et l'on y compte 20 cours, 8 grands escaliers et 200 plus petits pour le service, 13,000 chambres avec les souterrains.

L'entrée principale se trouve à l'extrémité de la colonnade de la Place Saint-Pierre, à droite.

Premier étage du Vatican

C'est par l'entrée principale, appelée *Le Portone di Bronzo*, et l'*Escalier Royal* auquel on arrive par un long corridor, qu'on pénètre dans le Vatican pour la visite des appartements ou chambres du premier étage, situées dans les ailes du bâtiment au Midi, à l'Est, et à l'Ouest, et dont voici les noms et la destination :

— Au Midi : *La Salle Royale* (ornements en stuc et fresques);

La Chapelle *Pauline* (fresques);

La Chapelle *Sixtine* (fresques célèbres de Michel-Ange : au plafond, Création du monde, Sacrifice de Noé Prophètes, Sibylles, etc. ; sur la paroi du fond, Le Jugement dernier);

La Salle Ducale;

Les Loges de Bramante (Tableaux);

L'Appartement *Borgia* (Livres imprimés);

Le Musée des Livres imprimés;

Le Cabinet des Médailles;

La Salle des peintures Byzantines;

— A l'Est : La Galerie Lapidaire (Inscriptions);

Le Musée *Chiaramonti* (Statues, Bustes);

— A l'Ouest, le Cabinet des Papyrus, à côté des peintures Byzantines;

La *Musée Chrétien*, après les Papyrus ;

La *Galerie de la Bibliothèque*, à la suite du Musée Chrétien ;

Les *Archives*, à côté de la Bibliothèque ;

Le *Musée Profane*, à l'extrémité de la Galerie de la Bibliothèque.

Musée Pio Clementino, ou des Statues. — Ce Musée occupe, avec le Musée Egyptien, le côté Septentrional du 1ᵉʳ étage.

L'entrée se trouve sous la *Salle de la Bigue*, dans les Jardins de Vatican. Pour s'y rendre on prend une avenue qui commence sur la Place Saint-Pierre, à gauche de la basilique, sous un portique de l'église.

Au bout de l'avenue, on trouve une grille après laquelle un escalier monte à la

Salle à Croix Grecque (Statue de la Vénus Praxitèle ; deux Sarcophages en porphyre rouge de Sainte Hélène et de Sainte Constance, fille de Constantin).

De la Salle à Croix Grecque, on passe :

Dans la *Salle Ronde* (Vaste bassin en porphyre rouge ; statue colossale d'Hercule);

A la *Salle des Muses* (statues des neuf Muses, de Sophocle, d'Euripide, de Démosthène, d'Eschine, de Zénon ;

A la *Salle des Animaux* (animaux divers sculptés en marbre) ;

A la *Galerie des Statues* (Ménandre, Cléopâtre, Apollon Sauroctone ou le Tueur des lézards), et autres.

A la *Galerie des Bustes* (bustes romains et grecs ; sarcophages) ;

Au *Cabinet des Masques* (statues et bas-reliefs antiques ; masques dessinés dans la mosaïque du pavé);

Dans la Cour Octogone, ou du *Belvédère*, autour de laquelle sont disposés :
1° *Le Cabinet de Persée* (Canova) ;
2° *Le Cabinet du Mercure du Belvédère* ;
3° *Le Cabinet du Laocoon* ;
4° *Le Cabinet de l'Apollon du Belvédère* ;
qui renferment tous des statues dont les plus remarquables sont *deux pugilateurs* par Canova, le Mercure du Belvédère, un groupe de lutteurs et l'Apollon du Belvédère.

— A côté de la salle à Croix Grecque, sur le palier de l'escalier, à gauche, une porte donne accès dans le *Musée Egyptien*, qui renferme, dans une demi-douzaine de salles, des sarcophages, des statues colossales, des animaux sacrés et des papyrus.

Deuxième étage du Vatican

On revient, du Musée Egyptien, dans la salle à Croix Grecque, pour prendre, sur le palais de sortie, l'escalier principal du Musée, qui est à triple rampe : une descend à la *Bibliothèque du Vatican*, les deux autres montent au deuxième étage, où l'on voit :

Le Musée Etrusque, au-dessus du Musée Egyptien, qui contient, classées en douze salles, une foule d'antiquités des nécropoles de l'Etrurie (sarcophages, bas-reliefs, vases, bijoux, etc.) ;

La salle de la Bigue, ainsi nommée à cause du Char antique *(Biga)* de marbre qui en occupe le milieu (sarcophages, statues) ;

La Galerie des Candélabres, la Galerie des Tapisseries et *la Galerie des Cartes*, au-dessus de la Galerie de la Bibliothèque;

Tableaux :
La Chambre de l'Incendie du Borgo,
La Chambre de l'École d'Athènes,
La Chambre d'Héliodore,
La Chambre des Chiaroscuri,
La Salle de Constantin,
Les Chambres de Raphaël,
} Au-dessus de l'appartement Borgia ;

La Loge de Raphaël (Fresques), au-dessus des Loges de Bramante, ayant vue sur la Cour *San-Damasio*;

La Galerie des Tableaux, dans l'aile septentrionale de la Cour San-Damasio ;

Enfin, l'*Appartement du Saint-Père*, dans l'aile orientale de la Cour San-Damasio, vis-à-vis de la Loge de Raphaël.

Antiquités et ruines

Il reste, de l'Antique Rome, des ruines imposantes et instructives à plus d'un titre : aussi n'y a-t-il guère d'étranger venu sur les bords du Tibre, pour quelque motif que ce soit, qui ne fasse un pèlerinage à travers les vestiges d'une Antiquité dont l'histoire est écrite dans les annales de tous les peuples de la terre. Nous conduirons donc nos lecteurs sur ces collines qui portent encore visibles les traces du séjour des premiers habitants de cette cité, qui occupe, avec Jérusalem, la page d'honneur dans le Livre de l'Humanité.

Le mont Capitolin était presque entièrement couvert d'édifices publics et, sur son point culminant (La Roche Tarpéienne), s'élevait la Citadelle. Là aussi était le temple de Jupiter Capitolin, qui, avec celui de Vénus et le Panthéon, étaient les plus remarquables de Rome païenne. On y voit les statues colossales de Castor et de Pollux, la statue équestre en bronze de Marc-Aurèle et la Prison Mamertine, sous l'église de Saint-Joseph-des-Menuisiers.

Entre le Capitole, le Mont Palatin et le Colisée : le *Forum-Romanum*, ou simplement *Forum*, où s'assemblait le Sénat, où s'agitaient les destinées du monde ; le *Tabularium*, vaste édifice dont il ne reste plus que les massives substructions sur lesquelles s'élève le Palais du Sénateur. C'est là que l'on gardait les tables de bronze contenant les Sénatus-Consultes et les décrets du peuple ; Arc de Septime Sévère ; Temple de la Concorde ; trois Colonnes corinthiennes du temple de Vespasien ; huit Colonnes ioniques du temple de Saturne ; Colonne de Phocas, au milieu du Forum. Près de là, ruines de la Basilique de Julia ; trois Colonnes en marbre dont les chapiteaux sont des modèles parfaits de l'ordre corinthien ; temple d'Antonin et de Fausta ; Basilique de Constantin.

Sur le mont Palatin, en face de la basilique constantinienne, ruines des Palais des Césars ; sur la voie sacrée qui mène au Colisée, Arc de Titus encore fort bien conservé ; plus loin, à gauche, vers le Colisée, ruines du temple de Vénus et Rome ; près du Colisée, Piédestal de la statue colossale de *Néron ;* Arc de Constantin ; enfin le Colisée, magnifique amphithéâtre, commencé sous Vespasien et achevé sous Titus, où avaient lieu les combats des gladiateurs, et où les martyrs chrétiens étaient livrés aux bêtes féroces. Il pouvait contenir plus de 80.000 spectateurs.

Sur le mont Esquilin : ruines du Palais de Néron, Thermes de Titus, etc., etc...

Sur le mont Cœlius : Arc de Dolobolla et Silanus, etc.

Entre le mont Aventin et la Porte Saint-Sébastien, à l'Est de Rome : Monte Testaccio ; Pyramide de Cestius ; Thermes de Caracalla ; Tombeau de Scipion ; Arc de Drusus, près de la porte Saint-Sébastien.

Entre le Palatin et le Tibre : Arc de Janus-Quadrifons ; Temple de la Fortune virile ; Temple rond de Vesta ; Circus Maximus.

Entre Saint-Jean-de-Latran et Sainte-Marie-Majeure : Temple de Vénus et Cupidon ; Aqueduc de Claude ; Temple de Minerve-Medica ; Arc de Gallien ; Thermes de Titus.

Près de la gare : Thermes de Dioclétien.

On trouve peu de ruines intéressantes dans le centre de la ville ; les plus remarquables sont : le Mausolée d'Auguste, près du port de Ripetta, entre le Corso et la via di Ripetta ; le Forum-de-Trajan, au milieu duquel s'élève la colonne Trajane ; le Théâtre de Pompée, qui avait des sièges pour quarante mille spectateurs, près de la via dei Carbonari, entre la place Navona et le Pont Sisto ; le Théâtre de Marcellus, près du pont Quattro-Capi, devant l'île Tibérine.

On admire encore les aqueducs et les égouts de l'ancienne Rome. De nombreuses colonnes rappelaient, avec les arcs de triomphe, les fastes des commandants des armées romaines; il en reste deux types remarquables : la Colonne Trajane et la Colonne Aurélienne ou Antonine dont nous avons déjà indiqué la place.

Il y a une soixantaine de Catacombes, véritables dédales où il n'est pas prudent de s'aventurer même avec un guide. On visite celles de Saint-Calixte, de Sainte-Agnès, et de Saint-Alexandre ; les entrées sont situées hors des murs ; elles offrent peu d'intérêt depuis qu'on a réuni les peintures et les objets trouvés dans ces souterrains à la Galerie Lapidaire et au Musée sacré du Vatican, au Musée Saint-Jean-de-Latran et au Musée Kircher.

POST-SCRIPTUM

LA CONGRÉGATION UNIVERSELLE DE LA SAINTE MAISON

Au moment d'envoyer notre manuscrit à l'imprimeur, nous avons reçu du T. R. Père Pierre de Malaga, religieux de l'Ordre des Capucins, auxquels est confiée la garde de la Sainte Maison, la prière de consacrer une page de notre livre à l'Institution que, dans son zèle pour la diffusion du culte de Marie, Monseigneur Thomas Gallucci, évêque de Lorète et Récanati, a canoniquement érigée, avec la haute approbation de Notre Saint-Père Léon XIII, sous le nom de *Congrégation nouvelle de la Sainte Maison*.

En conformité de ce désir, nous donnons ci-après la traduction française du Décret d'institution, en langue italienne, de cette association pieuse, et des autres documents que nous avons reçus à ce sujet.

DÉCRET D'INSTITUTION

DE LA CONGRÉGATION UNIVERSELLE DE LA SAINTE MAISON DE LORÈTE

Bien que créatures mortelles, faibles et fragiles comme des vases de terre, il ne nous soit pas possible de comprendre ni même de concevoir la profondeur et la richesse inépuisable de la Sagesse et de la Providence du Très-Haut dont les jugements sont incompréhensibles et les voies impénétrables, en considérant avec une humble dévotion les œuvres magnifiques et prodigieuses que Dieu a opérées sous nos yeux, sur cette terre où nous sommes passagers, non-seulement nous sommes saisis de la plus haute admiration, mais aussi un vif sentiment de reconnaissance pour l'Être-Suprême s'empare de notre âme, et nous sentons l'impérieux devoir de glorifier le Créateur et ses admirables ouvrages.

Qui pourrait donc nous blâmer si, dans l'extase de notre ravissement et dans l'enivrement de notre sincère dévotion, en contemplant l'Arche mystérieuse qui, nouvelle Arche d'Alliance, est enfermée dans cet auguste temple de Lorète, où elle est l'objet de la vénération universelle, nous proclamons avec des transports d'allégresse, que Dieu n'a pas traité toutes les nations (*Non fecit taliter omni nationi*) comme il a traité l'Italie et en particulier le Piceneum, lorsque, il y a six siècles, il amena miraculeusement, dans ce territoire de Récanati appelé aujourd'hui Lorète, la Sainte Maison de Nazareth, consacrée par le souvenir des plus sublimes mystères, et tous les jours vénérée par une incessante multitude de peuples? Aussi, réfléchissant sérieusement au bien qui s'est accompli dans l'Église Catholique et qui se réalise particulièrement encore de nos jours, pour la plus grande gloire de Dieu et le salut des âmes, grâce aux associations de fidèles qui se vouent à la dévotion de la Bienheureuse Vierge, Mère de Dieu, et notre Mère tout aimable, sous les divers et glorieux titres qu'un saint usage lui a attribués, nous avons décidé de propager de plus en plus, autant qu'il est en notre pouvoir, le culte et la vénération de la Très Auguste Vierge dans sa sainte Demeure de Lorète.

En vue de mener à bonne fin, avec la grâce de Dieu et le secours de la Sainte Vierge, notre projet d'élever à son apogée le culte déjà universel, peut-on dire, de de Marie, nous n'hésitons pas à instituer et à ériger par le présent Décret, en l'honneur de la Très Sainte Vierge, une pieuse confrérie ou association, c'est-à-dire une Congrégation universelle sous le nom de la Sainte Maison de Lorète ; et nous la déclarons canoniquement érigée et instituée, afin que tous les peuples chrétiens qui viennent en foule visiter ce Sanctuaire puissent s'y faire inscrire, comme un témoignage de leur dévotion et un hommage aux augustes mystères qui s'y sont accomplis ; car c'est dans cette Sainte Maison que la Reine des Vierges fut saluée Mère du Sauveur par le céleste Messager, et que le Verbe se fit chair ; c'est là qu'Elle vécut avec son très chaste époux Saint Joseph et avec la Vie véritable, Jésus, qui se fit appeler le Nazaréen, du nom de sa demeure maternelle.

Nous prescrivons, en conséquence, les pratiques que les nouveaux associés devront observer pour en obtenir les avantages spirituels ; et pour que de nouvelles faveurs s'ajoutent aux indulgences qui s'y trouvent déjà attachées, nous nous ferons un devoir de demander humblement au Saint-Siège de nous accorder à ces fins les pouvoirs les plus étendus.

Nous exhortons, en outre, tous les fidèles de Lorète et d'ailleurs à s'inscrire avec un pieux empressement sur le Registre tenu par les R. P. Capucins qui sont préposés à la garde de cette Sainte Maison.

Enfin nous faisons savoir à tous que le choix et la nomination du Directeur-Général de la nouvelle Congrégation sont réservés à Nous et à nos Successeurs. Nous nommons et installons aujourd'hui en ladite qualité le Révérend Père Fr. Pierre de Malaga, Religieux de l'ordre de Saint François des PP. Capucins.

Nous avons décrété et nous décrétons ce qui précède par notre autorité ordinaire, en mettant notre plus grande confiance dans le secours divin et dans la protection spéciale de la Vierge Immaculée et de Saint Joseph, son époux.

Donné à Lorète, le 27 mai 1883.

† Thomas,
Evêque de Lorète et de Récanati.

PRATIQUES

A OBSERVER PAR LES ASSOCIÉS

I°. Les associés réciteront, selon la formule de l'Eglise, l'*Angelus* ou cinq *Ave Maria*, trois fois par jour, c'est-à-dire le matin, à midi et le soir, en l'honneur du principal mystère de notre salut, l'Incarnation du Verbe dans le sein de la Bienheureuse Vierge Marie, lequel s'opéra dans la sainte Chambre de Nazareth, aujourd'hui à Lorète.

II°. Ils s'approcheront des Sacrements de Pénitence et d'Eucharistie, le 25 mars, fête de l'Annonciation de la Sainte Vierge, et le 10 décembre, jour consacré à célébrer l'arrivée de la Sainte Maison dans le territoire de Récanati, aujourd'hui Lorète. En cas d'empêchement, ils pourront recevoir ces sacrements durant la neuvaine qui précède ces deux solennités, ou dans l'octave qui les suit.

III°. Ils feront, à leur gré, une aumône destinée à l'embellissement de la basilique de Lorète, avec le consentement et l'approbation de l'Ordinaire.

IV°. Ils prieront la Très Sainte Vierge pour l'exaltation de la Sainte Eglise Catholique, notre Mère, et pour la prospérité de la nouvelle Congrégation et de tous ses membres.

FAVEURS SPIRITUELLES

ACCORDÉES PAR N. S. P. LE PAPE LÉON XIII
|LE 3 JUILLET 1883

1° *Indulgence plénière* le jour de l'admission, après s'être confessé et avoir communié ;

2° *Indulgence plénière* à l'article de la Mort, en participant aux susdits Sacrements, et ne le pouvant pas, en invoquant avec un cœur contrit le Saint Nom de Jésus, ou s'acquittant de toute autre pieuse pratique.

3° *Indulgence plénière* deux fois par an, dans les jours ci-dessus mentionnés à l'article II°, en s'approchant des Sacrements et visitant son église paroissiale.

4° *Autre indulgence de 50 jours*, une fois le jour, en baisant la médaille de la Sainte Vierge de Lorète et disant : *Vierge Lorètane, priez pour nous.*

5° Enfin, l'on gagne encore toutes les grâces et indulgences accordées à la *PRIMA PRIMARIA* de Rome, et l'on participe *à tous les suffrages et bonnes œuvres* qui se pratiquent dans l'ordre des FF. Mineurs Capucins.

N. B. — 1° Que toutes les susdites indulgences sont applicables aux âmes du Purgatoire ;

2° Que les associés participent aussi à toutes les grâces attachées à la Sainte Maison ;

3° Qu'il sera célébré une messe tous les mois dans la Sainte Maison, pour les associés ;

4° Que, pour être associé, il est indispensable de donner ses noms, prénoms et domicile à M. le Directeur Général de la Congrégation avec son offrande, soit directement, soit par l'intermédiaire d'un zélateur ou d'une zélatrice régulièrement institués.

RÈGLEMENT

POUR LES ZÉLATEURS ET ZÉLATRICES DE LA CONGRÉGATION UNIVERSELLE DE LA SAINTE MAISON DE LORÈTE

I. La Sainte Maison de la Très Sainte Vierge à Lorète a toujours été considérée comme le patrimoine du monde catholique ; voilà pourquoi tous les vrais catholiques ont le devoir de faire connaître et de propager une si tendre dévotion.

II. Messieurs les Ecclésiastiques qui désirent répandre parmi les fidèles la Congrégation universelle de la Sainte Maison, devront, avant tout, s'adresser au R. P. Directeur Général de cette congrégation, pour lui demander l'autorisation et en obtenir les feuilles d'agrégation.

III. Le Père Directeur Général s'engage, à la suite de cette demande, à envoyer par colis-postal et sans frais pour le destinataire tout ce qui est nécessaire à la propagation de la Congrégation.

IV. Dans le colis qui leur sera expédié, les Propagateurs trouveront le nombre de feuilles demandées ; une quantité égale de Médailles ; une liste imprimée destinée à l'inscription des noms, prénoms et résidence des associés ; une circulaire par laquelle ils seront déclarés Propagateurs de cette chère dévotion ; le Décret de l'érection canonique de la susdite Congrégation ; enfin, la liste des faveurs dont jouissent les Chapelains honoraires de la Sainte Maison, dont le diplôme sera envoyé *(de consensu Ordinarii cujus potestati subduntur)* à ceux de Messieurs les Ecclésiastiques qui auront procuré un certain nombre d'associés.

V. Les propagateurs, en remplissant les listes, auront soin de continuer le numéro de série qui y sera inscrit, sans jamais aller au-delà du chiffre indiqué au bas de la même feuille, et de donner à chaque associé, sur son bulletin d'association, le numéro correspondant à celui de la liste sous lequel il est inscrit.

VI. On ne devra distribuer les Médailles qu'aux associés, puisqu'il n'y a qu'eux seuls qui puissent gagner les indulgences, et que ce n'est que pour eux qu'elles ont été indulgenciées.

VII. Les catholiques séculiers, hommes ou femmes, qui désirent être Propagateurs ou Zélateurs de la Congrégation, n'auront qu'à se conformer aux dispositions sus-énoncées à l'article II du présent Règlement. Ils recevront, eux aussi, du Père Directeur-Général un Diplôme de Zélateur ou Zélatrice, accompagné de la grande image de N.-D. de Lorète garnie du sacré voile, aussitôt qu'ils auront envoyé à la Direction leur première liste d'associés.

VIII. Les frais que les Propagateurs feront pour la Congrégation, tels que ceux de port de lettre, bons de poste, etc., seront prélevés, s'ils le veulent, sur le montant des offrandes versées par les associés, sans toutefois faire aucune déduction sur les listes, et en indiquant seulement à M. le Directeur Général le chiffre de la somme prélevée sur le total de la liste, comme couverture de leur dépense.

IX. Les listes et le montant des offrandes des associés devront être envoyés au R. P. Directeur Général de la Congrégation à Lorète (1), à la fin de l'année au plus tard ; et comme ces listes servent à former le Registre Général des Associés de chaque Nation, MM. les Propagateurs sont priés de les établir avec tout le soin possible.

(1) Voici exactement cette adresse :

Monsieur et Très Révérend Père PIERRE de MALAGA,
Directeur Général de la Congrégation universelle de la Sainte Maison;

A Lorète, dans les Marches
(Italie).

Le TABLEAU ci-dessous présente la situation, au commencement de l'année 1889, de la Congrégation de la Sainte Maison.

NATIONALITÉ	NOMBRE DES		PERSONNAGES ASSOCIÉS		
	ASSOCIÉS	ZÉLATEURS OU ZÉLATRICES	CARDINAUX	ARCHEVÊQUES ET ÉVÊQUES	FAMILLES ROYALES ET PRINCES
Français............	70.501	1.104	2	15	1
Italiens.............	255.905	2.017	10	40	4
Espagnols...........	60.412	822	2	16	3
Allemands..........	35.706	215	»	1	4
Anglais.............	10.443	140	»	7	»
Portugais...........	13.846	95	1	2	»
Slaves-Dalmates.....	2.985	19	»	1	»
Slaves-Hongrois.....	3.107	17	»	»	»
Slaves-Croates......	100	5	»	»	»
Slaves (divers)	700	7	»	»	»
Hongrois............	3.425	16	»	»	»
Flamands...........	7.976	95	»	»	»
Polonais............	23.178	30	»	»	»
Albanais............	676	3	»	»	»
Arabes (pour la langue)	209	7	»	1	1
Latins (pour la langue)	307	6	»	»	»
Roumains...........	600	2	»	»	»
Bohémiens.........	1.800	23	»	»	»
Lithuaniens.........	1.200	2	»	»	»
TOTAUX..........	493.016	4.625	15	83	13
Bulletins d'association et Médailles demandés et envoyés aux Zélateurs.......	462.884				
TOTAL...........	955.900				

Le Directeur Général,

Fr. Pietro Mª da MALAGA, Miss. Cap., *signé.*

(Lorète 1-89).

TABLE DES MATIÈRES

Introduction.................................. 1

LIVRE Ier
Le triomphe d'Ève

CHAPITRE Ier. — Récit : La Tradition d'une Mère Vierge dans les théogonies de tous les peuples de la terre............................ 11

   Notes : 1. Les Pères de l'Eglise et les Sibylles.
      — 2. Retour des Juifs de Babylone. Reconstruction du temple et des murs de Jérusalem.
      — 3. Réalisation de la prophétie de Daniel.

CHAPITRE II. — Récit : L'attente d'une Mère Vierge et d'un grand Médiateur dans les Livres des Prophètes, des Sibylles et des Philosophes..... 25

   Notes : 1. Opinions diverses sur le lieu de la naissauce de la Sainte Vierge.
      — 2. Description des lieux où la Sainte Vierge a passé son enfance et des travaux auxquels elle y était occupée.
      — 3. La jeunesse de Saint Joseph.

CHAPITRE III. — Récit : La bonne Nouvelle au nouvel Eden ; accomplissement de la grande Promesse. 47

   Notes : 1. Description du pays qu'habitaient Sainte Elizabeth et Saint Zacharie.
      — 2. Description du désert où s'était retiré Saint Jean-Baptiste.

NOTE : 3. Description de la grotte de Bethléem où est né le Sauveur et de l'église dans laquelle on l'a enfermée.

LIVRE II

Les Lieux Saints

CHAPITRE Ier. — RÉCIT : Description de Nazareth et de la Demeure de la Sainte Famille, à l'époque de la naissance du Sauveur............ 69

CHAPITRE II. — RÉCIT : Description de la Galilée à l'époque du Sauveur. Souvenirs qui s'y rattachent 75

NOTES : 1. Premiers actes de la vie publique du Sauveur. Description du désert où il a jeûné quarante jours.
— 2. Le Précurseur désigne le Messie à la foule.
— 3. Circonstances qui ont déterminé la vocation des douze apôtres.
— 4. L'Image du Sauveur.
— 5. L'Origine des Carmes.

CHAPITRE III. — RÉCIT : Description de Jérusalem........ 90

NOTE : 1. Description de l'église du Saint-Sépulcre et des cérémonies qui s'y font tous les jours à heure fixe.

CHAPITRE IV. — RÉCIT : Description des dehors de Jérusalem 104

LIVRE III

TÉMOIGNAGES HISTORIQUES
de la conservation de la Maison de la Sainte Vierge jusqu'à la fin du XIII° siècle

CHAPITRE 1er. — Récit : La Sainte Maison depuis le retour d'Egypte jusqu'à la construction de la Basilique de Saint-Hélène (de l'an 8 à l'an 387). 112

    Notes : 1. Différentes opinions touchant l'époque précise de la mort de la Sainte Vierge et le lieu de sa mort. — Constatations faites dans son cercueil trois jours après ses funérailles.
    — 2. Description du monument qui renferme le tombeau de la Sainte Vierge à Jérusalem.
    — 3. Premier autel érigé par les Apôtres.

CHAPITRE II. — Récit : La Sainte Maison, depuis la construction de la Basilique de Sainte-Hélène jusqu'au pèlerinage de Saint Louis (307 à 1252).................................... 120

    Note : 1. Saint Jérôme, Sainte Paule, Sainte Eustoquie à Nazareth.

CHAPITRE III. — Récit : La Sainte Maison, depuis le pèlerinage de Saint Louis jusqu'à celui de Saint Thébald, devenu pape sous le nom de Grégoire X (1252 à 1271)............ 125

CHAPITRE IV. — Récit : La Sainte Maison, depuis le pèlerinage de Saint Thébald jusqu'à la conquête définitive de la Palestine par les Infidèles (1271 à 1291)......................... 131

CHAPITRE V. — Récit : Histoire de Nazareth, depuis le premier pillage de la ville en l'année 74 jusqu'à nos jours. Portrait des Nazaréens. 136

NOTES : 1. Opinions diverses touchant le lieu précis où s'est accomplie l'Incarnation du Verbe.
— 2. Différences existant entre les dimensions de la Sainte Maison de Lorète et la Sainte Chapelle de Nazareth.

LIVRE VI

MIRACULEUSES TRANSLATIONS DE LA SAINTE MAISON DE NAZARETH

CHAPITRE Ier. — RÉCIT : Première translation en Dalmatie .. 145

CHAPITRE II. — RÉCIT : Arrivée de la Sainte Maison dans les Marches, en Italie. Autres successives translations.................................. 152

NOTES : 1. La forêt de Lauriers.
— 2. Les premiers historiens de Lorète ; leurs biographies.

CHAPITRE III. — RÉCIT : Une page de l'histoire des Papes à la fin du XIIIe siècle.................. 164

LIVRE V

REVUE ET DISCUSSION CRITIQUE DES FAITS

sur lesquels repose la preuve de l'identité du Sanctuaire de N.-D. de Lorète et de la demeure de la Sainte Vierge à Nazareth.

CHAPITRE Ier. — RÉCIT : Les enquêtes officielles.......... 169

CHAPITRE II. — RÉCIT : Les matériaux de la Sainte Maison à Lorète............................. 174

TABLE DES MATIÈRES

CHAPITRE III. — Récit : Démontrations des Orientaux, des Dalmates et des Picénois au sujet de la maison de la Sainte Vierge............. 177

CHAPITRE IV. — Récit : Prodiges qui ont marqué les premières années du séjour de la Sainte Maison à Lorète....................... 184

CHAPITRE V. — Récit : Conditions extraordinaires d'existence de la Sainte Maison.............. 190

CHAPITRE VI. — Récit : Indéfectibilité des murailles et autres matériaux de la Sainte Maison....... 195

CHAPITRE VII. — Récit : Mouvement religieux dont le Sanctuaire de Lorète est, depuis 6 siècles, la cause et le but..................... 207

CHAPITRE VIII. — Récit : Compte-rendu de quelques-uns des miracles accomplis dans la Sainte Maison de Lorète........................ 220

LIVRE VI

La Maison de la Sainte Vierge au temps actuel

CHAPITRE 1er. — Récit : Description de l'intérieur de la Maison de la Sainte Vierge, à Lorète..... 243

  Note 1. Différentes pièces de vaisselle trouvées dans la Sainte Maison.

CHAPITRE II. — Récit : Description du revêtement de marbre qui enferme la Sainte Maison........ 251

CHAPITRE III. — Récit : Le Trésor de la Sainte Maison..... 264

CHAPITRE IV. — Récit : Description de la Basilique dont le dôme recouvre la Sainte Maison.......... 269

CHAPITRE V. — Récit : Description du Palais apostolique, dit aujourd'hui Palais royal ; indication des principaux tableaux, tapisseries et vases rares qui s'y trouvent.................... 281

CHAPITRE VI. — Récit : Description de la ville de Lorète... 287

APPENDICE

Guide du pèlerin de Lorète en Italie

PREMIÈRE PARTIE

I.

Itinéraire de Chambéry à Lorète........................ 297

II.

Notices des villes comprises dans l'itinéraire de Chambéry à Lorète (1er tableau).
- Chambéry................................... 295
- Turin...................................... 300
- Milan...................................... 301
- Plaisance.................................. 303
- Parme...................................... 304
- Bologne.................................... 304
- Ancône..................................... 305
- Alexandrie................................. 306

III

Itinéraire de Nice à Lorète............................ 306

IV.

Notices des villes comprises dans l'itinéraire de Nice à Lorète (2e tableau).
- Nice....................................... 306
- Ventimiglia................................ 309

Gênes	310
Pise	311
Florence	313
Terontola	314
Assise	315
Foligno	317

DEUXIÈME PARTIE

I

Itinéraire d'un voyage dans les grands centres de l'Italie, avec Lorète, Assise et Rome comme objectifs principaux.................................... 318

1° Itinéraire particulier entre Chambéry et Turin, entre Nice et Gênes (3° tableau)..................... 319

2° Itinéraire général, commençant à Gênes et finissant à Gênes ou à Turin, et passant par Turin, Milan, Padoue, Venise, Bologne, Ancône, Lorète, Foggia, Naples, Rome, Foligno, Assise, Florence et Pise (4° tableau)................................. 321

Notices de Padoue	322
— Venise	323
— Foggia	328
— Naples	329
— Rome (moderne)	332
— — (antiquités et ruines)	344

Post-Scriptum. La Congrégation universelle de la Sainte Maison.................................... 349

www.ingramcontent.com/pod-product-compliance
Lightning Source LLC
Chambersburg PA
CBHW050426170426
43201CB00008B/563